山东省
标准地名诠释

枣庄市卷

《山东省标准地名诠释》编纂委员会 编

山东城市出版传媒集团·济南出版社

前　言

地名是重要的基础地理信息和社会公共信息，与经济社会发展、人们日常生产生活息息相关。编纂出版《山东省标准地名诠释》是地名管理服务工作的一项基础工程，对进一步推行山东省地名标准化，推广普及地名知识，适应改革开放和高质量发展的需要，以及国家和社会治理、经济发展、文化建设、国防外交等方面具有重要的意义和作用。

2014年7月，国务院印发通知开展第二次全国地名普查。2015年，国务院地名普查办印发《第二次全国地名普查成果转化规划（2015—2020年）》（国地名普查办发〔2015〕6号），山东省地名普查办依此制定了《山东省第二次全国地名普查成果转化规划（2016—2020年）》（鲁地名普查办发〔2016〕4号），部署开展成果转化相关工作，其中包括组织编制出版标准地名图、录、典、志等出版物。编纂出版《山东省标准地名诠释》是贯彻落实"边普查、边应用"指示要求，及时发布并推动第二次全国地名普查成果社会应用的重要举措，也是落实规划目标任务的重要内容。

《山东省标准地名诠释》编纂委员会按照公开出版的要求，在全省第二次全国地名普查成果数据基础上，进行成果的整理挖掘（包括资料收集、数据考证等），编辑出版《山东省标准地名诠释》，并将本书定位为第二次全国地名普查重要的省级成果，是一部以"地名"为主题的省级标准地名工具书。

本书在资料整理和编辑加工的过程中力求做到内容权威、文字精练、编写精心、编辑独到、设计新颖，以期达到当前编辑出版水平的先进行列。在词目释义编写上，本书着力突出"三个重点"（即地名基本要素、地名文化属性、地名所指代地理实体性质与特征），具备四个特点（即广、新、准、实）。其中，"广"即收词广泛，应录尽录，要涵盖重要地名类别及其主要地名；"新"即资料新、信息新，要充分利用地名普查最新成果，反映全省各地地名的新情况、发展建设取得的新成就；"准"即实事求是、表述准确、考证严谨，要求词目释文中的资料、数据翔实有据，表述准确、规范，做到地名拼写准确无误、词条诠释准确无误；"实"即具有实用性。在采词、释文内容和词目编排上都力求符合读者需要，便于读者使用，使之有较高的实用和收藏价值。

　　本次《山东省标准地名诠释》编纂得到多方面的支持，全省各级地名主管部门的领导和地名工作者，不辞辛苦，埋头于本书所需资料的搜集、整理，根据《山东省标准地名诠释》的编写要求，认真组织撰稿，力求做到精益求精。在此，我们对为本书的编纂、出版工作提供了帮助和支持的所有单位、领导和工作人员，表示诚挚的感谢。编纂出版《山东省标准地名诠释》工作任务重、涉及内容多、标准要求高，限于我们的人员专业水准和时间等因素，书中难免存在错误或不足，恳请广大读者批评指正。

凡　例

一、《山东省标准地名诠释》采收山东省 17 市 137 县（市、区）范围内，包括乡镇以上行政区划名称、主要的居民点和自然实体及主要社会、经济设施等重要地名词条，按照行政区域划分和地名类别特点分列 18 卷。

二、采收地名分为六个大类：

1. 政区类：包括山东省政区建制镇、乡、街道及以上全部行政区划单位；国家和省正式批准的各类经济功能区（含开发区、高新区、工业区、保税区、科技园区、新区等）；1949—2014 年间曾经设立而现已废置的地区行署、县级和乡级行政区，特指被撤销建制、被合并或拆分不继续使用原专名的情况。另，城乡社区是社会治理的基本单元，故也收录了部分建有综合服务中心且统一开展基本公共服务的社区名称。

2. 居民点类：具有地标意义或文化意义的住宅区；镇、乡人民政府驻地居民点；经省级以上人民政府或有关部门批准的"历史文化名村""传统村落"；具有明显特点的非镇、乡驻地的居民点（如：文化底蕴浓厚、存续历史悠久、人口数量多、占地面积广、重要历史事件发生地、名人故里、重要少数民族聚居地、交通要口、物资集散地、土特产品产地等）等。

3. 交通运输类：包括城市道路与城镇街巷、铁路、公路、航道、桥梁、车站、港口、机场等。城市道路收录市辖区城区内的快速路、主干道、次干道，县和县级市驻地城区主干道，及其他具有突出特色的一般街巷；铁路收录公开运营的国有铁路（含高铁、干线、支线和专用线）和地方铁路；公路收录省级以上普通公路、高速公路；桥梁和立交桥只收录规模大、历史久、有特色的；隧道只收录 500 米以上的及其他有特色的；港口只收年吞吐量在 10 万吨以上的；码头、船闸只收录大型的、特别重要的；渡口只收录正在使用的重要渡口。

4. 自然地理实体类：包括平原、盆地、山地、丘陵、沼泽、洞穴、河流、峡谷、三角洲、湖泊、陆地岛屿、瀑布、泉、海、海湾、海峡、海洋岛屿、半岛、岬角等。其中河流主要收录长度在 30 千米及以上的，以及具有航运价值的人工水道；湖泊主要收录面积在 3 平方千米及以上的。

5. 名胜古迹、纪念地和旅游地类：包括纪念地、重点文物保护单位、风景名胜区、重要景点和一般名胜古迹、自然保护区。其中纪念地收录市级及以上级别的；重点文物保护单位收录经过正式批准的市级（含）以上的；城市公园收录 AAA 级以上的；风景名胜区、自然保护区收录经过正式批准的国家和省级的词条。

6. 农业和水利类：包括农场、牧场、林场、渔场、水利枢纽、水库、灌区、渠道、堤防（海塘）等。其中水库收录库容 0.5 亿立方米以上的，灌区收录 3 平方千米以上的。

三、词目排列按分市与分类相结合的原则。即先将全部词目按市大类划分，大类下面分亚类，亚类下面再分小类。在同一亚类或小类词目中，先排全市性的大条目，再按区、县、街道、镇、乡的顺序排出市内条目。各市跨区县的条目在市本级单独排列。

四、本地名诠释资料截止日期为 2014 年 12 月 31 日，所选地名主要来源于第二次全国地名普查成果，主要兼顾反映普查成果和普查期间地名的存量情况，其中少量地名为非标准地名，此类地名需标准化处理，不作为判定标准名称的依据。

五、按照词条释文编写规则，本书相关词条中所列人口数做了技术处理，均为约数，不作为人口统计的依据。

六、本地名诠释中地名罗马字母拼写，遵从《中国地名汉语拼音字母拼写规则（汉语地名部分）》的规定。一般地名的专名与通名分写。专名和通名中的修饰、限定成分，单音节的与其相关部分连写，双音节和多音节的与其相关部分分写；通名已专名化的，按专名处理；居民点中的村名均不区分专名和通名，各音节连写。

地名用字的读音以普通话法定读音为主，同时适当考虑地方读音，如"崖"我省部分地区的地名中读"yái"，标准读音为"yá"；"垓"我省部分地区的地名中读"hǎi"，标准读音为"gāi"；"国"我省部分地区的地名中读"guī"，标准读音为"guó"；"郝"我省部分地区的地名中读"hè"，标准读音为"hǎo"，等等。

七、在每卷卷首，均有本卷地名的词目表。为方便读者检索，在每卷卷末，设有本卷地名的汉语拼音音序索引。

枣庄市卷　目录

峄城区

台儿庄区

一　政区

枣庄市

枣庄市 370400
[Zǎozhuāng Shì]

  山东省辖地级市。北纬 34°27′—35°19′，东经 116°48′—117°50′。在省境南部。面积 4 563 平方千米。户籍人口 401.3 万，常住人口 383.1 万。以汉族为主，还有回、蒙古、藏等民族。辖市中、薛城、峄城、台儿庄、山亭 5 区，代管滕州 1 县级市。市人民政府驻薛城区。商有薛、邾国。西周有滕、薛、小邾国。秦属薛郡。西汉、三国魏属东海郡。西晋元康元年（291）析东海置兰陵郡，治丞县（今峄城）。北魏废兰陵郡，孝昌三年（527）于蕃县（今滕州市）置蕃郡。北齐废。隋开皇十六年（596）于兰陵县置鄫州，大业初废入彭城郡。唐武德四年（621）复置鄫州，治承县（今峄城）。贞观元年（627）省入沂州。金大定二十四年（1184）析徐州置滕州，治滕县。元析沂州置峄州，治兰陵县（今峄城区）。明洪武二年（1369）峄、滕 2 州俱降为县，同属兖州府。清因之。1914 年属济宁道。1925 年属兖济道。1928 年道废直属于省。1936 年属第三行政督察区。1939 年建峄县抗日民主政权，1940 年属鲁南专区、1944 年属鲁南行政区第二专区。1948 年于枣庄镇设枣庄办事处（县级），与峄县俱属鲁南行政区第五专区（次年更名为台枣专区），专署驻峄县城。1950 年枣庄办事处撤销，地入峄县，属滕县专区。1953 年属济宁专区。1960 年撤峄县置枣庄市。1961 年升为省辖市（地级），辖齐村、薛城、峄城、台儿庄 4 区。1976 年设市中区。1978 年滕县划入。1983 年齐村区改名山亭区。1988 年改滕县为滕州市（县级）成今境。（资料来源：《中华人民共和国地名大词典》）。因政府原驻地枣庄得名。东及东北部多山，中部及南部边界一带为平缓丘陵，南部运河沿岸为平原洼地，地势呈东北向西南倾伏状，海拔 30~40 米。群山起伏，其中翼云山、莲青山、抱犊崮较高。年均气温 14.4℃，1 月平均气温 −1℃，7 月平均气温 27℃。年均降水量 787.4 毫米。年均无霜期 214 天。西滨微山湖。境内有京杭运河枣庄段、伊家河、峄城大沙河、城郭河、陶沟河等。有煤、铁、铜、铝土、石膏、磷等矿产资源。有野生维管植物 672 种，稀有珍贵树种有槲树、八角枫、漆树等 23 种。有陆生野生动物 281 种，其中国家和省级重点保护野生动物 85 种。有抱犊崮国家森林公园、抱犊崮省级自然保护区。森林覆盖率 36.2%。有省级工程技术研究中心 16 个，院士工作站 10 个。有高等院校 3 所，中小学 664 所，国家级图书馆 7 个，国家级博物馆 1 个，国家级档案馆 7 个，体育场馆 4 个，枣庄市立医院、枣庄市中医医院等三级以上医院 7 个。有薛城遗址、北辛遗址、偪阳故城、前掌大遗址、台儿庄大战旧址等国家级文物保护单位 9 个、省级文物保护单位 82 个，有国家级爱国主义教育基地 2 个、省级爱国主义教育基地 5 个，有国家级传统村落 2

个、省级历史文化名城 2 个、省级历史文化名镇 3 个、省级传统村落 3 个，国家级物质文化遗产 9 个，柳琴戏、鲁班传说等国家级非物质文化遗产 2 个，省级物质文化遗产 80 个，鲁南花鼓、山亭皮影戏等省级非物质文化遗产 32 个，AAAAA 级景区台儿庄古城景区等 A 级以上景区 35 个。三次产业比例为 8∶55∶37。农业以种植业为主，主产小麦、玉米、谷子、棉花、烟草、花生等，盛产石榴、枣、梨、柿子、板栗、山楂、花椒等。工业以煤化工为主导，煤炭、建材、纺织、造纸等为支柱产业，为山东省重要的现代煤化工、能源、建材和机械制造基地、新兴科技创新基地。有国家级开发区 1 个、省级开发区 6 个。服务业以旅游业等为主，有台儿庄临港物流园等 16 个物流园区。境内有铁路 313 千米，公路 8 240.7 千米，其中高速 163.7 千米，内河航线 93.9 千米。京沪高铁、京沪铁路、枣临铁路、京台高速、104 国道、206 国道、枣临高速过境，韩庄运河横穿南部。有现代化大型港口枣庄港。

枣庄 370400-Z01
[Zǎozhuāng]

枣庄市聚落。在市境中部。面积 170 平方千米。人口 70 万。民族以汉族为主，还有回、蒙古、藏等民族。枣庄，在唐代形成村落，因多枣树而得名。历史上属峄地。元至大元年（1308）即已采煤，至清乾隆年间已是商贾辐辏、炭窑增置的重要煤炭产地。清末建立煤矿公司。随台枣、临枣两条铁路相继通车，枣庄成为繁荣集市。1918 年建镇。后因战乱时有兴衰。1949 年后得到迅速恢复和发展，煤炭和电力逐步发达，城镇面积扩大。1958 年为峄县人民政府驻地。1959 年为枣庄市（县级）驻地。1961 年升为省辖市。枣庄煤矿坐落于城区北部，南部为商业居民区。1963 年后，整修火车站广场，开通胜利路，拓宽北马路、解放路、君山路、煤城路、青檀北路，构成环形道路骨架。1965 年，沿海工业内迁，初步形成十里泉工业区。至 1978 年，城区面积扩大到 7 平方千米，铺装道路 16.98 千米，治理排水沟渠 11 千米，架设路灯 249 盏。1978—1986 年，城市建设离开压煤区，重点发展文化路以南新区，城区面积扩大到 15.7 平方千米。修建文化、青檀等 17 条市内道路，新建光明路铁路公路立交桥，建成龙头商场、邮电大楼、长途汽车站、市立医院、体育馆、荆河公园等一批商业、交通、文化、卫生、体育设施，新建住宅 132.9 万平方米，建成文化一村等 6 个居民新村。1987 年新建南园立交桥和青檀北路人行天桥各一座。1992—1995 年建成大观园、文化路、亚细亚三个商业新区，总面积达 20 万平方米。鲁南商城等多个商业服务网点建成开业。相继完成枣庄北电厂、枣薛一级公路、104 国道枣庄段改造、程控电话、城市管道煤气增容、集中供热等工程。1996 年青檀路改建通车，建成进出口商品批发市场等八大批发市场。1997 年新建市体育中心、图书馆、光明广场。2000 年枣庄新城区建设正式启动。2003 年完成行政中心办公楼、会展中心主体工程，府前广场、中天步行街、开元大街等开工建设。完成新枣线、枣徐路枣庄境内段改造。滕州港建成投入使用。2006 年突出"古城、河道、山体、湿地"城市自然特色，以山体、道路绿化为骨架，以滨河绿化带、街头绿地为重点，以庭院、居住区绿化为基础加强绿化建设。凤鸣湖和植物园工程竣工。综合治理 160 条背街小巷。店韩线、沂台线改建后通车，206 国道改建和台儿庄复线船闸工程开工建设。枣庄港码头工程竣工，枣庄火车站新站房及站前广场建成使用。2007—2008 年围绕"新城做靓，老城做新"城市建设战略，推进城区功能互补，建成新城市政大厦、会展中心、市政广场、嘉汇大厦等标志性建筑，兴建白马庄园等多个高品质小区，贯通改造光明大道、解放路、人民路、青檀路等城市主干道，打造南方植物园、凤鸣公园、东湖公园等园林，实施棚户区改造、东沙河改造及垃圾、污水治理等生态环境项目。2009 年建成全民健身中心，城中村改造拆迁 85.2 万平方米，开发新城住宅 80 万平方米。金牛岭城市森林公园建成。2010 年新城建成区面积达 8.3平方千米。建设城市快速公交 BRT，全长69 千米。2011 年新城建成区面积近 10 平方千米。京沪高铁枣庄站、滕州东站建成启用。2012—2014 年新建改造城区道路 196 条，整治背街小巷 200 多条。快速公交 BRT 覆盖五区。枣临高速公路、枣临铁路投入运营。建污水管网 82 千米。建设中心城区环城绿道 200 多千米，新增造林绿化面积 63.5 万亩，成为国家森林城市。2014 年市实验小学、市实验高中、市职业中专、市中医医院新院、市立医院新院建成启用。（资料来源：《中华人民共和国地名大词典》《枣庄年鉴》）有枣庄光明广场、铁道游击队纪念碑、奚仲广场、东湖中兴阁、山亭翼云阁、台儿庄古城等标志性建筑物。聚落按照"双城拥山"格局分布，以农田、林地为生态隔离带，分为东城区与西城区。行政办公区域位于西城区，主要有商务金融、会展、文体中心、教育培训和高新技术研发服务基地。传统商业和商贸中心位于东城区，形成新兴产业和转型示范产业基地、民族工业和休闲度假旅游基地和电子商务、文化创意、物流基地。居住区分散于中心城区。主要街路 200 余条，呈棋盘式格局分布，重要交通路口设有花园式的转盘路和立交桥。交通便捷，有多路公交、BRT 线路和铁路专线。

枣庄高新技术产业开发区 370400-E01
[Zǎozhuāng Gāoxīnjìshù Chǎnyè Kāifāqū]

在市境西南部。西与薛城区临城街道毗邻，北与薛城区陶庄镇接壤，南邻薛城区沙沟镇，东接市中区。面积 13 500 公顷。以所在地区命名。2014 年经国务院正式批准为国家级开发区，由市级政府管理。构筑以互联网小镇、智能制造小镇、鲁南电商谷、鲁南大数据中心为载体的"两镇一谷一中心"产业发展新格局。全区以锂电新能源、光电光纤、光伏材料、生物医药、电子信息、先进制造和煤化工及精细化工为主，是山东省重要的锂电生产基地。共入驻各类企业 1 460 家，重点企业有亿和集团、东方光源集团、海特电子集团、昂立集团等。境内道路四通八达。

旧地名

台枣专区（旧） 370400-U01
[Táizǎo Zhuānqū]

在山东省南部。1949 年置，辖 12 县、2 办事处，专署驻峄县。1950 年撤销台枣专区，辖县划归滕县、临沂 2 专区。

滕县专区（旧） 370400-U02
[Téngxiàn Zhuānqū]

在山东省南部。1950 年置，辖 1 市、13 县，专署驻滕县。1952 年将沛县等 4 县划归江苏省。1953 年撤销滕县专区，改称济宁专区。

凫山县（旧） 370400-U03
[Fúshān Xiàn]

在山东省南部。1946 年设县。1956 年撤销，分别划归滕县、邹县、济宁市、微山县等。

麓水县（旧） 370400-U04
[Lùshuǐ Xiàn]

在山东省南部。1949 年滕县易名为麓水县。1946 年更名为滕县。

临城县（旧） 370400-U05
[Línchéng Xiàn]

在山东省南部。1949 年 2 月设县。1952 年改名薛城县。

薛城县（旧） 370400-U06
[Xuēchéng Xiàn]

在山东省南部。1952 年由临城县改称。1956 年撤销，分别划归滕县和微山县。1960 年并入枣庄市，设薛城区。

兰陵县（旧） 370400-U07
[Lánlíng Xiàn]

在山东省南部。1947 年设县。1953 年撤销，划归峄县和苍山县。

峄县（旧） 370400-U08
[Yì Xiàn]

在山东省南部。1960 年撤销，改设枣庄市。

滕县（旧） 370400-U09
[Téng Xiàn]

在山东省南部。1988 年撤销，改设滕州市（县级）。

齐村区（旧） 370400-U10
[Qícūn Qū]

枣庄市辖区。在市境北部。1961 年由峄县析置，县级。1983 年析齐村等 10 公社入市中区，将滕县的山亭等 8 个公社划入，齐村区遂更名为山亭区。

市中区

市中区 370402
[Shìzhōng Qū]

枣庄市辖区。在市境中部。面积 375 平方千米。人口 57.0 万。以汉族为主，还有回、蒙古等民族。辖 6 街道、5 镇。区人民政府驻龙山路街道。1948 年设枣庄办事处（县级），属鲁南行政区第五专区，次年更名台枣专区。1950 年撤办事处，辖区并入峄县，属滕县专区。1976 年置区。因位于市区中部得名。郭里集河、齐村沙河、西王庄河从境内穿过。有省级工程技术研究中心山东省工业水处理药剂工程技术研究中心、山东省智能开关柜工程技术研究中心，市级工程技术研究中心枣庄市食用菌工程技术研究中心、枣庄市新型动力电源及核心材料工程技术研究中心、枣庄市生物酶工程技术研究中心等 16 个。有高等院校 1 所，中小学 64 所，图书馆 2 个，体育场馆 2 个，三级以上医院 4 个。有省级文物保护单位华德中兴煤矿公司、铁道游击队旧址、苏鲁豫皖边区特工委旧址、国际洋行旧址、王鼎铭墓、白骨塔、南大堰遗址 7 个，爱国主义教育基地、纪念地 1 个，省级非物质文化遗产柳琴戏（拉魂腔）、鼓儿词、四蟹抢船、枣庄砂陶烧制技艺，地方特色民间艺术鲁南花棍舞、人灯舞等。有省级地质公园 1 个，省级森林公园 1 个，有仙坛山温泉小镇风景区、鲁南水城·枣庄老街、龟山风景区等旅游资源。有中兴公司办公楼、中兴阁、鸽子楼、光明广场等标志性建筑物。依托北部山区构建北部生态功能区，中部行政、商业、居住功能区，南部工业区，东、西部农业种植区的城市布局。三次产业比例为 4.6∶54.1∶41.3。农业以种植业为主，主产小麦、玉米、棉花、花生等，种植叶菜类、根茎类、茄果菜类蔬菜和食用菌等。畜牧业饲养肉鸭，渔业以养殖建鲤、黄金鲫、中华绒螯蟹、克氏螯虾为主。名优特农产品有冻光鸭、绿壳鸡蛋等。工业以煤炭、建材、纺织服装、机械机床、化工、食品医药等为主。服务业以商贸、餐饮、运河与红色文化旅游等为主。有省级开发区1个。有枣庄东站、枣庄市长途汽车总站，有多条公交线路。

枣庄经济开发区 370402-E01
[Zǎozhuāng Jīngjì Kāifāqū]

在区境西南部。东至青檀路，西至夏庄，南至汇泉路，北至光明大道。面积2 800公顷。以所在行政区命名。1992年12月经省政府正式批准建立省级开发区，由区级政府管理。是以开放型经济为主体、装备制造业项目为支撑、产学研功能较完备的综合性经济开发区，重点发展建材、化工、能源、纺织、生物医药、设备制造等行业。有注册企业235家，有雅百特科技、泰和水处理、南郊热电、海之杰纺织、万邦赛诺康、力源电气、佳程橡胶等知名企业。园区内已建成"十纵十横"路网框架，通公交车。

龙山路街道 370402-A01
[Lóngshānlù Jiēdào]

市中区人民政府驻地。在市中区城区北部。面积4平方千米。人口3.7万。1984年设立。因龙山路得名。1987年建青檀北路立交桥，2011年整体拆除，建公铁立交桥。2013年建成中安道南里小区。西沙河从境内穿过。有中小学3所，医疗卫生机构19个。有省级文物保护单位国际洋行旧址，爱国主义教育基地日本大兵营和日本飞机场遗址。有市中区区委大楼等标志性建筑物。工业以服装加工、机械制造、建筑为主。服务业以商贸、金融等为主。有省驰名商标2个、省优产品2个。有枣庄东站，通公交车。

中心街街道 370402-A02
[Zhōngxīnjiē Jiēdào]

属市中区管辖。在市中区城区东部。面积2平方千米。人口4.1万。以汉族为主，还有回、蒙古等民族。1984设立。中心街原名中新街，因1877年枣庄中兴煤矿开辟百米南北走向小市而得名，后改为中心街。1992年建鲁南商城。2012年实施三角花园西南片区改造。有市级技术研发中心2个，知名文艺团体10个，医疗卫生机构17个。有白骨塔、清真寺、同春堂药店、基督教堂遗址等名胜古迹。有鲁南商城、香港街、人民公园、枣庄煤矿等标志性建筑物。经济以服务业为主。工业以建材机械制造、矿用设备制造、服装加工等为主。服务业以金融、商贸、酒店餐饮业为主。通公交车。

各塔埠街道 370402-A03
[Gètǎbù Jiēdào]

属市中区管辖。在区境南部。面积2平方千米。人口6.0万。1982年设立。明洪武二年（1369），李氏从山西洪洞县迁此建村，因村址多露头青石，故名垯塔（疙瘩）埠。后演为今名。街道以村命名。2011年启动杨河老村棚户区改造工程。有中小学4所，医疗卫生机构6个。有十里泉发电厂等标志性建筑物。经济以服务业为主。农业以种植业为主，主产小麦。工业以生化、机械加工、畜禽加工、橡胶、纺织、光伏发电为主导。服务业以商贸业为主。市南工业园区主要位于该街道。通公交车。

矿区街道 370402-A04
[Kuàngqū Jiēdào]

属市中区管辖。在区境北部。面积1平方千米。人口3.7万。1982年设立。因原是枣庄矿务局和枣庄煤矿驻地而得名。2010年5月建设山东枣庄中兴（煤矿）国家矿山公园。2011年9月开工建设文东华府小区，2014年开工建设矸石山豪庭小区、沐兰广场小区。东沙河、时令河从境内穿过。有知名文艺团体2个。有省级文物保护单位华德中兴煤矿公司。有新中兴公司大厦、新远大公司等标志性建筑物。经济以工业为主。工业以煤炭化工、矿山机械制造、建材、热电等产业为主导，形成以枣庄煤矿新中兴公司为主的煤化工业集聚区。服务业以物流、煤炭文化旅游为主。通公交车。

文化路街道 370402-A05
[Wénhuàlù Jiēdào]

属市中区管辖。在区境中部。面积5平方千米。人口9.1万。1982年设立。因辖区多文化事业单位且近文化路，故名。1982年建枣庄市妇女儿童活动中心，1983年始建枣庄市青少年宫，1984年建成体育馆，1978年建成工人文化宫，1988年建成枣庄市博物馆，1996年建成枣庄市新昌批发市场，1999年枣庄三中西校投入使用，2000年建成鲁南书城，2003年兴建吉品商业街，2004年竣工。东沙河从境内穿过。有市级技术研发中心1个，体育馆1个，博物馆1个，医疗卫生机构5个。有亚细亚写字楼等标志性建筑物。北部形成以新昌批发市场、吉品街为中心的商业功能区，中部形成以文化路为中心的文化功能区。经济以服务业为主。工业以机械加工、太阳能产品、机床加工、建筑材料为主。服务业以商务、金融、房屋租售等为主。通公交车。

光明路街道 370402-A06
[Guāngmínglù Jiēdào]

属市中区管辖。环绕枣庄老城一周。面积35平方千米。人口5.8万。2001年设立。因光明路得名。2009年至2014年，进行以东沙河、东环路为骨干的东线建设项目，以西沙河、西昌南路为骨干的西线建设项目，以世纪大道、西气东输为骨干的南线建设项目，以枣林铁路为骨干的北线建设项目。境内有裴山、韭菜山，东沙河、西沙河、小梁河从境内穿过。有中小学8所，体育场12个，医疗卫生机构21个。有枣庄客运中心、光明广场、银座商城等标志性建筑物。农业以种植小麦、玉米、蔬菜为主，饲养猪、羊、家禽等。工业以食品加工、建材、棉纺织、服装制造为主。服务业以商务、金融、餐饮业为主。有枣庄客运中心，通公交车。

税郭镇 370402-B01
[Shuìguō Zhèn]

市中区辖镇。在区境东部。面积69平方千米。人口4.9万。辖21村委会，有43自然村。镇人民政府驻东南村。清代属兖州府峄县企彭乡税郭社。1948年属苍山县六区（鲁城区）。1958年建税郭人民公社，属峄县。1959年属峄县红旗公社（即郭里集公社）。1960年归属枣庄市。1962年析置安城公社、税郭公社，属齐村区。1983年划归市中区。1984年改建税郭镇。2001年安城镇划入。以镇政府原驻地村命名。西沙河支流从境内穿过。有中小学9所，卫生院1个。境内有商代庙台子遗址。经济以工业为主。农业以种植业为主，粮食作物主产小麦、玉米，经济作物主产花生、藕、食用菌、脆枣、板栗、油桃等。畜牧业以饲养鸡、鸭、猪、牛、羊等为主。工业以纺织、建材、焦电、铁矿、机械制造、新型材料六大产业为主。服务业以商贸、物流等为主。206国道、省道枣临铁路过境，设税郭客运站。

孟庄镇 370402-B02
[Mèngzhuāng Zhèn]

市中区辖镇。在区境东部。面积59平

方千米。人口 3.2 万。辖 15 村委会，有 32 自然村。镇人民政府驻大尚岩村。1962 年为孟庄公社。1983 年属市中区。1984 年社改乡。1998 年置镇。2001 年周村乡并入。以镇政府原驻地村命名。郭里集支流、西泇河从境内穿过。有中小学 7 所，卫生院 1 个，广场 35 个。有汉代冶铁遗址、土城遗址等古迹。有国家 AAA 级景区龟山风景区。经济以工业为主、特色农业为辅。农业以种植业为主，主产小麦、玉米，兼产苹果、桃、板栗等，畜牧业以养殖肉鸭、猪、肉牛为主。工业以机械制造、食品加工、新型电子制品和服装加工为主。服务业以旅游、餐饮业为主。省道新枣公路、枣贾公路过境。

齐村镇 370402-B03
[Qícūn Zhèn]

市中区辖镇。在区境西北部。面积 90 平方千米。人口 7.6 万。辖 25 村委会，有 45 自然村。镇人民政府驻渴口村。1946 年以后，先后属枣庄特区、枣庄行政区。1949 年先后分属峄县郭里集区、枣庄区、庄头区和白彦县第九区。1953 年属峄县第十九区。1956 年齐村乡属邹坞区。1958 年 3 月属峄县，同年 9 月与郭村乡合并成立曙光（枣庄）公社。1984 置镇。2001 年渴口镇并入。以原镇政府原驻地村得名。大沙河齐村支流、东沙河、西沙河、蟠龙河从境内穿过。有中小学 10 所，卫生院 1 所。有渴口汉墓群、凤凰岭窑址等古迹。有国家 AA 级景区甘泉寺。经济以服务业为主。农业以种植业为主，主产小麦、玉米、林果，兼产花生、芝麻、地瓜，盛产前良樱桃、蒋庄西芹、秦崖脆枣等。畜牧业以饲养猪、羊为主。工业以新型建材、机械加工、精细化工、家具制造四大产业为主。服务业以物流、旅游业为主。枣临铁路、枣木高速和省道枣曹公路、枣薛公路过境。

永安镇 370402-B04
[Yǒng'ān Zhèn]

市中区辖镇。在区境西部。面积 55 平方千米。人口 5.6 万。辖 18 村委会，有 33 自然村。镇人民政府驻永安村。1951 年设永安乡。1958 年属曙光公社。1962 年析永安公社。1984 年复设乡。2001 年黄庄乡并入。2014 年置镇。以镇政府驻地村得名。西沙河齐村支流从境内穿过。有中小学 10 所，卫生院 1 所，广场 2 个。有牛郎山省级森林公园、九顶莲花山生态休闲度假区等旅游资源。农业以种植小麦、玉米、林果为主，特产核桃。畜牧业以饲养猪、羊、鸡、鸭为主。工业以纺织、建筑、食品加工、机械制造为主。服务业以餐饮业为主。省道枣薛公路、枣徐公路过境。

西王庄镇 370402-B05
[Xīwángzhuāng Zhèn]

市中区辖镇。在区境东部。面积 52 平方千米。人口 4.8 万。辖 18 村委会，有 36 自然村。镇人民政府驻西王庄。中华人民共和国成立前先后属峄县税郭社、郭北社。1958 年属峄县郭里集公社。1961 年属齐村区。1983 年至今属市中区。1984 年建乡。2001 年与郭里集乡合并，称西王庄乡。2014 年置镇。以镇政府驻地村得名。郭里集支流、税郭支流西王庄段过境。有省级工程技术研究中心 1 个，中小学 10 所，卫生院 1 所。有刘伶墓、护君山等古迹。经济以工业为主、特色农业为辅。农业以种植白菜、萝卜、黄瓜、西红柿为主，畜牧业以饲养猪、羊、家禽为主。工业以建材、化工、纺织、有机食品、医疗器械等业为主。服务业以生态旅游、餐饮业为主。枣临铁路、206 国道、省道枣台公路过境。

旧地名

安城乡（旧） 370402-U01
[Ānchéng Xiāng]

在市中区东部。市中区辖乡。1984年设立。2001年撤销，并入税郭镇。

郭里集乡（旧） 370402-U02
[Guōlǐjí Xiāng]

在市中区东南部。市中区辖乡。1984年设立。2001年撤销，并入西王庄乡。

渴口乡（旧） 370402-U03
[Kěkǒu Xiāng]

在市中区北部。市中区辖乡。1984年设立。2001年撤销，并入齐村镇。

周村乡（旧） 370402-U04
[Zhōucūn Xiāng]

在市中区东北部。市中区辖乡。1984年设立。2001年撤销，并入孟庄镇。

黄庄乡（旧） 370402-U05
[Huángzhuāng Xiāng]

在市中区西南部。市中区辖乡。1984年设立。2001年撤销，并入永安乡。

社区

荣华里社区 370402-A01-J01
[Rónghuálǐ Shèqū]

属龙山路街道管辖。在市中区中部。面积0.3平方千米。人口5 600。因辖区内的荣华里小区得名。1984年成立。有楼房23栋，现代建筑风格。驻有枣庄市鲁南实业公司、君山路小学、市中区交通医院等单位。通公交车。2007年被评为省文明社区。

道南社区 370402-A01-J02
[Dàonán Shèqū]

属龙山路街道管辖。在市中区中部。面积0.5平方千米。人口3 200。因位于铁道以南而得名。1983年成立。有楼房26栋，现代建筑风格。驻有中国建设银行、枣庄市煤炭输电线路管理站等单位。通公交车。

香港街社区 370402-A02-J01
[Xiānggǎngjiē Shèqū]

属中心街街道管辖。在市中区东部。面积0.5平方千米。人口9 900。以香港街小区命名。2002年成立。有楼房64栋，现代、欧式建筑风格。有志愿者服务。通公交车。2012年被评为省文明社区。

铁西社区 370402-A02-J02
[Tiěxī Shèqū]

属中心街街道管辖。在市中区东部。面积1.0平方千米。人口3 900。因在铁道以西得名。1993年成立。有楼房47栋，现代建筑风格。开展社区邻里文化节等活动。通公交车。2011年被评为省文明社区。

马宅子社区 370402-A02-J03
[Mǎzháizi Shèqū]

属中心街街道管辖。在市中区中部。面积0.18平方千米。人口5 800。沿用原马宅子村名。1984年成立。有楼房66栋，现代简约建筑风格。通公交车。

薛庄社区 370402-A02-J04
[Xuēzhuāng Shèqū]

属中心街街道管辖。在市中区中部。面积0.9平方千米。人口5 700。沿用原薛庄名。1987年成立。有楼房52栋，现代建筑风格。驻有市中区电视台、市中区体育局等单位。有日间照料服务。通公交车。

十电社区 370402-A03-J01
[Shídiàn Shèqū]

　　属各塔埠街道管辖。在市中区南部。面积0.8平方千米。人口6 500。辖区内有十里泉发电厂职工宿舍，故名。1985年成立。有楼房95栋，现代建筑风格。驻有华电国际十里泉发电厂、天立集团等单位。有志愿者服务，开展走访困难党员群众等活动。通公交车。

幸福社区 370402-A03-J02
[Xìngfú Shèqū]

　　属各塔埠街道管辖。在市中区南部。面积0.3平方千米。人口11 000。因辖区内幸福小区得名。2009年成立。有楼房128栋，现代建筑风格。驻有枣庄市粮食储备库、枣庄市公安局市中分局、逸夫小学、枣庄市市政工程处、枣庄市市中区国土资源局等单位。通公交车。

杨河社区 370402-A03-J03
[Yánghé Shèqū]

　　属各塔埠街道管辖。在市中区南部。面积0.3平方千米。人口5 500。沿用原杨河村名。1985年成立。有楼房42栋，现代建筑风格。驻有市中区残联、光明路派出所、中翔集团等单位。有老年人日间照料服务。通公交车。

远大社区 370402-A04-J01
[Yuǎndà Shèqū]

　　属矿区街道管辖。在市中区北部。面积0.3平方千米。人口2 300。因辖区内企业远大公司得名。1984年成立。有楼房38栋，现代建筑风格。驻有远大公司等单位。通公交车。

北山社区 370402-A04-J02
[Běishān Shèqū]

　　属矿区街道管辖。在市中区北部。面积0.3平方千米。人口3 400。因辖区内有枣庄矿务局枣庄煤矿的职工家属宿舍北山宿舍，故名。2008年成立。有楼房45栋，现代建筑风格。驻有枣庄市第四十六中学等单位。通公交车。

南龙头社区 370402-A05-J01
[Nánlóngtóu Shèqū]

　　属文化路街道管辖。在市中区东南部。面积0.2平方千米。人口9 000。因境内龙头村得名。1985年成立。有楼房202栋，现代建筑风格，有平房。驻有枣庄热力总公司、市中区地税局等单位。有社区老年人日间照料服务。通公交车。2010年被评为省文明社区。

孔庄社区 370402-A05-J02
[Kǒngzhuāng Shèqū]

　　属文化路街道管辖。在市中区中部。面积0.45平方千米。人口9 400。沿用原孔庄村名。2009年成立。有楼房106栋，现代建筑风格。驻有海润中粮大酒店、市中区教育局等单位。有老年人日间照料服务、志愿者服务。通公交车。2009年被评为省文明社区。

立新社区 370402-A05-J03
[Lìxīn Shèqū]

　　属文化路街道管辖。在市中区中部。面积0.8平方千米。人口11 500。由原立新大队农转非而得名。1983年成立。有楼房88栋，现代建筑风格。有立新小学、市中区环卫局、市中区供水总公司、枣庄市消防支队等单位。有社区老年人日间照料服务。通公交车。

龙凤社区 370402-A05-J04

[Lóngfèng Shèqū]

属文化路街道管辖。在市中区中部。面积 0.6 平方千米。人口 9 000。因地处龙头路南侧，以吉祥嘉言命名为龙凤。1982 年成立。有楼房 40 栋，现代建筑风格。驻有枣庄第十五中学、光明路小学、建委幼儿园、新华书店、市中区工商银行、市中区交通局、市城建开发公司、市中区公路局等单位。通公交车。

北龙头社区 370402-A05-J05

[Běilóngtóu Shèqū]

属文化路街道管辖。在市中区中部。面积 2 平方千米。人口 5 300。根据原村吴氏传说，明万历年间，有移民迁此，村附近有东南—西北向棕红色石，呈龙体状，表面有页状石片，如龙鳞，头似龙头，故名龙头村。后演变为三个龙头（东、北、南），该村在北，社区沿用原北龙头村名。1955 年成立。有楼房 38 栋，现代建筑风格。驻有市立三院、枣庄第十五中学等单位。有老年人日间照料服务、志愿者服务。通公交车。

东盛社区 370402-A06-J01

[Dōngshèng Shèqū]

属光明路街道管辖。在市中区东部。面积 0.54 平方千米。人口 2 200。因东盛路通过该社区，故名。2011 年成立。有楼房 169 栋，现代建筑风格。有志愿者服务，开展法律咨询、学雷锋、家长学校等活动。通公交车。2014 年被评为省文明社区。

石碑社区 370402-A06-J02

[Shíbēi Shèqū]

属光明路街道管辖。在市中区西部。面积 0.55 平方千米。人口 5 000。因石碑村得名。2002 年成立。有楼房 93 栋，现代建筑风格，有平房。通公交车。2012 年被评为省文明社区。

利民社区 370402-A06-J03

[Lìmín Shèqū]

属光明路街道管辖。在市中区东部。面积 2.5 平方千米。人口 2 600。从民主街与胜利街名中各取一字命名，寓意"有利于民"。2006 年成立。有楼房 421 栋，现代建筑风格。驻有光明路工商所、枣庄市宏通运输有限公司等单位。有老年人日间照料服务。通公交车。

薛城区

薛城区 370403

[Xuēchéng Qū]

枣庄市人民政府驻地。在市境西南部。面积 507 平方千米。人口 53.0 万。以汉族为主，还有回、满等民族。辖 4 街道、5 镇。区人民政府驻临城街道。1949 年属鲁南行政区台枣专区。1950 年属滕县专区。1952 年临城县更名薛城县。1960 年原薛城县地划归枣庄市。1962 年置薛城区。因境内古薛城得名。境内有千山头、离谷山、临山等，蟠龙河、新薛河等从区境内穿过。有省级科研单位 13 个。有高等院校 1 所，中小学 76 所，图书馆 1 个，知名文艺团体 18 个，三级以上医院 3 个。有省级文物保护单位 6 个，国家级爱国主义教育基地 1 个，省级物质文化遗产 8 个，省级非物质文化遗产 6 个，纪念地、风景名胜区和重要古迹、景点 139 个。1979 年开辟永福路、临山路、永兴路、新华路。1986 年修铺临泉路、戚城巷、临城巷，临山东路的沥青、水泥路面，修建 14 条长近 4 000 米的下水道。1989 年薛城邮电大楼整体工程竣工，

2 000 门自动电话通讯网路投入使用。开发建设火车站广场东侧 11 000 平方米商业楼群、福泉小区 3 000 平方米商品楼房，完成清泉小区 5 500 平方米的旧房改造任务。城市道路发展到 15.4 千米，新修完善道路 9 条，开工建设薛城立交桥及泰山路。规划面积 4 平方千米的枣庄市薛城经济技术开发区基本骨架初步形成。1995 年铁道游击队纪念公园建成。2000 年枣庄新城建设正式启动。2003 年完成行政中心办公楼、会展中心主体工程。2004 年完成黄河路大桥、临山路改造通车。2004—2008 年建成市政广场、嘉汇大厦、铁道游击队影视城等标志性建筑物，贯通改造光明大道，打造南方植物园、凤鸣公园等园林。2009 年金牛岭城市森林公园建成，对城区燕山路、火车站广场、新华街、东小社区和天山路区域 5 处棚户区进行拆迁改造。2010 年城市快速公交 BRT 通车。2011 年"三校合一"工程投入使用，京沪高铁枣庄站建成启用。2012 年对薛城火车站进行改造。2013 年完成区污水处理厂升级改造。2014 年市文体中心完成主体施工，市立医院新城分院、市中医院新院、市实验小学、市实验高中、市职业中专投入使用。珠江路大桥、太行山南路、珠江东路等 10 条道路工程建成通车。城市建设以京沪高铁为界，以东为新城区，以市政府行政单位集群为中心，周边建有森林公园、植物园、人工湖等休闲娱乐场所，南部主要集中建设居民住宅区，有双子座写字楼；老城区主要以党政机关、商业及住宅区为主，东部建有枣庄高铁站、互联网小镇等。城区北部主要为高新技术企业聚集地。三次产业比例为 5∶57.4∶37.6。农业以种植小麦、玉米、棉花为主。名优特产有南石驴肉、周营红皮土豆、黑峪西瓜等。工业以煤化工、机械制造、造纸、啤酒制造、玻璃制造为主。在规模以上工业中，煤炭开采和洗选业、非金属矿物制品业、

电力、热力生产和供应业、专用设备制造业、化学原料和化学制品制造业、燃气生产和供应业 6 个行业实现增加值占比较大，特色产品主要有布、鞋、石膏板、人造板、化学试剂、饲料、涂料、液压元件、电动自行车、摩托车整车、服装、饮料酒、啤酒、玻璃包装容器、工业锅炉、纸浆、变压器等。服务业以物流运输业和旅游业为主。有国家级开发区 1 个、省级开发区 1 个。有多条公交线路。

山东薛城经济开发区 370403-E01
[Shāndōng Xuēchéng Jīngjì Kāifāqū]

在区境南部。东至薛周路、西麦村，西至小沙河，南至姬庄村、六炉店村，北至西小庄村。面积 400 公顷。以所在行政区命名。2006 年 3 月经省政府正式批准建立省级开发区，由区级政府管理。入驻企业 56 家，有枣庄市银牛面业有限公司、山东智赢门窗科技有限公司、山东夫宇食品有限公司、医疗智谷大健康产业园、山东韦地科技有限公司等知名企业。形成"四纵两横"道路布局，通公交车。

临城街道 370403-A01
[Línchéng Jiēdào]

薛城区人民政府驻地。在区境中部。面积 14 平方千米。人口 12.9 万。1962 年设立。北魏置永兴县治此，古城旧址即县城，因临永兴县城而建，故名临城。2010 年对燕山路棚户区、火车站棚户区进行改造。2011 年、2012 年对新华街棚户区、天山路棚户区进行改造，完成若干住宅区和大型酒店建设。2013 年对枣庄西站至陶庄换乘站沿线道路拓宽改造，完成南临城小学、南临城幼儿园等 3 个学校改扩建和二十九中新校区迁建。薛城大沙河、小沙河从境内穿过。有中小学 5 所，图书馆 1 个，知名文艺团体 1 个，医疗卫生机构 3 个，重

要古迹、景点 3 个。有铁道游击队英雄纪念碑等标志性建筑物。农业以种植小麦、玉米为主。工业以机械制造、食品加工、纺织、制鞋为主。服务业以旅游业为主。有枣庄站、枣庄西站、薛城长途汽车站，通公交车。

兴仁街道 370403-A02
[Xīngrén Jiēdào]

属薛城区管辖。在区境中部。面积 43 平方千米。人口 6.5 万。2001 年设立。以原兴仁镇驻地村得名。2003 年建成市政大厦、会展中心主体工程。2004—2008 年建成市政广场、嘉汇大厦等，贯通改造光明大道，打造南方植物园、凤鸣公园等园林。2009 年金牛岭城市森林公园建成。蟠龙河从境内穿过。有高等院校 2 所，中小学 10 所，医疗卫生机构 3 个。有凤鸣湖、龙潭公园、龟山公园等景点。农业以种植小麦、玉米为主。工业以精细化工、生物制药、信息技术、机械制造业为主。服务业以金融业和邮政业为主。通公交车。

兴城街道 370403-A03
[Xīngchéng Jiēdào]

属薛城区管辖。在区境东部。面积 42 平方千米。人口 2.6 万。2003 年设立。寓意以城兴业、以业兴城，故名。2004 年泰国工业园奠基建设。2008 年建成锦绣园小区。2010—2013 年间建成东山华府、来泉山庄、四季菁华、紫光苑等一批住宅小区。2014 年市实验高中建成启用。2014 年市立医院新城分院、枣庄市实验小学投入使用。境内有黄石山、韩龙山、龟山、袁寨山等，蟠龙河南支从境内穿过。有中小学 4 所，医疗卫生机构 1 个。有市级文物保护单位北于墓群、玉皇庙旧址、袁家古宅、袁家寨遗址等。有双龙泉、南山寨地质地貌自然景观、杏花峪等景点。农业以种植小麦、玉米、高粱等粮食作物和养殖蛋鸡、牛、

羊等为主。工业以食品加工、电子产品制造、金属加工、建材制造业为主。通公交车。

张范街道 370403-A04
[Zhāngfàn Jiēdào]

属薛城区管辖。在区境东北部。面积 57 平方千米。人口 3.6 万。2012 年成立。以张、范二姓定居在此而得名。蟠龙河南支流从境内穿过。有中小学 9 所，医疗卫生机构 1 个。有市级文物保护单位点将台、老皇崖遗址等，杨峪森林公园、杨峪体育公园等景点。农业主产小麦、玉米、高粱等粮食作物。工业以装备制造业、医药制造业、电缆制造为主。通公交车。

沙沟镇 370403-B01
[Shāgōu Zhèn]

薛城区辖镇。在区境南部。面积 85 平方千米。人口 5.6 万。辖 35 村委会，有 76 自然村。镇人民政府驻沙沟西村。1952 年建沙沟乡。后改公社。1984 年置镇。2001 年撤销南常乡并入。因镇政府驻地村得名。境内有圣土山、焦山、朝阳山、九顶山等，南北常河、圩子大沙河从境内穿过。有中小学 8 所，卫生院 1 个。有省级文物保护单位沙沟遗址、南常故城，市级文物保护单位曹窝古墓、西汉建阳故城遗址、新石器文化遗址等，市级非物质文化遗产高派山东快书、人灯舞，重要古迹、景点将军墓、五王墓、冠世榴园等。民间艺术有龙灯高跷、人灯舞等。经济以木材加工、机械制造、建材、服装加工、食品加工、文化旅游、物流等为主导产业。农业以种植业和畜牧业为主，主产小麦、玉米等，养殖猪、禽类。工业以矿用机械设备制造、服装加工、煤化工、木材加工、建筑材料业等为主。服务业以交通、物流和旅游休闲业为主。有京沪铁路、枣临高速、京台高速和省道郯薛路、店韩路、薛周路过境。

周营镇 370403-B02

[Zhōuyíng Zhèn]

薛城区辖镇。在区境南部。面积 86 平方千米。人口 5.5 万。辖 38 村委会，有 89 自然村。镇人民政府驻周营三村。1952 年设周营乡。1958 年改公社。1984 年改置镇。2001 年撤销陶官乡并入。以镇政府驻地村得名。大沙河从境内穿过。有中小学 9 所，卫生院 1 个。有省级文物保护单位牛山孙氏宗祠，有省级党史教育基地、纪念地鲁南抗日民族统一战线展览馆（运河支队记忆馆），重要古迹、景点孙伯龙烈士墓、汉执金吾故里碑、陶官古汉墓群、曹埠古汉墓群、宏石岭古汉墓。经济以造纸业、橡胶业、建筑建材业为主。农业以种植业和畜牧业为主，主产小麦、玉米，特色种植大棚蔬菜、核桃、花卉、草莓、食用菌、金银花等。京沪高铁、京福高速、枣临高速和省道店韩公路、薛兰公路过境。

邹坞镇 370403-B03

[Zōuwù Zhèn]

薛城区辖镇。在区境东北部。面积 59 平方千米。人口 4.7 万。辖 1 居委会、32 村委会，有 51 自然村。镇人民政府驻西邹坞村。1959 年由红星公社析设邹坞公社。1984 年改置镇。以镇政府驻地村命名。蟠龙河北支从境内穿过。有中小学 7 所，图书馆 1 个，文化馆 1 个，卫生院 1 个。有面塑、唢呐等民间艺术。有国家级文物保护单位中陈郝窑址、省级文物保护单位安阳故城、墓山墓群，市级文物保护单位中陈郝太山行宫等，重要古迹、景点泰山奶奶庙、九庙十桥、安阳故城等。经济以花生、棉花、大豆、蔬菜种植为主。粮食作物主产小麦、玉米，畜牧业主要养殖羊、猪、肉鸡、蛋鸡、肉牛、肉鸭。工业以钢铁、水泥、机械制造业为主。服务业以物流、医疗、信息技术等业为主。京台高速、枣木高速和省道店韩公路、枣曹公路、枣滕公路过境。

陶庄镇 370403-B04

[Táozhuāng Zhèn]

薛城区辖镇。在区境北部。面积 64 平方千米。人口 8.3 万。辖 6 居委会、30 村委会，有 31 自然村。镇人民政府驻上马社区。1950 年设陶庄、上马、西防备、齐湖、小武学 5 乡。1956 年 5 乡合并为陶庄镇和小武学乡，后撤镇、乡。1962 年由邹坞公社析设陶庄公社。1981 年复置镇。2001 年撤销夏庄乡，并入陶庄镇。据载，春秋末期时范蠡携西施来此隐居，人称其陶朱公，由此得名。境内有千山头，蟠龙河等从境内穿过。有中小学 12 所，文化馆 1 个，图书馆 1 个，卫生院 4 个，广场 1 个。有省级文物保护单位奚仲造车遗址，省级爱国主义教育基地、纪念地史湖烈士陵园，重要古迹、景点蟠龙河湿地公园、中华车祖苑、车神广场、奚仲纪念馆等。经济以工业为主，有青啤产业园、建材园两大园区。农业以种植业和畜牧业为主，农作物主产小麦、玉米，养殖长毛兔、肉鸽、猪。服务业以运输业、特色餐饮、旅游休闲等为主。枣薛铁路和省道枣薛公路、店韩公路、山官公路过境。

常庄镇 370403-B05

[Chángzhuāng Zhèn]

薛城区辖镇。在区境西南部。面积 56 平方千米。人口 8.1 万。辖 11 居委会、40 村委会，有 46 自然村。镇人民政府驻香江社区。1950 年设常庄、小庄、种庄、店子 4 乡。1956 年 4 乡合并设常庄乡。后改公社。1984 年复置乡。1994 年改置镇。以原常庄乡驻地命名。境内有临山、金河山，薛城大沙河、新薛河过境。有中小学 10 所，文化馆 1 个，卫生院 2 个，公共绿地 1 个，广场 2 个。有爱国主义教育基地、纪念地陈金河烈士墓，市级非物质文化遗产洛房泥塑，重要古迹、景点九龙湾绿道、泉头古泉等。经济以玻璃制造、造纸、建筑、运输、机床制造等为主。农业以种植小麦、玉米为主。服务业以餐饮、零售、批发贸易、运输、酒店住宿等为主。京沪铁路、京台高速和省道枣曹公路、郯薛公路过境。

旧地名

金河乡（旧） 370403-U01
[Jīnhé Xiāng]

在薛城区西部。属薛城区管辖。1984年设立。2001 年撤销，并入常庄镇。

南常乡（旧） 370403-U02
[Náncháng Xiāng]

在薛城区东南部。属薛城区管辖。1984 年设立。2001 年撤销，并入沙沟镇。

陶官乡（旧） 370403-U03
[Táoguān Xiāng]

在薛城区南部。属薛城区管辖。1984年设立。2001 年撤销，并入周营镇。

夏庄乡（旧） 370403-U04
[Xiàzhuāng Xiāng]

在薛城区北部。属薛城区管辖。1984年设立。2001 年撤销，并入陶庄镇。

社区

古路街社区 370403-A01-J01
[Gǔlùjiē Shèqū]

属临城街道管辖。在薛城区中部。面积 0.5 平方千米。人口 6 600。因辖区有一条老街叫古路街而得名。2014 年成立。有楼房 19 栋，现代建筑风格。驻有泰康保险等单位。有志愿者服务，开展走访慰问困难户、社区环境整治等活动。通公交车。

龙潭社区 370403-A01-J02
[Lóngtán Shèqū]

属临城街道管辖。在薛城区中部。面积 1.5 平方千米，人口 7 900。以辖区内龙潭巷命名。2009 年成立。有楼房 25 栋，现代建筑风格。驻有工商银行、投资担保公司等单位。开展文化艺术下基层等活动。通公交车。

光明社区 370403-A02-J01
[Guāngmíng Shèqū]

属兴仁街道管辖。在薛城区中部。面积 0.2 平方千米。人口 15 000。因紧邻光明大道得名。2004 年成立。有楼房 81 栋，现代建筑风格。有志愿者服务、老年人日间照料服务。通公交车。2014 年被评为省文明社区。

松江社区 370403-A02-J02
[Sōngjiāng Shèqū]

属兴仁街道管辖。在薛城区北部。面积 0.9 平方千米。人口 11 900。因松江路及松江花园得名。2004 年成立。有楼房 30 栋，现代建筑风格。驻有山东神工集团、枣庄凯尔实业、山东源丰印染机械有限公司、枣庄矿业集体金源实业、威智医药、龙腾服装等单位。通公交车。

安侨社区 370403-A02-J03
[Ānqiáo Shèqū]

属兴仁街道管辖。在薛城区中部。面积 0.69 平方千米，人口 2 000。2013 年成立。有楼房 42 栋、别墅 136 栋，现代建筑风格。驻有枣矿中心医院、枣庄市水文局等单位。

有志愿者服务，开展植树、走访老党员、法律知识宣传讲座等活动。通公交车。

凤凰山社区 370403-A02-J04
[Fènghuángshān Shèqū]

属兴仁街道管辖。在薛城区东部。面积1.0平方千米，人口2 700。以凤凰山命名。2014年成立。有楼房71栋，现代建筑风格。驻有枣庄市委、市政府等单位。有志愿者服务，开展广场舞、模特表演、传统布艺手绘等活动。通公交车。

四季菁华社区 370403-A02-J05
[Sìjìjīnghuá Shèqū]

属兴仁街道管辖。在薛城区东部。面积2.4平方千米。人口6 100。以辖区内四季菁华小区命名。2012年成立。有楼房63栋，现代建筑风格。驻有枣庄市电业局、枣庄市公路局、枣庄市公安局、枣庄市法院、枣庄市财政局、枣庄现代实验中学等单位。有志愿者服务，开展扶贫助学、心理咨询、法律知识宣传等活动。通公交车。

泰鑫社区 370403-A02-J06
[Tàixīn Shèqū]

属兴仁街道管辖。在薛城区东部。面积0.86平方千米。人口4 300。2012年成立，以辖区内泰鑫小区命名。有楼房26栋，现代建筑风格。驻有枣庄市八中（北校）、枣庄市团校等单位。有志愿者服务，开展玩具义卖、看望孤寡老人等活动。通公交车。

怡苑社区 370403-A02-J07
[Yíyuàn Shèqū]

属兴仁街道管辖。在薛城区东部。面积0.73平方千米。人口3 200。2012年成立。以辖区内怡苑小区命名。有楼房16栋，现代建筑风格。驻有枣庄二十九中等单位。

有志愿者服务，开展法律法规知识宣传、一村一场戏等活动。通公交车。

锦绣园社区 370403-A03-J01
[Jǐnxiùyuán Shèqū]

属兴城街道管辖。在薛城区中部。面积0.06平方千米。人口1 400。取锦绣家园之意命名。2009年成立。有楼房40栋，现代建筑风格。有志愿者服务、老年人照料服务。通公交车。2014年被评为省文明社区。

昂立社区 370403-A03-J02
[Ángli Shèqū]

属兴城街道管辖。在薛城区东部。总面积1.0平方千米。人口1 700。辖区内住宅区由昂立集团开发，故名。2013年成立。有楼房38栋，现代建筑风格。有志愿者服务，开展春节期间"送春联、送祝福"、进社区文化艺术演出、法律知识宣传等活动。通公交车。

上马社区 370403-B04-J01
[Shàngmǎ Shèqū]

陶庄镇人民政府驻地。在薛城区东北部。面积0.65平方千米。人口3 300。沿用原上马庄名。1984年成立。有楼房76栋，现代建筑风格。驻有农商银行等单位。有志愿者服务，开展政策宣传、健康查体、慰问困难群众等活动。通公交车。

香江社区 370403-B05-J01
[Xiāngjiāng Shèqū]

常庄镇人民政府驻地。在薛城区南部。面积0.58平方千米。人口8 600。因社区内香江花园小区得名。2013年成立。有楼房71栋，现代建筑风格。驻有常庄派出所、常庄市场监督管理所等单位。有志愿者服务。通公交车。

东兴社区 370403-B05-J02
[Dōngxīng Shèqū]

属常庄镇管辖。在薛城区中部。面积 0.3 平方千米。人口 8 200。以辖区内的中兴世纪城东区命名。2013 年成立。有楼房 60 栋，现代建筑风格。驻有薛城区供电部、薛城区实验幼儿园等单位。通公交车。

西苑社区 370403-B05-J03
[Xīyuàn Shèqū]

属常庄镇管辖。在薛城区中部。面积 1.5 平方千米。人口 10 000。以辖区内的西苑小区命名。2013 年成立。有楼房 220 栋，现代建筑风格。驻有薛城区人大、薛城区体育局、临山小学、枣庄矿务局门诊医院等单位。通公交车。

峄城区

峄城区 370404
[Yìchéng Qū]

枣庄市辖区。在市境中部。面积 637 平方千米。人口 41.1 万。以汉族为主，还有回、满等民族。辖 2 街道、5 镇。区人民政府驻坛山街道。1949 年属山东省台枣专署。1950 年属滕县专区。1953 年属济宁专署。1960 年撤销峄县建制，设立枣庄市（县级），仍辖原峄县行政区域，隶属济宁专区。1961 年建立峄城区，由枣庄市直辖。峄城为旧峄县治所，峄之名，一说来于峄南葛峄山（俗称天柱山），一说因峄境多山，众山连络为绎，"绎"与"峄"同。境内有大马山、卧虎山、文峰山等，峄城大沙河等从区境内穿过。有中小学 61 所，图书馆 1 个。有省级文物保护单位 16 个，省级非物质文化遗产 5 个，有 A 级以上景区 4 个。2009 年实施承水河公园扩建工程、坛山市民休闲健身中心工程。2010 年建立省级机械装备工业园。有峄城电视塔、冠世榴园牌坊等标志性建筑物。城区被峄城大沙河一分为二，以水为轴，形成"三面青山环抱、南北一水贯通，六路五桥、山水相依"的城市格局。三次产业比例为 12∶53∶35。农业以小麦、玉米、瓜果蔬菜种植为主，特产石榴、大枣等。畜牧业主要养殖猪、肉牛、羊、家禽等，水产养殖虾类、泥鳅、淡水白鲳、鲤鱼、鲢鱼等。工业有煤炭、水泥、橡胶、纺织、造纸、机械、化工、建材、酿酒、食品加工等业。服务业以批发零售、旅游餐饮业为主，主要销售音响类、家具类、汽车类。有省级开发区 1 个。有峄城汽车站，通多条公交线路。

峄城经济开发区 370404-E01
[Yìchéng Jīngjì Kāifāqū]

在区境西南部。东至中兴大道，南至省道郯薛公路，西至 206 国道，北至榴园路。面积 400 公顷。根据所在行政区域命名。2006 年 3 月经省政府正式批准建立省级开发区，由区级人民政府管理。以开放型经济为主体、工业项目为支撑、良好的基础设施为载体、优质的服务为保障，集生产经营、生活服务和市场贸易于一体，建设经济主导产业的聚集区、高新技术企业的孵化区、产业转移的试验区和区域经济发展的带动区。入区企业达 107 家，形成了煤电、生物质发电、轮胎橡胶、纺织服装、建材陶瓷五大主导产业。丰源轮胎公司的远路轮胎达同行业先进水平。汉旗科技专注于半导体集成电路的研发等工艺制程和技术，其声扬技术达到国际先进水平。高速公路、国道过境，通公交车。

坛山街道 370404-A01
[Tánshān Jiēdào]

峄城区人民政府驻地。在区境北部。面积 20 平方千米。人口 8.1 万。2001 年设立。因北靠仙坛山得名。2007 年建设仙坛苑广场、承水公园。2009 年启动沿河公园北延、仙坛苑广场北扩、滨河花苑建设等工程。2010 年对金牛市场进行南扩，启动凤鸣湖建设并对承水公园南段实施绿化工程。2012 年启动建设枣庄茂源国际商贸城。大沙河从境内穿过，境西有鹭鸣湖。有中小学 7 所，医疗卫生机构 35 个。有国家级非物质文化遗产峄县柳琴戏，年画、版画、编织、泥陶、剪纸、根雕、玉雕、石刻、土布印染等民间工艺。有峄阳书院、黄学堂、兰陵书院、魁星楼、荀卿祠、神祇祠、三清观、水静庵等古迹。有仙坛苑广场等标志性建筑物。农业以种植业为主，主产辣椒、西红柿等，中桥蔬菜园为国家级蔬菜标准化生产基地。工业有机械制造、玻璃加工、纺织服装、电器生产等业。服务业以餐饮娱乐业、交通物流业、旅游业为主。通公交车。

吴林街道 370404-A02
[Wúlín Jiēdào]

属峄城区管辖。在区境东部。面积 69 平方千米。人口 3.7 万。2001 年设立。因境内有吴姓祖茔吴家林，简称吴林，故名。2010 年启动建设枣庄仙沐温泉度假村。2011 年建设新疆和田玉博览园。峄城大沙河从境内穿过。有中小学 7 所，医疗卫生机构 14 个。有贾三进墓、天柱山村黄家大院等古迹，东方怡园温泉度假村、石榴园旅游风景区等旅游资源。农业主产小麦、玉米、大豆、油菜等粮油作物和芸豆、大白菜、黄瓜、草莓等各类蔬菜瓜果。畜牧业主要养殖牛、羊、猪、鸡等。工业有煤炭、服装玩具、纺织、建材、化工、机械制造、新能源等业。服务业以旅游业为主。通公交车。

古邵镇 370404-B01
[Gǔshào Zhèn]

峄城区辖镇。在区境南部。面积 139 平方千米。人口 7.3 万。辖 66 村委会，有 104 自然村。镇人民政府驻古邵东村。1949 年设古邵乡，后撤。1962 年由阴平公社析设古邵公社。1984 年复置乡。1992 年改置镇。2001 年坊上乡、曹庄镇并入。以镇政府原驻地古邵村命名。有中小学 11 所，卫生院 1 个，广场 66 个。有王良故里碑、三公祠、杨公祠等名胜古迹。农业以种植小麦、玉米、土豆为主，盛产浅池藕、西瓜。畜牧业主要养殖猪、牛、羊、鸡，优良品种有西门塔尔牛、小尾寒羊等。工业有纺织、秸秆碳化、机械、药业、皮革、饮料生产等业，有大兴煤矿和福兴煤矿。服务业以旅游业为主，有万亩石榴园。京沪高铁、京福高速、206 国道过境。

阴平镇 370404-B02
[Yīnpíng Zhèn]

峄城区辖镇。在区境西南部。面积 100 平方千米。人口 5.3 万。辖 58 村委会，有 86 自然村。镇人民政府驻阴平村。1949 年设阴平乡。后改公社。1984 年改置镇。2000 年改为中心镇。2001 年原金陵寺镇并入，更名阴平镇。以镇政府驻地得名。境内有文峰山，阴平大沙河、周营大沙河从境内穿过。有中小学 7 所，卫生院 1 个。有省级文物保护单位红土埠遗址、刑店遗址、阴平古国故城遗址、女娲家遗址等古迹。文峰观湖、奶奶庙、丁母坟、天柱山、阎王殿等名胜古迹。农业以种植小麦、玉米、大豆、地瓜为主，盛产大枣、石榴、桃等。畜牧业主要养殖猪、肉鸡。有名优特产石泉粉皮。工业有水泥、纺织、风力发电、油漆工具制造等业，阴平毛笔远销日本、东南亚等地。服务业以旅游业为主。206 国道过境。

底阁镇 370404-B03
[Dǐgé Zhèn]

峄城区辖镇。在区境东南部。面积 72 平方千米。人口 4.8 万。辖 46 村委会，有 59 自然村。镇人民政府驻底阁村。1953 年设底阁乡，后撤。后由峨山公社析设底阁公社。1984 年改置镇。2001 年甘露沟乡并入。以镇政府驻地得名。陶沟河、新沟河从境内穿过。有中小学 7 所，卫生院 1 个。有省级文物保护单位岳城故城、望夫台遗址，有曹操屯兵处、宋盐河故道等古迹。农业主产小麦、玉米，有花卉、中药材种植。畜牧业主要养殖奶牛、肉牛、家禽、良种猪。工业以石膏开采加工、板材加工、机械制造、钢铁生产、精细化工等为主，有纺织制衣、大理石、玉米芯加工等厂，有高档石膏线条、石膏板等产品。省道沂台公路过境。

榴园镇 370404-B04
[Liúyuán Zhèn]

峄城区辖镇。在区境西部。面积 123 平方千米。人口 5.6 万。辖 54 村委会，有 71 自然村。镇人民政府驻北棠阴村。1949 年为壕沟乡，1956 年改王庄乡，1957 年为棠阴乡。后改王庄公社。1984 年复设乡。2001 年棠阴乡并入，同年 9 月撤王庄乡，设榴园镇。因境内"冠世榴园"得名。有中小学 11 所，卫生院 1 个。有省级文物保护单位青檀寺、匡衡墓、贾家泉摩崖石刻，有权妃墓、石屋山泉等名胜古迹，冠世榴园生态文化旅游区等旅游资源。农业以生态农业为主，为国家重要石榴、芸豆生产基地，盛产板栗、凯特杏等。水塘开发形成特色，主要养殖鱼、鸭。工业以石榴产品加工为主，产石榴饮料、石榴茶、石榴酒、石榴盆景、石榴药材等。另有玩具制造、彩印、淀粉加工、纺织、陶瓷等产业，有农机、模具等厂。服务业以旅游业为主，

建有现代农业观光园。枣临高速、206 国道、省道郯薛公路过境。

峨山镇 370404-B05
[Éshān Zhèn]

峄城区辖镇。在区境东部。面积 118 平方千米。人口 6.7 万。辖 61 村委会，有 76 自然村。镇人民政府驻呼庄。1953 年设马寨乡。1958 年改峨山公社。1984 年改设乡。2001 年左庄乡、萝藤乡并入，同年 11 月改镇。因境内峨山得名。陶沟河、新沟河从境内穿过。有中小学 11 所，卫生院 1 所。有省级文物保护单位二疏城遗址、杨家埠遗址、沃洛遗址等。农业以蔬菜、果林种植为主，盛产西瓜、桃、草莓、烘笋，林业主产毛竹、元竹、淡竹、紫竹、金竹等。畜牧业主要养殖猪、牛、羊、鸡。工业以服装玩具、竹制品、新型建材、精细化工、机械设备制造为主，建有峨山工业园。枣临铁路、枣临高速、省道郯薛公路过境。

旧地名

甘露沟乡（旧） 370404-U01
[Gānlùgōu Xiāng]

在峄城区东南部。峄城区辖乡。1984 年设立。2001 年撤销，并入底阁镇。

左庄乡（旧） 370404-U02
[Zuǒzhuāng Xiāng]

在峄城区东部。峄城区辖乡。1951 年至 1956 年，左庄乡为峄县六区。1960 年归峨山公社。1962 年从峨山分出，治所从左庄集迁至仙人桥。2001 年与峨山乡、萝藤乡并为峨山镇。

萝藤乡（旧） 370404-U03
［Luóténg Xiāng］

在峄城区东北部。峄城区辖乡。1962年从峨山公社分出。2001年11月与峨山乡、左庄乡并为峨山镇。

肖桥乡（旧） 370404-U04
［Xiāoqiáo Xiāng］

在峄城区南部。峄城区辖乡。1984年设立。2001年3月，吴林乡、肖桥乡合并为吴林街道。

王庄乡（旧） 370404-U05
［Wángzhuāng Xiāng］

在峄城区西南部。峄城区辖乡。1984年设立。2001年原棠阴乡并入。2001年撤销，设榴园镇。

棠阴乡（旧） 370404-U06
［Tángyīn Xiāng］

在峄城区西北部。峄城区辖乡。1984年设立。2001年并入王庄乡。

金陵寺乡（旧） 370404-U07
［Jīnlíngsì Xiāng］

在峄城区南部。峄城区辖乡。1984年设立。2001年撤销，并入阴平镇。

坊上乡（旧） 370404-U08
［Fāngshàng Xiāng］

在峄城区西南部。峄城区辖乡。1984年设立。2001年与曹庄乡并入古邵镇。

曹庄乡 370404-U09
［Cáozhuāng Xiāng］

在峄城区西南部。峄城区辖乡。1984年设立。2001年与坊上乡并入古邵镇。

社区

中心社区 370404-A01-J01
［Zhōngxīn Shèqū］

属坛山街道管辖。在峄城区中部。面积0.37平方千米。人口4 700。因位于商业繁华地段中心而得名。2002年成立。有楼房50栋，现代建筑风格。驻有枣庄一中、峄城区图书馆等单位。通公交车。2012年被评为省文明社区。

徐楼社区 370404-A01-J02
［Xúlóu Shèqū］

属坛山街道管辖。在峄城区西部。面积9平方千米。人口10 000。沿用原徐楼村名。2014年成立。有楼房36栋，现代建筑风格。驻有飞腾钢铁公司、万同花卉公司等单位。通公交车。

牌坊社区 370404-A01-J03
［Páifāng Shèqū］

属坛山街道管辖。在峄城区西南部。面积1平方千米。人口2 000。清末时期，有大户人家在街道西北建两个大牌坊，故名。2005年成立。有楼房46栋，现代建筑风格。驻有坛山街道中心小学、峄城区人寿保险公司、峄城区烟草专卖局等单位。通公交车。

兴国社区 370404-A01-J04
［Xīngguó Shèqū］

属坛山街道管辖。在峄城区西南部。面积4.7平方千米。人口13 000。因辖区内有一兴国寺而得名。2000年成立。有楼房68栋，现代建筑风格。驻有峄城区人民政府、峄城区武装部、峄城区财政局、峄城区自然资源局、峄城区环保局、峄城区交通管理局等单位。通公交车。

仙坛社区 370404-A01-J05
[Xiāntán Shèqū]

属坛山街道管辖。在峄城区东南部。面积 1 平方千米。人口 2 100。因仙坛路穿过社区，故名。2011 年成立。有楼房 5 栋，现代建筑风格。驻有仙坛幼儿园等单位。通公交车。

台儿庄区

台儿庄区 370405
[Tái'érzhuāng Qū]

枣庄市辖区。在市境南部。面积 539 平方千米。人口 32.5 万。以汉族为主，还有回、满等民族。辖 1 街道、5 镇。区人民政府驻运河街道。1953 年后隶属于峄县，1960 年为枣庄市地。1961 年置台儿庄区。唐朝时立于准提阁内的碑文称台家庄，《明史》记载中称台庄，正德年间立于泰山庙中的碑文中称台家庄集，崇祯十二年（1639）立于黄林庄之河防碑文中称台儿庄。韩庄运河、伊家河、峄城大沙河、陶沟河从区境内穿过。有中小学 56 所，图书馆 1 个，体育场馆 1 个。有国家级文物保护单位 3 个、省级文物保护单位 4 个，国家级爱国主义教育基地 1 个、省级爱国主义教育基地 2 个，有台儿庄古城、台儿庄大战纪念馆、台儿庄运河湿地公园等重要名胜古迹和景点。三次产业比例为 10.9∶54.7∶34.4。农业以种植小麦、玉米、水稻等为主，是无公害蔬菜基地、畜牧业和干鲜果品基地。畜牧业以饲养猪、牛、羊和禽类为主。工业以水泥、纺织、化工、造纸、煤炭及机械制造等业为主，是鲁南地区旋窑水泥和草酸生产基地。服务业以旅游、餐饮、酒店业为主，对外经济贸易活跃，出口商品发展到 16 类近 60 个品种，产品销往 20 多个国家和地区。有省级开发区 1 个。通公交车。

台儿庄经济开发区 370405-E01
[Tái'érzhuāng Jīngjì Kāifāqū]

在区境西部。东至运河大道，西至启航路，南至文化西路，北至 231 省道。面积 400 公顷。以所在行政区及其功能命名。2006 年 3 月经省政府正式批准建立省级开发区，由区级政府管理。有入驻企业 79 家，其中，有枣庄鑫金山科技有限公司、山东联润科技有限公司、山东丰元锂能科技有限公司、台湾宝岛数码科技有限公司等知名企业。开发区道路布局呈井字形，通公交车。

运河街道 370405-A01
[Yùnhé Jiēdào]

台儿庄区人民政府驻地。在区境中部。面积 17 平方千米。人口 5.7 万。2001 年设立。因紧靠古运河而得名。2011 年末城区铺设干线水管 8 千米，进行污水治理工程，建设污水处理厂。京杭大运河从境内穿过。有中小学 7 所，图书馆 1 个，体育场 1 个，医疗卫生机构 5 个。有爱国主义教育基地台儿庄大战纪念馆、台儿庄烈士陵园。有台儿庄古城等旅游资源。有台儿庄革命烈士纪念碑、台儿庄运河大桥等标志性建筑物。经济以工业和服务业为主。农业以水稻种植为主，建成家畜、家禽养殖基地。工业以造船、造纸、机械、服装加工业等为主。服务业以旅游业、餐饮业、住宿业为主。有台儿庄长途汽车站，通公交车。

涧头集镇 370405-B01
[Jiàntóují Zhèn]

台儿庄区辖镇。在区境西南部。面积 126 平方千米。人口 6.2 万。以汉族为主，还有回、满等民族。辖 32 村委会，有 81 自然村。镇人民政府驻涧头村。1956 年设涧头区。1958 年改公社。1984 年改置涧头集镇。2001年薛庄乡并入。镇以驻地村得名。韩庄运河从境内穿过。有中学13所，卫生院1个。有国家级文物保护单位偪阳古城。经济以农业和工业为主。农业以种植业为主，主产小麦、玉米，种植苹果、山楂、桃等。工业以煤炭、水泥、新型建材为主。服务业以发展旅游业为主。206国道过境。

邳庄镇 370405-B02
[Pīzhuāng Zhèn]

台儿庄区辖镇。在区境东部。面积54平方千米。人口2.9万。辖26村委会，有41自然村。镇人民政府驻邳庄。1958年属台儿庄公社。1962年新设邳庄公社。1984年改设乡。1995年撤乡设镇。镇以驻地村得名。韩庄运河、新沟河从境内穿过。有中小学5所，卫生院1个。有雷台遗址、西墩汉墓群等古迹。经济以农业为主。农业以种植无公害水稻、水田藕及水产养殖为主。工业以造纸业为主。服务业以发展旅游业为主。省道沂台公路过境。

泥沟镇 370405-B03
[Nígōu Zhèn]

台儿庄区辖镇。在区境北部。面积112平方千米。人口6.7万。辖55村委会，有78自然村。镇人民政府驻泥沟村。1956年属兰城店区。1957年为泥沟乡。1958年改公社。1984年改置镇。2001年兰城店乡并入。镇以驻地村得名。峄城大沙河从境内穿过。有中小学10所，卫生院1个。有省级文物保护单位晒米城遗址。经济以现代农业和纺织服装、新型能源为主。农业以小麦、无公害蔬菜种植为主。工业以机械制造、纺织服装、新型建材为主，是台儿庄机械制造重要的工业生产基地。省道枣徐公路过境。

张山子镇 370405-B04
[Zhāngshānzi Zhèn]

台儿庄区辖镇。在区境西部。面积114平方千米。人口4.6万。辖46村委会，有65自然村。镇人民政府驻张山子。1952年设张山子乡，后撤。1962年由涧头集公社析设张山子公社。1984年改置镇。镇以驻地村得名。韩庄运河从境内穿过。有中小学8所，卫生院1个。境内有最早的东方古水城偪阳国古城遗址、万亩桃花峪等旅游资源。农业以小麦、桃、无公害瓜果种植为主。工业发展注重节能环保型产业，是钢铁铸造、新型建材、煤炭的重要生产基地，有建材、煤矸石、农机、砖瓦等厂。京台高速过境。

马兰屯镇 370405-B05
[Mǎlántún Zhèn]

台儿庄区辖镇。在区境西部。面积110平方千米。人口6.1万。辖2居委会、37村委会，有82自然村。镇人民政府驻马兰屯村。1949年设马兰屯乡。1962年设马兰屯公社。1984年复置乡。2001年彭楼镇并入。镇以驻地村得名。韩庄运河从境内穿过。有中小学13所，卫生院1个。有运河湿地公园、祥和庄园等旅游资源。经济以农业为主，主产小麦、玉米，盛产草莓。工业以淀粉加工、板材加工、彩印包装、食品加工、服装针纺、农副产品加工为主，有酿酒、玉米变性淀粉、塑料编织等厂。服务业以发展旅游业为主。206国道、省道枣徐公路过境。

旧地名

侯孟乡（旧） 370405-U01
[Hóumèng Xiāng]

在台儿庄区西南部。台儿庄区辖乡。

1984 年设立。2001 年 3 月撤销,并入张山子镇。

薛庄乡（旧） 370405-U02
[Xuēzhuāng Xiāng]

在台儿庄区南部。台儿庄区辖乡。1984 年设立。2001 年 3 月撤销,并入涧头集镇。

兰城店乡（旧） 370405-U03
[Lánchéngdiàn Xiāng]

在台儿庄区东北部。1984 年设立。2001 年 3 月撤销,并入泥沟镇。

彭楼乡（旧） 370405-U04
[Pénglóu Xiāng]

在台儿庄区西北部。台儿庄区辖乡。1984 年设立。2001 年 3 月撤销,并入马兰屯镇。

社区

华阳社区 370405-A01-J01
[Huáyáng Shèqū]

属运河街道管辖。在台儿庄区西部。面积 2.56 平方千米。人口 11 600。以原华阳路命名。2003 年成立。有楼房 90 栋,现代建筑风格。驻有台儿庄区国税局、台儿庄区地税局、台儿庄区供电公司等单位。有志愿者服务、老年人日间照料服务,开展心理慰藉、助洁助餐、健康讲座等活动。2008 年被评为省文明社区。

山亭区

山亭区 370406
[Shāntíng Qū]

枣庄市辖区。在市境北部。面积 1 019 平方千米。人口 52.0 万。辖 1 街道、9 镇。区人民政府驻山城街道。1961 年析峄县、滕县地置齐村区,区人民政府驻齐村。1964 年迁驻枣庄镇。1983 年齐村等部分地划属市中区,滕县的山亭等部分地划入,区人民政府迁山亭,改名山亭区。因有古迹山亭得名。十字河、城郭河、西伽河等从区境内穿过。有市级工程技术研究中心 13 个。有中小学 125 所,知名文艺团体 5 个,三级以上医院 1 个。有国家级文物保护单位建新遗址、省级文物保护单位 12 个,省级非物质文化遗产 2 个,国家级旅游景区 7 个。2012 年确立了“东扩、西进、南拓、北控、中改”的城市发展布局,东部打造文化休闲旅游区,西部开辟 19 平方千米的经济开发区,南部以十字河为依托打造南部新区,北部打造绿色生态屏障,中部打造商贸居住区。2012 年山亭新汽车总站建成启用。2013 年建设标志性建筑物翼云阁。三次产业比例为 16∶43∶41。农业以种植小麦、玉米等为主,主要经济作物有花生、棉花、花椒等。畜牧业以饲养猪、肉羊、家禽为主。水果主要品种有桃、樱桃、苹果、葡萄、杏、柿子、山楂,干果有板栗、枣、核桃。渔业以网箱养殖、水利渔业、休闲渔业为主。工业以煤炭、建材、化工、造纸、纺织、食品、机械制造等为主。服务业以休闲旅游、餐饮接待、生态农业观光及物流为主,旅游业以风景区为依托,打造葡萄设施栽培、葡萄酒酿造、温泉洗浴、休闲旅游、餐饮接待、生态农业观光与网球运动等产业。有省级开发区 1 个。有山亭区长途汽车总站,有多条公交线路。

山亭区经济开发区 370406-E01

[Shāntíng Qū Jīngjì Kāifāqū]

在区境西部。东至零九路，南至西山亭、南郭庄村，西至西山腰村、东鲁村，北至东鲁村、格上村。面积300公顷。以所在行政区命名。2006年3月经省政府正式批准建立省级开发区，由区级政府管理。有入驻企业40余家，其中，造纸业有华润纸业，新型建材业有北新建材、华沃建材、天畅环保、连银山建材，食品加工业有华宝牧业、东粮生物、润品源食品，服装纺织业有银光精纺、海扬服饰、丰泽印染等知名企业。形成"八纵八横"的道路交通网络，通公交车。

山城街道 370406-A01

[Shānchéng Jiēdào]

山亭区人民政府驻地。在区境中部。面积137平方千米。人口12.0万。2001年设立。薛河、十字河从境内穿过。有小学30所，文化馆、图书馆2个，知名文艺团体7个，医疗卫生机构51个。有省级文物保护单位东江遗址、雪山摩崖造像、苏鲁豫皖边区农民抗日训练班旧址、山亭石板房民居。经济以农业为主。农业以种植花椒、地瓜、枣为主。工业以机械加工、建筑材料、铸造为主。服务业以餐饮业为主。通公交车。

店子镇 370406-B01

[Diànzi Zhèn]

山亭区辖镇。在区境西北部。面积66平方千米。人口3.6万。辖17村委会，有20自然村。镇人民政府驻店子村。1958年设店子乡，后撤销。1962年由东郭公社析设店子公社，属滕县。1983年属山亭区。1984年改设店子镇。以镇政府驻地得名。郭河从境内穿过。有中小学11所，卫生院1个，公共绿地1个，广场1个。有省级文物保护单位越峰寺遗址。有长红枣旅游景区、莲青山森林公园、莲青湖湿地公园、店子地质公园等景点。经济以农业为主。农业以种植小麦、花生、玉米、地瓜等为主。工业以食品加工、建材、机械等为主。服务业以旅游业为主。省道滕平公路、店韩公路过境。

西集镇 370406-B02

[Xījí Zhèn]

山亭区辖镇。在区境南部。面积68平方千米。人口3.6万。辖15村委会，有36自然村。镇人民政府驻西集村。1958年设西集人民公社。1962年划归齐村区。1983年属山亭区。1984年改置镇。以镇政府驻地得名。巨龙河从境内穿过。有中小学13所，图书馆1个，文化馆1个，医院1个，广场6个。有国家级文物保护单位建新遗址，省级文物保护单位普照寺、龟山寨遗址，省级非物质文化遗产伏里土陶。经济以工业和运输业为主。农业以粮食作物种植和畜牧业为主。工业以汽配、建材、化工等产业为主。服务业以汽车运输、餐饮业为主。83省道枣庄连接线高速、518国道、省道枣济公路和店韩公路过境。

桑村镇 370406-B03

[Sāngcūn Zhèn]

山亭区辖镇。在区境西部。面积78平方千米。人口6.1万。辖22村委会，有52自然村。镇人民政府驻桑村。1958年设先锋公社。1959年改桑村公社。1966年建桑村区。1967年复设公社。1968年属济宁属地。1983年属山亭区。1984年改设乡。1992年撤乡建镇。以镇政府驻地得名。南郭河、小北河从境内穿过。有中小学18所，卫生院1个，公共绿地1个，广场1个。经济以工业为主。农业以种植小麦、玉米为主。工业以机械制造、塑编、建材为主。服务业以商贸物流为主。省道店韩公路、北留公路过境。

北庄镇 370406-B04
[Běizhuāng Zhèn]

山亭区辖镇。在区境东南部。面积 139 平方千米。人口 4.2 万。辖 21 村委会，有 99 自然村。镇人民政府驻北庄。1958 年设胜利公社。1959 年改北村公社。1983 年属山亭区。1984 年改置镇。因镇政府驻地得名。西伽河从境内穿过。有中小学 13 所，医院 1 个，公共绿地 1 个，广场 14 个。有国家级旅游景区抱犊崮国家森林公园、熊耳山国家地质公园、八路军抱犊崮抗日纪念园，国家级农业旅游示范点红门村。经济以工业为主。农业以粮食作物种植为主。工业以新型能源、食品加工等为主。服务业以旅游、餐饮为主。省道新枣公路、北留公路过境。

城头镇 370406-B05
[Chéngtóu Zhèn]

山亭区辖镇。在区境西北部。面积 48 平方千米。人口 4.6 万。辖 21 村委会，有 36 自然村。镇人民政府驻西城头村。1949 年为城头区。后改公社。1982 年设乡。1983 年划为山亭区。1995 年撤乡建镇。以镇政府驻地得名。有中小学 13 所，图书馆 1 个，文化馆 2 个，卫生院 1 个，公共绿地 1 个，广场 2 个。有时村石器时代遗址、西城头战国古战场遗址、马鞍山汉墓群、房庄汉墓汉画石像、西城头清真寺、观音庙、陈湖明代石刻画像、马山头抗战遗址等古迹。有响水河地质奇观、古梨园、月亮湾湿地公园等景区。经济以农业、加工业为主。农业以种植马铃薯、玉米为主。工业以新型化工、环保建材为主。服务业以旅游和餐饮为主。有公路经此。

徐庄镇 370406-B06
[Xúzhuāng Zhèn]

山亭区辖镇。在区境东部。面积 179 平方千米。人口 5.9 万。辖 42 村委会，有 171 自然村。镇人民政府驻徐庄。1957 年设徐庄乡，属滕县。后改公社。1983 年改属山亭区。1984 年复设乡。1996 年撤乡建镇。因镇政府驻地得名。梅花河从境内穿过。有中小学 14 所，医院 1 个，广场 1 个。有省级文物保护单位徐庄梅花山石刻、山亭石板房民居，景点徐庄镇后峪村石鼓和玄真观。经济以农业为主。农业以粮食作物种植和畜牧业为主。工业以农副产品新加工为主。服务业以旅游业为主。343 省道过境。

水泉镇 370406-B07
[Shuǐquán Zhèn]

山亭区辖镇。在区境北部。面积 105 平方千米。人口 4.8 万。辖 36 村委会，有 96 自然村。镇人民政府驻李庄。1958 年设卫星人民公社，1959 年改称辛庄公社。1960 年更名水泉公社。1983 年改属山亭区。1984 年改设水泉乡。1998 年改置镇。境内有城河和十字河支流。有中小学 10 所，卫生院 1 个，广场 1 个。有省级文物保护单位龙牙山石刻。农业以种植地瓜、小麦、樱桃、黄桃、油桃为主。工业以奇石加工业为主。服务业以旅游、餐饮为主。省道枣徐公路过境。

冯卯镇 370406-B08
[Féngmǎo Zhèn]

山亭区辖镇。在区境西北部。面积 94 平方千米。人口 5.6 万。以汉族为主，还有回、苗、蒙古等民族。辖 35 村委会，有 44 自然村。镇人民政府驻冯卯村。1950 年为冯卯区。后改公社。属滕县。1983 年改属山亭区。1984 年建冯卯乡。2000 年改镇。

以镇政府驻地得名。有中小学 17 所，图书馆 36 个，文化馆 2 个，卫生院 1 个，广场 2 个。有市级文物保护单位贾家大院，有省级爱国主义教育基地岩马水库移民博物馆，省级物质文化遗产甩铁花，有国家级水利风景区岩马湖。经济以农业为主，农业以种植林果、小麦、玉米、地瓜、蔬菜为主。服务业以旅游业为主。省道滕平公路、店韩公路过境，设冯卯镇客运管理站。

凫城镇 370406-B09
[Fúchéng Zhèn]

山亭区辖镇。在区境东南部。面积 108 平方千米。人口 3.1 万。辖 15 村委会，有 57 自然村。镇人民政府驻西凫山村。1962 年由西集公社析设东凫山公社。1984 年改设乡。2001 并入西集镇。2004 年 4 月，将原张庄乡、付庄乡、东凫山乡合并，成立凫城乡。2012 年改为凫城镇。因镇政府驻地得名。南龙河、北龙河、十字河从境内穿过。有中小学 14 所，卫生院 1 个，公共绿地 2 个，广场 18 个。经济以工业为主。农业以种植花椒、核桃、黄姜、小麦、玉米为主。工业以建材制造为主。服务业以旅游、餐饮为主。省道枣徐公路过境。

旧地名

东凫山乡（旧） 370406-U01
[Dōngfúshān Xiāng]

在山亭区南部。山亭区辖乡。1983 年设立。2001 年撤销，并入西集镇，2004 年并入凫城乡管理。

辛召乡（旧） 370406-U02
[Xīnzhào Xiāng]

在山亭区东部。山亭区辖乡。1984 年设立。2001 年撤销，并入徐庄镇。

张庄乡（旧） 370406-U03
[Zhāngzhuāng Xiāng]

在山亭区南部。山亭区辖乡。1983 年设立。2001 年撤销，并入西集镇，2004 年并入凫城乡管理。

付庄乡（旧） 370406-U04
[Fùzhuāng Xiāng]

在山亭区南部。山亭区辖乡。1983 年设立。2001 年撤销，并入北庄镇，2004 年并入凫城乡管理。

半湖乡（旧） 370406-U05
[Bànhú Xiāng]

在山亭区东南部。山亭区辖乡。1983 年设立。2001 年撤销，并入北庄镇。

社区

东鲁社区 370406-A01-J01
[Dōnglǔ Shèqū]

属山城街道管辖。在山亭区西部。面积 1.35 平方千米。人口 2 500。沿用原东鲁村名。2005 年成立。有楼房 10 栋，现代建筑风格，另有平房。驻有山亭区新纪元小学、枣庄市山亭区银光纺织有限公司、枣庄市山亭区华宝牧业有限公司、山亭区阳光幼儿园、山亭区第三实验小学、枣庄市第四十中学（西校）、山亭区山城街道东鲁香江光彩小学等单位。有日间照料服务，开展防灾减灾应急演练、广场舞、唱大戏、读书、道德讲堂等活动。通公交车。2012 年被评为省文明社区。

段庄社区 370406-A01-J02
[Duànzhuāng Shèqū]

属山城街道管辖。在山亭区东南部。

面积 0.2 平方千米。人口 800。沿用原段庄村名。2006 年成立。有楼房 3 栋,现代建筑风格,另有平房。开展法律普及、防电信诈骗、化妆品安全科普、唱大戏、广场舞等活动。通公交车。2007 年被评为省文明社区。

紫薇社区 370406-A01-J03
[Zǐwēi Shèqū]

属山城街道管辖。在山亭区中部。面积 0.06 平方千米。人口 1 800。因紫薇花的花语寓意和平、好运,故以紫薇命名。2001 年成立。有楼房 19 栋,现代建筑风格。驻有山亭区交通局、山亭区财政局等单位。有志愿者服务、日间照料服务,开展法律普及等活动。通公交车。

柴林社区 370406-A01-J04
[Cháilín Shèqū]

属山城街道管辖。在山亭区西部。面积 0.07 平方千米。人口 2 300。沿用原柴林村名。2003 年成立。有楼房 15 栋,现代建筑风格。驻有枣庄市山亭区山城街道柴林小学等单位。有志愿者服务、日间照料服务,开展法律普及等活动。通公交车。

郭庄社区 370406-A01-J05
[Guōzhuāng Shèqū]

属山城街道管辖。在山亭区西南部。面积 0.47 平方千米。人口 1 000。有楼房 25 栋,现代建筑风格。有志愿者服务、日间照料服务,开展法律普及等活动。通公交车。

西鲁社区 370406-A01-J06
[Guōzhuāng Shèqū]

属山城街道管辖。在山亭区西部。面积 1.2 平方千米。人口 2 000。沿用原西鲁村名。2005 年成立。有楼房 20 栋,现代建筑风格。有志愿者服务,开展法律宣传、唱大戏、广场舞等活动。通公交车。

桃山社区 370406-A01-J07
[Táoshān Shèqū]

属山城街道管辖。在山亭区西北部。面积 2.2 平方千米。人口 2 600。因桃花开时缤纷一片,故取名桃山。2008 年成立。有楼房 5 栋,现代建筑风格。有志愿者服务,开展法律宣传、唱大戏、广场舞等活动。通公交车。

官庄社区 370406-A01-J08
[Guānzhuāng Shèqū]

属山城街道管辖。在山亭区东北部。面积 3 平方千米。人口 3 500。沿用原官庄村名。2006 年成立。有楼房 60 栋,现代建筑风格。有日间照料服务。通公交车。2010 年被评为省文明社区。

滕州市

滕州市 370481
[Téngzhōu Shì]

山东省直辖县级市,由枣庄市代管。北纬 35°05′,东经 117°09′。在枣庄市境西北部。面积 1 495 平方千米。人口 175.0 万。以汉族为主,还有回、蒙古、满、朝鲜、哈尼、布依、苗等民族。辖 4 街道、17 镇。市人民政府驻北辛街道。今滕域,周时设滕国,秦时置滕县、薛县,属薛郡。汉高祖析小邾置蕃县,汉武帝时改滕县为公邱县。三国魏沿袭秦制。西晋袭汉制。隋升滕县为郡,后又改为县。北宋兼置滕阳军。金、元时设滕州。明之后为滕县,或属济宁,或属兖州。1950 年属滕县专区。1953 年改属济宁专区。1979 年又改属枣庄市。1988 年撤销滕县设立滕州市。(资料来源:《中华人民共和国地名大词典》）"滕"始见于《国语·晋语》："黄帝之子二十五宗，其得姓者十四人，其第十子封于滕。"因泉流腾涌，水域阔，故以"滕"名之。2009年大同路人防工程、市委党校、老干部活动中心建成投入使用。2011年建成京沪高铁滕州东站、体育中心等。2012年优化改造道路交叉口15处，首座环形天桥竣工启用，杏坛广场建成使用，完成秀美荆河和小清河市民休闲长廊建设。2013年对原滕州汽车西站及西市场进行改造。2014年完成荆西商贸城等17个棚户区改造工程。有龙泉塔等标志性建筑物。城市布局呈"一主两副、双轴引领、廊道间隔、组团发展"的城市空间结构，"一主两副"指城市综合服务中心、高铁新区副中心和北城新区副中心，"双轴引领"指东西方向沿荆河两侧的城市服务集聚发展轴和南北方向沿善国路的城市产业创新发展轴，"廊道间隔"指三条京沪交通走廊、四条生态水系廊道和七条绿色隔离带，"组团发展"指在中心片区、城北片区、高铁片区、城南片区、城西片区形成主体功能、混合用地的空间布局。滕州北、东、南三面环山，西面濒湖，地势从东北向西南倾斜，依次为低山、丘陵、平原、滨湖。最高峰为莲青山摩天岭，高596.6米。气候属暖温带大陆性季风气候，年均气温13.6℃，1月平均气温 -0.2℃，7月平均气温27.1℃。年均降水量773.1毫米。无霜期年均209天。有界河、北沙河、城河（城郭河）、郭河、十字河（新薛河）等过境。有煤炭、花岗岩、河沙等矿产资源。有中小学281所，图书馆1个，博物馆2个，知名文艺团体27个，二级以上医院4个。有国家级文物保护单位薛城遗址、北辛遗址，省级文物保护单位滕国故城、王家祠堂等13个，爱国主义教育基地1个，国家级非物质文化遗产柳琴戏、鲁班传说，省级非物质文化遗产滕州松枝鸟、奚仲造车传说、滕州五里屯大洪

拳、滕州张汪竹木玩具制作技艺，有墨子国家森林公园、省级地质公园莲青山、AAAA级风景区滕州微山湖湿地红荷旅游风景区、盈泰生态温泉度假村等景点。三次产业比例为7.0∶49.8∶43.2。农业以种植业和淡水养殖业为主，主产小麦、玉米、马铃薯、鲤鱼、河虾等。工业以机械制造、煤化工、新型建材、能源、轻纺、食品医药六大支柱产业和电子信息、太阳能、汽车配套三大新兴产业为主，有机械机床、煤化工、玻璃深加工三大产业集群。服务业以旅游业和物流运输业为主，有全国农业旅游示范点1个，省旅游强乡镇7个、省旅游特色村7个。境内铁路里程46千米，高速里程60.4千米，公路里程603.1千米，有京沪铁路、京沪高铁、京台高速、枣木高速、104国道和省道济枣公路、滕平公路、北留公路、济微公路、山官公路、木曲公路过境。

山东滕州经济开发区 370481-E01
[Shāndōng Téngzhōu Jīngjì Kāifāqū]

在市境南部。东至龙泉路，西至平行南路，南至笃西路，北至青啤大道。面积2 710公顷。以所在行政区命名。1992年12月经省政府正式批准建立省级开发区，由县市级政府管理。入驻企业126家，有鲁南机床、腾达不锈钢、东方钢帘线、益康药业等知名企业或产品。开发区内形成"四纵四横"的网格交通体系，通公交车。

北辛街道 370481-A01
[Běixīn Jiēdào]

滕州市人民政府驻地。在城区北部。面积32平方千米。人口10.9万。2001年设立。以北辛文化命名，并取北城新区中的北、新之意。2011年建成体育中心。2013年完成沈庄、岳庄等城中村改造、北辛中学等学校迁建、荆泉湿地森林公园扩建和商贸城、汽车城建设。荆河、冯河、

小清河从境内穿过。有中小学 11 所，医疗卫生机构 33 个。有市级文物保护单位后荆沟遗址。有滕州市体育中心、滕州市政府办公楼、市民广场、市人民医院内外科大楼等标志性建筑物。农业以种植业为主，有土豆、黄姜、大豆、大梨枣、银杏、杏等特产。工业以机械制造、食品生产、服装加工为主，有喜力机床等 6 家企业获得 ISO9001 质量体系认证，亚太非织造布等 12 家企业拥有自营进出口权。服务业以餐饮业为主。有滕州汽车总站，通公交车。

荆河街道 370481-A02

[Jīnghé Jiēdào]

属滕州市管辖。在城区西部。面积 26 平方千米。人口 12.3 万。2001 年设立。因荆河横贯辖区东西，故名。2008 年东西寺院区域拆迁，建成大同天下、尚河御园小区。2012 年荆河路与善国路交叉口首座环形天桥竣工启用。2014 年对原滕州汽车西站及西市场进行改造，建成真爱批发商城。荆河、小清河从境内穿过。有中小学 13 所，医疗卫生机构 144 个。有省级文物保护单位王家祠堂、滕州县衙，市级文物保护单位西寺院遗址、后大庙遗址等。有真爱批发商城、滕州卷烟厂、墨子科创园、农副产品物流中心等标志性建筑物。农业以种植业为主。工业以机械制造、建筑业、建材为主，是全国重要的机械机床加工制造基地。服务业以批发零售业、物流运输业、餐饮业为主，是鲁南地区商贸流通中心和农副产品物流中心，有副食、建材、五金、针织服装、蔬菜果品、儿童用品、化妆品、汽配等各类大型专业市场 17 个。有滕州站、滕州汽车西站，通公交车。

龙泉街道 370481-A03

[Lóngquán Jiēdào]

属滕州市管辖。在城区东部。面积 25

平方千米。人口 13.0 万。2001 年设立。因辖区内建有"古滕八景"之一的龙泉塔而得名。2005 年建成枣庄科技职业学院，2014 年改扩建龙泉广场。先后完成赵楼、夏庄、孙堂等城中村改造。荆河、郭河从境内穿过。有中小学 18 所，医疗卫生机构 33 个。有省级文物保护单位龙泉塔，有墨子纪念馆、鲁班纪念馆、滕州汉画像石馆等景点，甩花灯、竹马等民间艺术。龙泉塔为标志性建筑物。农业以种植业和畜牧业为主，主产小麦、玉米等粮食作物，培育蝴蝶兰、红掌、凤梨、一品红、仙客来等高档花卉，有董村花卉大世界。畜牧业以饲养猪、肉鸡为主。工业以机械制造、太阳能集热管、保温材料、塑料彩印为主。服务业以商贸为主，有商贸城、府东市场、五金陶瓷批发市场、花卉市场、国际家居广场。通公交车。

善南街道 370481-A04

[Shànnán Jiēdào]

属滕州市管辖。在城区南部。面积 12 平方千米。人口 2.5 万。2001 年设立。以滕州素有善国之美誉、街道地处滕州市区南部，即"善国之南"而得名。2004 年完成学校危房改造 2 300 平方米，建成善南派出所办公楼。2011 年进行清华园社区等棚户区改造项目。郭河从境内穿过。有中小学 6 所，医疗卫生机构 3 个。有市级文物保护单位王开一村遗址。农业以种植小麦、玉米、蔬菜为主，畜牧业以养殖猪、家禽为主。工业以机械制造、家具制造、建材加工为主。建有滕州市工业园区。服务业以餐饮业为主。通公交车。

东沙河镇 370481-B01

[Dōngshāhé Zhèn]

滕州市辖镇。在市境东部。面积 53 平方千米。人口 6.3 万。辖 40 村委会，有 43

自然村。镇人民政府驻东沙河村。1958年设东沙河乡，后撤。1962年由南沙河公社析设东沙河公社。1984年复设乡。1991年改置镇。以镇政府驻地得名。荆河、郭河、小洪河从境内穿过，有墨子湖。有中小学22所，卫生院1所，广场1个。有省级文物保护单位岗上遗址。农业以种植小麦、蔬菜、板栗和养殖鸡、鸭、青山羊为主，建有万亩板栗示范园。工业形成童车、化工、建材、家具、机械制造、食品加工六大支柱产业，是中国江北最大的童车童床生产基地。有京沪高铁、京台高速过境，设滕州东站。

洪绪镇 370481-B02
[Hóngxù Zhèn]

滕州市辖镇。在市境西南部。面积38平方千米。人口4.0万。辖34村委会，有45自然村。镇人民政府驻洪绪村。1959年由红星公社析设金庄公社。1982年改名洪绪公社。1984年改设乡。1991年改置镇。以镇政府驻地得名。荆城河、郭河从境内穿过。有华能线缆院士工作站、高分子工程实验室。有中小学5所，卫生院1个。有山东盈泰生态温泉度假村、幸福龙庄乡村游景区。农业以种植小麦、玉米、大豆、花生为主，畜牧业以养殖猪、肉鸡、肉牛为主。工业以机械制造、食品加工、玻璃制品、塑料制品、造纸印刷、棉纺织为主。有京沪铁路、104国道、济枣省道过境。

南沙河镇 370481-B03
[Nánshāhé Zhèn]

滕州市辖镇。在市境南部。面积46平方千米。人口5.2万。辖38村委会，有38自然村。镇人民政府驻南街村。1959年由五星公社析设南沙河公社。1984年改设乡，同年改置镇。明洪武二年（1369），王氏由礼教乡紫檀村迁此建村，因处郭河之侧，

名沙河店。清初，郭河北移，其故道俗称南沙河，村遂改称南沙河店，清末简称南沙河。郭河、小苏河从境内穿过。有院士工作站2个，中小学9所，卫生院1个。有市级文物保护单位上徐遗址、鲁庄王陵等。农业主产小麦、玉米、地瓜、花生、棉花。工业以医药制造、化工、纺织、机械制造、房地产开发、新能源建设为主。有京沪铁路、京台高速公路、枣木高速公路、省道枣济公路过境。

大坞镇 370481-B04
[Dàwù Zhèn]

滕州市辖镇。在市境西北部。面积102平方千米。人口9.0万。辖65村委会，有65自然村。镇人民政府驻大坞村。1956年设大坞区。1958年改公社。1984年改置镇。2001年大坞、峄庄两镇合并，设立大坞镇。以镇政府驻地得名。北界河、北沙河、小龙河从境内穿过。有中小学18所，卫生院1个。有省级文物保护单位刘氏家祠、张氏家祠，有唐代古刹洪福寺、染山庙等景观。经济以生态农业为主，粮食作物有小麦、玉米，主要经济作物有马铃薯、毛芋头、大白菜、黄姜、大葱，已注册绿色食品认证6个、无公害食品认证3个。工业以建材加工、水泥制造为主。有省道济枣公路过境。

滨湖镇 370481-B05
[Bīnhú Zhèn]

滕州市辖镇。在市境西北部。面积144平方千米。人口11.5万。以汉族为主，还有回族。辖90村委会，有96自然村。镇人民政府驻岗头村。1957年设岗头乡。1959年改公社。1984年改置镇。2001岗头镇、望庄镇合并成立滨湖镇。以镇域位于微山湖滨而得名。北界河、北沙河、小龙河、瓦碴沟从境内穿过。有中小学18所，

卫生院 2 个。有省级文物保护单位百寿坊。有微山湖古镇、微山湖湿地公园等旅游资源。农业主产大蒜、西瓜、马铃薯、樱桃、莲藕，另有淡水养殖。工业以煤炭、造纸、水泥、电子电器制造业为主。服务业以生态旅游、临港物流为主。有省道济微公路、济枣公路过境，有滕州、润通、宏大 3 座港口。

级索镇 370481-B06
[Jísuǒ Zhèn]

滕州市辖镇。在市境西部。面积 79 平方千米。人口 8.8 万。辖 51 村委会，有 58 自然村。镇人民政府驻级索村。1958 年设级索乡，后改公社。1984 年改置镇。以镇政府驻地得名。有中小学 15 所，卫生院 1 个。有市级文物保护单位龙堌堆遗址、北杨楼遗址等。农业主产小麦、玉米、大白菜。工业以发电、造纸业、服装业为主。有省道北留公路、济微公路过境。

西岗镇 370481-B07
[Xīgǎng Zhèn]

滕州市辖镇。在市境西南部。面积 80 平方千米。人口 11.5 万。辖 72 村委会，有 62 自然村。镇人民政府驻前寨村。1956 年设西岗区。1958 年改设乡，后改公社。1984 年改置镇。宋代时，曾有古庙永庆寺，寺前有古槐。原称西堁集。据任氏碑载，寺西南角为丁字形街道，地势较高，又在县城西南，故得名西岗。境内有昭阳湖、郭河、城郭河从境内穿过。有中小学 8 所，卫生院 1 个。农业以种植小麦、玉米、冬暖大棚蔬菜为主。工业有煤矿和炼焦厂，煤炭资源丰富，是滕南煤田中心地带。有省道济微公路过境。

姜屯镇 370481-B08
[Jiāngtún Zhèn]

滕州市辖镇。在市境西部。面积 85 平方千米。人口 9.1 万。辖 89 居委会、83 村委会，有 89 自然村。镇人民政府驻姜屯村。1949 年属滕县第八、九区。1957 年设姜屯乡。1958 年改公社。1984 年改置镇。因镇政府驻地得名。北沙河、小黑河、城河从境内穿过。有中小学 13 所，卫生院 1 个。有滕国故城、文公台、庄里西遗址、上官庄遗址等古迹。农业种植小麦、玉米、花生、大葱、姜、马铃薯等作物，另有花卉培育产业。工业有农机、造纸、化工、建材机械等厂和煤矿。有京沪铁路、104 国道、省道济枣公路过境。

鲍沟镇 370481-B09
[Bàogōu Zhèn]

滕州市辖镇。在市境南部。面积 74 平方千米。人口 8.8 万。辖 66 村委会，有 63 自然村。镇人民政府驻鲍沟东村。1956 年设鲍沟区。1958 年改公社。1984 年改设乡，同年改置镇。因镇政府驻地得名。郭河从境内穿过。有中小学 13 所，卫生院 1 个。有市级文物保护单位吕坡遗址、三清阁遗址等。农业以种植业和畜牧业为主，粮食作物有小麦、玉米，经济作物有苹果、葡萄、梨、桃、冬枣、日本甜柿、樱桃等，畜牧业以养殖猪、肉鸭、肉鸡、水貂、狐狸、貉子等为主。工业以木材加工、玻璃、轮胎生产为主导产业。有 104 国道、省道滕微公路过境。

张汪镇 370481-B10
[Zhāngwāng Zhèn]

滕州市辖镇。在市境南部。面积 85 平方千米。人口 8.8 万。辖 83 村委会，有 88 自然村。镇人民政府驻夏楼村。1956 年建张汪乡。1959 年改公社。1984 年复建乡，同年改置镇。金大定年间，张氏迁此建村，清顺治二年（1645），因周围低洼，积水成汪，故称张汪。郭河从境内穿过。有中小学 13 所，卫生院 1 个。有国家级文物保护单位薛城遗址，省级非物质文化遗产滕州张汪竹木玩具制作技艺，国家AAA级旅游景点宗泽园。农业以种植业、林业为主。粮食作物以小麦、玉米为主，经济作物有棉花、花生、马铃薯、香菇。名优特产有张汪板鸭。工业以煤炭生产加工、电力、化工、板材加工为主。有104国道过境。

官桥镇 370481-B11
[Guānqiáo Zhèn]

滕州市辖镇。在市境南部。面积63平方千米。人口7.2万。辖54村委会，有52自然村。镇人民政府驻官桥村。1949年为官桥区，后撤。1965年由木石公社析设官桥公社。1984年改置镇。因镇政府驻地得名。沂河从境内穿过。有中小学7所，卫生院1个。有前掌大商周遗址、西康留大汶口文化遗址、北辛遗址纪念亭、孟尝君陵园、毛遂墓园、大山口始祖庙等名胜古迹。农业以种植业和畜牧业为主，粮食作物有小麦、玉米，经济作物有西红柿、洋葱、银杏果等，畜牧业主产黄牛、野猪、肉鸡等。工业以精细化工、机械铸造、新型能源等为主。服务业以商贸物流为主。有京沪铁路、京台高速过境。

柴胡店镇 370481-B12
[Cháihúdiàn Zhèn]

滕州市辖镇。在市境南部。面积58平方千米。人口4.2万。辖41村委会，有53自然村。镇人民政府驻柴胡店村。1958年设柴胡店乡，后撤。1962年设柴胡店公社。1984年复设乡，同年改置镇。因镇政府驻地得名。薛河、小魏河从境内穿过。有中小学6所，卫生院1个。有国家AAA级景区刘村万亩梨园。有观音阁、老北宫、罗汉山石刻造像、汉墓群、古石寨等文物古迹。农业以种植业和畜牧业为主，粮食作物有小麦、玉米，油料作物有花生、油菜，

经济作物有棉花。刘村酥梨为特产。畜牧业主产猪、长毛兔、肉鸡、山羊、肉牛。工业以机械制造、纺织加工、新型建材、农产品加工为主。有京沪铁路、京沪高速铁路过境。

羊庄镇 370481-B13
[Yángzhuāng Zhèn]

滕州市辖镇。在市境东南部。面积118平方千米。人口8.4万。辖1居委会、88村委会，有76自然村。镇人民政府驻羊庄东村。1956年设羊庄区。1959年改公社。1984年改设乡，同年改置镇。因镇政府驻地得名。薛河、温凉河从境内穿过。有中小学9所，卫生院1个。有羊庄"小三峡"、曹王墓景区。经济以农业为主。粮食作物以小麦、玉米为主，经济作物有大樱桃、杏、梨、石榴、甜柿等水果蔬菜和经济林。畜牧业以青山羊、猪、羊、家禽养殖为主。山羊绒、猾子皮是该镇传统商品。工业以食品加工、水泥制造为主。有京沪高铁、枣木高速、省道济枣公路过境。

木石镇 370481-B14
[Mùshí Zhèn]

滕州市辖镇。在市境东南部。面积67平方千米。人口5.3万。辖4居委会、38村委会，有37自然村。镇人民政府驻沂南村。1958年设木石乡，次年改公社。1984年改置镇。因镇政府原驻地木石村得名。小沂河从境内穿过。有中小学9所，卫生院2个。有化石沟玄帝庙等古迹，唢呐吹奏、拉魂腔等民间艺术。有墨子故里景区。经济以种植业和畜牧业为主，主产小麦、玉米、高粱、地瓜、油桃等，养殖猪、鸡、鸭、牛、羊、兔等。工业以机械铸造、化学工业、建筑建材、塑料编织为主，有省级高科技化工园区。有枣滕高速、京台高速、321省道过境。

界河镇 370481-B15
[Jièhé Zhèn]

　　滕州市辖镇。在市境北部。面积 82 平方千米。人口 7.7 万。辖 1 居委会、67 村委会，有 60 自然村。镇人民政府驻南界河村。1958 年设红旗公社。1959 年改界河公社。1984 年改置镇。因镇政府驻地得名。有灵泉山，界河、小龙河、北沙河从境内穿过。有中小学 11 所，卫生院 1 个。有灵泉山森林公园、鲁班堤遗址、北沙河惨案纪念馆。粮食作物以小麦、玉米、马铃薯为主，是中国最大的马铃薯二季作产区。畜牧业以饲养猪、羊、家禽为主。工业以化工、铸造、机械加工、塑料制品、建筑材料为主，有江北最大的氰尿酸生产企业，是全国最大的酚醛树脂生产基地。有京沪铁路、京台高速、104 国道过境。

龙阳镇 370481-B16
[Lóngyáng Zhèn]

　　滕州市辖镇。在市境北部。面积 79 平方千米。人口 7.8 万。辖 56 村委会，有 72 自然村。镇人民政府驻龙阳村。1959 年由红旗公社析设龙阳公社。1984 年改设乡。1991 年改置镇。因镇政府驻地得名。北沙河从境内穿过，有龙山、龙湖等。有中小学 13 所，卫生院 1 个。有史村北遗址、西杨庄遗址等古迹。有龙山胜境风景区、龙湖风景区等景点。粮食作物以小麦、玉米为主。畜牧业以饲养牛、猪为主。工业以化工、轮胎制造、面粉加工、童车制造、机械加工制造、农副产品加工为主。有京沪铁路、京沪高铁、京台高速、104 国道过境。

东郭镇 370481-B17
[Dōngguō Zhèn]

　　滕州市辖镇。在市境东北部。面积 147 平方千米。人口 12.7 万。辖 89 村委会，有 94 自然村。镇人民政府驻东郭中村。1956 年设东郭区。1959 年改公社。1984 年改置镇。2001 年与党山乡合并，仍称东郭镇。因镇政府驻地得名。有高座子山等山。有中小学 20 所，卫生院 2 所。有省级文物保护单位皇陵旧址，省级地质公园莲青山，玉女城、大寺、华佗庙、谷翠双峰等名胜古迹。农业以种植小麦、玉米、花生、甘薯、林果、蔬菜为主。畜牧业以饲养猪、牛、羊为主。工业以水泥建材、淀粉生产、热力热电、高档纺纱、化工原料、食品生产、机械加工等产业为主。有京沪铁路、京台高速、省道滕平公路郭境。

旧地名

城关镇（旧） 370481-U01
[Chéngguān Zhèn]

　　在滕州市中部。滕州市辖镇。1958 年设立。2000 年撤销，析设龙山、荆河两个街道。

岗头镇（旧） 370481-U02
[Gǎngtóu Zhèn]

　　在滕州市西北部。滕州市辖镇。1984 年设立岗头乡，同年改岗头镇。2001 年与望庄镇合并为滨湖镇。

望庄镇（旧） 370481-U03
[Wàngzhuāng Zhèn]

　　在滕州市西部。滕州市辖镇。1984 年建望冢乡。1991 年撤乡建镇，改称望庄镇。2001 年与岗头镇合并为滨湖镇。

城郊乡（旧） 370481-U04
[Chéngjiāo Xiāng]

　　滕州市辖乡。1984 年建城郊乡。2001 年龙山、荆河两个街道和城郊乡合并，将南沙河镇、姜屯镇、东沙河镇、洪绪镇的部分村庄纳入城区，设立北辛、龙泉、善南、荆河四个街道。

党山乡（旧）　370481-U05
[Dǎngshān Xiāng]

在滕州市东北部。滕州市辖乡。1984年建乡。2001年撤销，并入东郭镇。

峄庄乡（旧）　370481-U06
[Yìzhuāng Xiāng]

在滕州市西北部。滕州市辖乡。1984年建峄庄乡。2000年改镇。2001年与大坞镇合并为大坞镇。

社区

东北坛社区　370481-A01-J01
[Dōngběitán Shèqū]

属北辛街道管辖。在滕州市中部。面积0.5平方千米。人口3 100。清康熙五十二年（1713），有村民在坛东建村，名东北坛。社区沿用原村名。2002年成立。有楼房510栋，现代建筑风格。驻有北关小学东校区等单位。通公交车。

西北坛社区　370481-A01-J02
[Xīběitán Shèqū]

属北辛街道管辖。在滕州市中部。面积0.65平方千米。人口800。清康熙五十二年（1713），陈氏自西门迁入，因居北坛村西，故村名西北坛。社区沿用原村名。2002年成立。有楼房167栋，现代建筑风格。通公交车。

教场社区　370481-A01-J03
[Jiàochǎng Shèqū]

属北辛街道管辖。在滕州市中部。面积1.05平方千米。人口1 000。明清时期，此地南部为驻军训练场所，民间习称营园子，也称校场，后渐演变为教场。社区沿用原村名。2002年成立。有楼房160栋，现代建筑风格。通公交车。

北楼社区　370481-A01-J04
[Běilóu Shèqū]

属北辛街道管辖。在滕州市中部。面积1.5平方千米。人口2 100。张氏先人仲洪于此建楼，因地处县城北门外，俗称北楼。后居民渐聚成村，遂为地名。社区沿用原村名。2002年成立。有楼房195栋，现代建筑风格。驻有滕州市鑫利华饮食服务有限公司、滕州剧院、滕州市工商局、滕州市供销总社、滕州市图书馆等单位。通公交车。

文庙社区　370481-A01-J05
[Wénmiào Shèqū]

属北辛街道管辖。在滕州市中部。面积0.08平方千米。人口4 100。清嘉庆年间，在今府前路大成殿西侧建有一座庙宇，后为传播孔子思想和文化的大学堂，人们在学堂一侧踩出一条路，称其文庙街，村以街名。社区沿用原村名。2002年成立。有楼房230栋，现代建筑风格。驻有枣庄烟草公司等单位。通公交车。

文坛社区　370481-A01-J06
[Wéntán Shèqū]

属北辛街道管辖。在滕州市北部。面积4.5平方千米。人口22 600。明嘉靖年间，此地为县令试耕祭神之光农坛，亦称邑厉坛。后人于坛周围聚居成多个村，村名多带坛字。文坛村取文人聚集之所的意思命名。社区沿用原村名。2002年成立。有楼房270栋，现代建筑风格。驻有滕州市广播电视局、滕州市城市管理局、滕州市地震局、滕州市中心人民医院等单位。有便民服务。通公交车。2014 年被评为省文明社区。

滕阳丽都社区 370481-A01-J07
[Téngyánglìdōu Shèqū]

属北辛街道管辖。在滕州市北部。面积 0.07 平方千米。人口 1 900。取滕州阳光明媚、景色宜人美丽之意命名。2006 年成立。有楼房 24 栋，现代建筑风格。驻有滕州华澳小学等单位。有日间照料服务。通公交车。2009 年被评为省文明社区。

马号街社区 370481-A02-J01
[Mǎhàojiē Shèqū]

属荆河街道管辖。在滕州市中部。面积 0.52 平方千米。人口 11 800。中华人民共和国成立前此地为滕县县衙的马厩，俗称马号，马号街由此而得名。社区沿用马号街名。2002 年成立。有楼房 71 栋，现代建筑风格。驻有枣庄银行、青岛银行等单位。有老年人日间照料服务。通公交车。

北门里社区 370481-A02-J02
[Běiménlǐ Shèqū]

属荆河街道管辖。在滕州市中部。面积 0.1 平方千米。人口 5 000。以驻北门里街得名。2002 年成立。有楼房 39 栋，现代建筑风格。驻有滕州日报社、滕州市实验幼儿园、中国银行府前路支行等单位。有老年人日间照料服务，开展送电影进社区等活动。通公交车。

南门里社区 370481-A02-J03
[Nánménlǐ Shèqū]

属荆河街道管辖。在滕州市中部。面积 0.56 平方千米。人口 3 600。此处原为旧县城南门，故名。2002 年成立。有楼房 35 栋，现代建筑风格。驻有工商银行、天马旅行社、长城印务等单位。通公交车。

安乐社区 370481-A02-J04
[Ānlè Shèqū]

属荆河街道管辖。在滕州市南部。面积 0.12 平方千米。人口 3 200。此地俗称安乐窝。后沿为地名。2002 年成立。有楼房 34 栋，现代建筑风格。驻有蓝天幼儿园、新康医院等单位。有志愿者服务，开展家庭教育指导等服务。通公交车。

东寺院社区 370481-A02-J05
[Dōngsìyuàn Shèqū]

属荆河街道管辖。在滕州市南部。面积 0.11 平方千米。人口 7 300。清顺治年间建村，名小祝庄。后以村居奶奶庙东，改称东寺院。社区沿用原村名。2002 年成立。有楼房 22 栋，现代建筑风格。驻有滕州市实验小学大同校区等单位。有老年人日间照料服务。通公交车。

东南园社区 370481-A02-J06
[Dōngnányuán Shèqū]

属荆河街道管辖。在滕州市南部。面积 0.06 平方千米。人口 3 100。清代县城西门里徐家祠堂的徐氏，在徐家祠堂东南有菜园 40 余亩，后菜园及附近耕地分给农民，村因园及方位而得名。社区沿用原村名。2002 年成立。有楼 22 栋，现代建筑风格。驻有荆河卫生院等单位。通公交车。

金城社区 370481-A02-J07
[Jīnchéng Shèqū]

属荆河街道管辖。在滕州市西南部。面积 0.12 平方千米。人口 5 300。以辖区内的金城小区命名。2002 年成立。有楼房 44 栋，现代建筑风格。通公交车。

程庄社区 370481-A02-J08
[Chéngzhuāng Shèqū]

属荆河街道管辖。在滕州市西南部。

面积 0.88 平方千米。人口 1 900。明洪武二十七年（1394），程景从青州迁官来滕，于城西三里间驱岭北安家，村名程家庄，后改为程庄。社区沿用原村名。2002 年成立。有楼房 25 栋，现代建筑风格。有老年人照料服务。通公交车。2014 年被评为省文明社区。

馍馍庄社区 370481-A02-J09
[Mómózhuāng Shèqū]

属荆河街道管辖。在滕州市西南部。面积 0.9 平方千米。人口 3 600。清末，村民多以卖黄豆面馍馍为生计，村名遂演变为馍馍庄。社区沿用原村名。2002 年成立。有楼房 30 栋，现代建筑风格。通公交车。

五里屯社区 370481-A02-J10
[Wǔlǐtún Shèqū]

属荆河街道管辖。在滕州市西南部。面积 0.4 平方千米。人口 1 200。明万历十三年（1586），始有居民来此落户，因距县衙五里，称五里屯。社区沿用原村名。2002 年成立。有楼房 3 栋，现代建筑风格，另有平房。通公交车。

滕西社区 370481-A02-J11
[Téngxī Shèqū]

属荆河街道管辖。在滕州市西部。面积 3.61 平方千米。人口 26 000。因在滕州市西部，故名。2000 年成立。有楼房 300 栋，现代建筑风格。有志愿者服务。通公交车。2011 年被评为省文明社区。

德馨花园社区 370481-A02-J12
[Déxīnhuāyuán Shèqū]

属荆河街道管辖。在滕州市西南部。面积 0.08 平方千米。人口 1 600。因"黍稷非馨，明德惟馨"而得名。2005 年成立。有楼房 16 栋，现代建筑风格。驻有滕州市德馨幼儿园等单位。有志愿者服务、老年人日间照料服务。通公交车。2010 年被评为省文明社区。

跻云桥社区 370481-A03-J01
[Jīyúnqiáo Shèqū]

属龙泉街道管辖。在滕州市中部。面积 0.13 平方千米。人口 5 700。因辖区内有跻云桥而得名。1999 年成立。有楼房 44 栋，现代建筑风格。驻有滕州市财政局、滕州市粮食局、滕州市交通运输局、滕州市实验小学等单位。有老年人日间照料服务。通公交车。2008 年被评为省文明社区。

通盛花园社区 370481-A03-J02
[Tōngshènghuāyuán Shèqū]

属龙泉街道管辖。在滕州市北部。面积 0.12 平方千米。人口 4 900。因四通八达，又取开发商名称"盛"字，故名。2006 年成立。有楼房 63 栋，中式建筑风格。有志愿者服务。通公交车。2010 年被评为省文明社区。

滨江花苑社区 370481-A03-J03
[Bīnjiānghuāyuàn Shèqū]

属龙泉街道管辖。在滕州市东南部。面积 0.5 平方千米。人口 10 000。因滨荆河而得名。2006 年成立。有楼房 110 栋，现代建筑风格。有志愿者服务。通公交车。2010 年被评为省文明社区。

樱花苑社区 370481-A03-J04
[Yīnghuāyuàn Shèqū]

属龙泉街道管辖。在滕州市东南部。面积 0.13 平方千米。人口 3 600。取樱花美丽、祥和之意命名。2005 年成立。有楼房 47 栋，现代建筑风格。有志愿者服务。通公交车。2010 年被评为省文明社区。

黄山桥社区 370481-A03-J05

[Huángshānqiáo Shèqū]

属龙泉街道管辖。在滕州市中部。面积 2.91 平方千米。人口 2 300。因西端靠近黄山桥而得名。2002 年成立。有楼房 816 栋，现代建筑风格。通公交车。

春秋阁社区 370481-A03-J06

[Chūnqiūgé Shèqū]

属龙泉街道管辖。在滕州市中部。面积 1.1 平方千米。人口 6 600。此地原有两层阁楼的庙宇，庙因关公夜读《春秋》而得名春秋阁，故名。2002 年成立。驻有滕州市第四实验小学等单位。有老年人照料服务。通公交车。

塔寺社区 370481-A03-J07

[Tǎsì Shèqū]

属龙泉街道管辖。在滕州市中部。面积 0.08 平方千米。人口 7 500。此街东侧为唐建古龙泉寺旧址，现仅存龙泉塔，故名。2002 年设立。有楼房 32 栋，现代建筑风格。驻有滕州市中医院等单位。通公交车。

杏坛社区 370481-A03-J08

[Xìngtán Shèqū]

属龙泉街道管辖。在滕州市中部。面积 0.23 平方千米。人口 2 600。因近邻杏坛路，故名。2002 年成立。有楼房 848 栋，现代建筑风格。驻有北坛小学、结核病防治所等单位。通公交车。

安居社区 370481-A03-J09

[Ānjū Shèqū]

属龙泉街道管辖。在滕州市北部。面积 0.2 平方千米。人口 6 400。1993 年，实施"安居"工程而开发兴建安居小区，故名。2002 年成立。有楼房 45 栋，现代建筑风格。驻有滕州市国土资源局、安居小学等单位。通公交车。

银钟里社区 370481-A03-J10

[Yínzhōnglǐ Shèqū]

属龙泉街道管辖。在滕州市东部。面积 0.18 平方千米。人口 16 000。因其辖区内有银行宿舍、滕州市第四中学而得名。2001 年成立。有楼房 34 栋，现代建筑风格。通公交车。

董村社区 370481-A03-J11

[Dǒngcūn Shèqū]

属龙泉街道管辖。在滕州市东南部。面积 0.42 平方千米。人口 4 600。相传元代时期曾为滕县董姓庄园的外庄子，故名董家村。社区沿用原村名。2001 年成立。有楼房 980 栋，现代建筑风格。驻有滕州市交通警察大队等单位。通公交车。

清华园社区 370481-A04-J01

[Qīnghuáyuán Shèqū]

属善南街道管辖。在滕州市南部。面积 0.64 平方千米。人口 9 800。以祝愿该社区将来多出清华大学高才生而命名。2014 年成立。有楼房 15 栋，现代建筑风格。驻有清华园幼儿园、清华园小学等单位。有志愿者服务。通公交车。

二 居民点

市中区

城市居民点

道南里小区 370402-I01

[Dàonánlǐ Xiǎoqū]

在区境北部。人口 5 700。总面积 25 公顷。因坐落在君山西路以北，紧邻道南社区，故名道南里小区。2011 年始建，2014 年正式使用。高层住宅楼 20 栋，现代建筑风格，有门诊、银行、老年活动中心、幼儿园等配套设施。通公交车。

惠工八区 370402-I02

[Huìgōng Bāqū]

在区境北部。人口 2 430。因大多是矿务局工人居住，故取惠及工人的意思命名。1993 年始建，1993 年正式使用。建筑总面积 70 000 平方米，多层住宅楼 58 栋，现代建筑风格。通公交车。

荣华里小区 370402-I03

[Rónghuálǐ Xiǎoqū]

在区境北部。人口 1 273。总面积 1.63 公顷。寓意在此居住的居民为家富、位贵而荣显者，故名荣华里小区。一期、二期 1993 年始建，三期 1998 年始建。多层住宅楼 12 栋，现代建筑风格。通公交车。

振兴花苑 370402-I04

[Zhènxīng Huāyuàn]

在区境北部。人口 1 596。总面积 7.9 公顷。"振兴"指枣矿集团企业振兴，也因为是在振兴路上建设，故名。1980 年始建，1993 年正式使用。建筑总面积 79 000 平方米，现代建筑风格。通公交车。

河滨花园 370402-I05

[Hébīn Huāyuán]

在区境东部。人口 240。总面积 0.32 公顷。由于该小区临近东沙河，故名河滨花园。2007 年始建，2009 年正式使用。多层住宅楼 19 栋，现代建筑风格。通公交车。

公胜小区 370402-I06

[Gōngshèng Xiǎoqū]

在区境东部。人口 617。总面积 1.83 公顷。因地处公胜街旁，故名。1988 年正式使用。建筑总面积 18 300 平方米，多层住宅楼 7 栋，现代建筑风格，有购物中心等配套设施。通公交车。

薛庄小区 370402-I07

[Xuēzhuāng Xiǎoqū]

在区境中部。988 户。总面积 91.0 公顷。因在薛庄大杨树周围，故名薛庄小区。1983 年始建，1987 年正式使用。多层住宅楼 38 栋，现代建筑风格。通公交车。

铁西小区 370402-I08

［Tiěxī Xiǎoqū］

在区境中部。人口 3 268。总面积 5.2 公顷。因位于铁路西侧，故名。1992 年始建，1993 年正式使用。多层住宅楼 27 栋，现代建筑风格。通公交车。

光明园 370402-I09

［Guāngmíng Yuán］

在区境中部。人口 5 035。总面积 6.4 公顷。光明象征着阳光与活力，园更是体现该小区的环境优美，故名。2000 年始建，2001 年正式使用。多层住宅楼 16 栋，现代建筑风格。通公交车。

广场花园 370402-I10

［Guǎngchǎng Huāyuán］

在区境中部。人口 2 740。总面积 7.08 公顷。因毗邻光明广场，且希望小区居住环境犹如花园一样美观舒适，故名。2003 年始建，2004 年正式使用。建筑总面积 70 800 平方米，住宅楼 21 栋，其中高层 2 栋、多层 19 栋，现代建筑风格。通公交车。

宇和小区 370402-I11

［Yǔhé Xiǎoqū］

在区境南部。人口 2 365。总面积 13.4 公顷。以嘉言命名。2003 年始建，2004 年正式使用。多层住宅楼 26 栋，现代建筑风格。通公交车。

一棉第一宿舍区 370402-I12

［Yīmián Dìyī Sùshèqū］

在区境南部。人口 2 680。总面积 0.7 公顷。因该宿舍是一棉厂为职工建的宿舍，故名。1980 年始建，多层住宅楼 19 栋。通公交车。

幸福小区 370402-I13

［Xìngfú Xiǎoqū］

在区境南部。人口 7 433。总面积 2 公顷。以嘉言命名。一区 1988 年正式使用，二区 1994 年正式使用，三区 1995 年正式使用。多层住宅楼 92 栋，现代建筑风格。通公交车。

八大家小区西里 370402-I14

［Bādàjiā Xiǎoqū Xīlǐ］

在区境北部。人口 1 500。总面积 0.5 公顷。为原枣庄煤矿居民区棚户区改造建设的小区，由八个小居民区组成，故名。2002 年始建，2006 年正式使用。多层住宅楼 14 栋，现代建筑风格。通公交车。

新远花苑 370402-I15

［Xīnyuǎn Huāyuàn］

在区境东部。人口 1 300。总面积 32.5 公顷。以嘉言命名。2004 年始建，2007 年正式使用。建筑总面积 37 000 平方米，多层住宅楼 13 栋，现代建筑风格。通公交车。

市府名苑 370402-I16

［Shìfǔ Míngyuàn］

在区境中部。人口 1 122。总面积 3.1 公顷。小区建设地址原为枣庄市人民政府驻地，故名。2005 年始建，2007 年正式使用。多层住宅楼 11 栋，现代建筑风格。通公交车。

中兴花园 370402-I17

［Zhōngxīng Huāyuán］

在区境中部。人口 1 300。总面积 5.4 公顷。因小区东靠铁道及中兴路，建成为花园式小区，故命名为中兴花园。2002 年始建，2004 年正式使用。建筑总面积 54 000 平方米，多层住宅楼 17 栋，现代建筑风格。

有中学、体育馆、农贸市场等配套设施。通公交车。

华府豪庭 370402-I18
[Huáfǔ Háotíng]

在区境中部。人口 1 071。总面积 5.2公顷。"华"指奢华，"豪"指豪华，"庭"指庭院，名称寓意小区如豪华的庭院一般。一期 2006 年始建，2007 年正式使用；二期 2008 年始建，2009 年正式使用。建筑总面积 52 242 平方米，多层住宅楼 9 栋，现代建筑风格，绿化率 30%。通公交车。

东兴苹果花园 370402-I19
[Dōngxīng Píngguǒ Huāyuán]

在区境东南部。人口 1 810。总面积 5.2公顷。因由枣庄东兴置业公司开发，且小区风景优美，像苹果园林一样美丽，故名。2003 年始建，2007 年正式使用。多层住宅楼 17 栋，现代建筑风格，绿化率 30%。通公交车。

立新东里小区 370402-I20
[Lìxīn Dōnglǐ Xiǎoqū]

在区境东北部。人口 1 810。总面积 10.0 公顷。因 2004 年前后并入立新社区，更名为立新东里。2000 年始建。多层住宅楼 17 栋，现代建筑风格。通公交车。

锦华翡翠城 370402-I21
[Jǐnhuá Fěicuì Chéng]

在区境中部。人口 3 892。总面积 8.3公顷。"锦华"为锦绣华丽意，"翡翠"为豪华、尊贵意，"城"为城堡意，寓意此小区为锦绣华丽、豪华尊贵、彰显品质的城堡。2008 年始建，2012 年正式使用。建筑总面积 83 000 平方米，住宅楼 24 栋，其中高层 7 栋、多层 17 栋，现代建筑风格。通公交车。

立新小区 370402-I22
[Lìxīn Xiǎoqū]

在区境中部。人口 3 507。总面积 27.7公顷。因在立新村原址建设，故名。1993年始建，1995 年正式使用。建筑总面积 83 358 平方米，多层住宅楼 22 栋，现代建筑风格，绿化率 30%。通公交车。

华山小区 370402-I23
[Huáshān Xiǎoqū]

在区境中部。人口 3 802。总面积 13.4公顷。因小区紧靠华山路，故名。1997 年始建，1998 年正式使用。建筑总面积 13 000平方米，多层住宅楼 35 栋，现代建筑风格，绿化率 35%。有批发市场、购物中心等配套设施。通公交车。

白马庄园 370402-I24
[Báimǎ Zhuāngyuán]

在区境东部。人口 1 005。总面积 17公顷。以前有一位国王亨利常在"白马庄"下马歇息，他以骑白马著称，其徽章即为"独角白马"，于是客栈便取名为"白马庄"。该小区取名"白马庄园"引申于此。2006 年始建，2007 年正式使用。建筑总面积 170 000 平方米，住宅楼 42 栋，其中高层 2 栋、多层 40 栋、别墅 18 栋，现代建筑风格，绿化率 35.1%。通公交车。

德仁俊园 370402-I25
[Dérén Jùnyuán]

在区境东部。人口 879。总面积 15 公顷。以嘉言命名。2002 年始建，2009 年正式使用。建筑总面积 150 000 平方米，多层住宅楼 36 栋，现代建筑风格。通公交车。

文汇嘉园 370402-I26
[Wénhuì Jiāyuán]

在区境西部。人口 3 450。总面积 2.2

公顷。寓意是人文文化汇集之地，故名文汇嘉园。2002 年始建，2004 年正式使用。多层住宅楼 32 栋，现代建筑风格，绿化率 40%。通公交车。

农村居民点

东龙头 370402-A06-H01
[Dōnglóngtóu]

在区驻地龙山路街道东南方向 4.3 千米。光明路街道辖自然村。人口 1 700。因村北有紫红色鱼鳞状岩石，形似龙，命名为龙湾头，后以方位改为东龙头。聚落呈团块状分布。经济以商贸业、种植业为主，主要农作物有小麦、玉米、大豆等。有公路经此。

东山阴 370402-A06-H02
[Dōngshānyīn]

在区驻地龙山路街道西南方向 8.7 千米。光明路街道辖自然村。人口 2 800。因村址位于叉柱、韭菜两山之阴，以自然实体及方位命名为东山阴。聚落呈团块状分布。有小学 1 所。古迹有通济桥、泰山祠。经济以种植业为主。348 省道经此。

十里泉 370402-A06-H03
[Shílǐquán]

在区驻地龙山路街道南方向 6.6 千米。光明路街道辖自然村。人口 3 700。因距古峄县城十里，故得名十里泉。聚落呈团块状分布。有小学 1 所。古迹有沧浪庙、沧浪桥遗址。经济以种植业为主。有公路经此。

丁庄 370402-A06-H04
[Dīngzhuāng]

在区驻地龙山路街道东南方向 8.0 千米。光明路街道辖自然村。人口 1 500。以姓氏命名。聚落呈团块状分布。有农家书屋 1 个、小学 1 所。经济以种植业为主，主要农作物有小麦、玉米、花生、核桃。348 省道经此。

涝坡 370402-A06-H05
[Làopō]

在区驻地龙山路街道南方向 4.1 千米。光明路街道辖自然村。人口 6 800。因地势低洼，每到雨季常被水淹，故称涝坡。聚落呈团块状分布。有幼儿园 2 所。有市级非物质文化遗产崔永新丝绒手工艺。经济以租赁业务为主。有公路经此。

官地 370402-A06-H06
[Guāndì]

在区驻地龙山路街道东南方向 5.2 千米。光明路街道辖自然村。人口 2 900。宋氏先祖迁此定居，因当时村址四周皆故坟（棺林地旁边），故取名官地。聚落呈团块状分布。有"官地惨案"纪念馆。经济以种植业为主，主要农作物有小麦、玉米、花生等。有公路经此。

陈庄 370402-A06-H07
[Chénzhuāng]

在区驻地龙山路街道西北方向 2.6 千米。光明路街道辖自然村。人口 2 400。以姓氏命名。聚落呈团块状分布。经济以租赁业务为主。有公路经此。

雷村 370402-A06-H08
[Léicūn]

在区驻地龙山路街道东北方向 5.1 千米。光明路街道辖自然村。人口 1 600。唐朝时建村，村内有雷姓，故名。聚落呈团块状分布。经济以种植业、物流业为主，主要农作物有小麦、玉米、大豆、花生等。有公路经此。

佟楼 370402-A06-H09

[Tónglóu]

在区驻地龙山路街道西北方向 1.88 千米。光明路街道辖自然村。人口 2 200。因佟姓人家定居在此得名。聚落呈带状分布。经济以种植业、物流业为主，主要农作物有小麦、玉米等。有森之华木业、豪脉食品、诚信水泥等企业。有公路经此。

岳楼 370402-A06-H10

[Yuèlóu]

在区驻地龙山路街道东南方向 6.0 千米。光明路街道辖自然村。人口 2 260。因村东南有岳林，为纪念岳家军将士，故名岳楼。聚落呈团块状分布。有市级非物质文化遗产面塑艺术。经济以种植业为主，主要农作物有小麦、玉米、大豆。有公路经此。

西垎塔埠 370402-A06-H11

[Xīhètǎbù]

在区驻地龙山路街道南方向 5.5 千米。光明路街道辖自然村。人口 2 100。明洪武二年（1369），李氏迁此建村，因村址多是露出地面的岩石，故以自然实体加方位命名为西垎塔埠。聚落呈散状分布。有农家书屋、文化活动室。经济以种植业为主，主要农作物有小麦、大豆、玉米。有枣庄市国棉一厂、国营陶瓷二厂、市中区焦化厂等企业。有公路经此。

田庄 370402-A06-H12

[Tiánzhuāng]

在区驻地龙山路街道东北方向 3.2 千米。光明路街道辖自然村。人口 1 600。以姓氏命名。聚落呈带状分布。有市级非物质文化遗产鲁南铁画。经济以种植业为主，主要农作物有小麦、玉米、地瓜等。有公路经此。

东南 370402-B01-H01

[Dōngnán]

税郭镇人民政府驻地。在区驻地龙山路街道东南方向 14.0 千米。人口 2 200。该村在原镇政府驻地税郭东南角，故名。聚落呈团块状分布。经济以种植业为主，主要农作物有小麦、玉米、花生等。206 国道经此。

沙沟 370402-B01-H02

[Shāgōu]

在区驻地龙山路街道东方向 17.4 千米。税郭镇辖自然村。人口 600。因村两条大沟内有很多沙，故名。聚落呈散状分布。有文化广场。经济以种植业为主，主要农作物有花生。有安厦新型建材、枣庄奥启制衣等企业。206 国道经此。

大辛庄 370402-B01-H03

[Dàxīnzhuāng]

在区驻地龙山路街道东方向 16.0 千米。税郭镇辖自然村。人口 1 400。大辛庄原名董新庄，系佃户村，1950 年在众意之下改名大辛庄。聚落呈团块状分布。经济以种植业为主。有公路经此。

鲁王桥 370402-B01-H04

[Lǔwángqiáo]

在区驻地龙山路街道东方向 11.8 千米。税郭镇辖自然村。人口 1 300。因北宋鲁王赴抱犊崮龙凤寺时重修拯济桥，桥改名鲁王桥，村随之改为桥名。聚落呈散状分布。经济以种植业为主，主要农作物有小麦、玉米、花生、核桃、葡萄等。有公路经此。

纪官庄 370402-B01-H05

[Jìguānzhuāng]

在区驻地龙山路街道东南方向 7.8 千

米。税郭镇辖自然村。人口 1 200。因纪氏迁此定居，人丁繁衍，故以姓氏命名为纪官庄。聚落呈散状分布。经济以种植业为主，主要农作物有小麦、玉米、花生。有琉璃瓦厂。206 国道经此。

东北 370402-B01-H06

［Dōngběi］

在区驻地龙山路街道东北方向 13.8 千米。税郭镇辖自然村。人口 1 800。该村在原镇政府驻地税郭东北角，故名。聚落呈团块状分布。有文化广场。经济以种植业为主，主要农作物有小麦、玉米、花生等。有公路经此。

西南 370402-B01-H07

［Xīnán］

在区驻地龙山路街道东北方向 13.3 千米。税郭镇辖自然村。人口 1 400。因该村在原镇政府驻地税郭西南角，故名。聚落呈团块状分布。经济以种植业为主，主要农作物有小麦、玉米、花生等。206 国道经此。

西北 370402-B01-H08

［Xīběi］

在区驻地龙山路街道东北方向 12.9 千米。税郭镇辖自然村。人口 1 500。因该村在原镇政府驻地税郭西北角，故名。聚落呈散状分布。经济以种植业为主，主要农作物有小麦、玉米、花生等。有公路经此。

上义合 370402-B01-H09

［Shàngyìhé］

在区驻地龙山路街道东北方向 13.1 千米。税郭镇辖自然村。人口 1 200。据说胡姓迁此建村，古时因该村民风淳厚、村民讲义气而得名义合庄，后因庄子分建，称上义合。聚落呈散状分布。经济以种植业为主，主要农作物有花生、玉米、小麦。

胡庄 370402-B01-H10

［Húzhuāng］

在区驻地龙山路街道东北方向 11.4 千米。税郭镇辖自然村。人口 1 400。明永乐十五年（1417），胡姓从台儿庄来此定居并建村，故名胡庄。聚落呈团块状分布。经济以种植业为主，主要农作物有小麦、玉米、花生等。有枣庄联丰焦电公司等企业。有公路经此。

方庄 370402-B01-H11

［Fāngzhuāng］

在区驻地龙山路街道东北方向 10.9 千米。税郭镇辖自然村。人口 1 400。明建文二年（1400），方氏从山西洪洞县迁此居住，以姓氏命名为方庄。聚落呈团块状分布。经济以种植业、商贸业为主。有公路经此。

师山口 370402-B01-H12

［Shīshānkǒu］

在区驻地龙山路街道东北方向 14.4 千米。税郭镇辖自然村。人口 1 500。明朝初年，施姓由山西喜鹊窝迁此建村，以姓氏命名为施口，又因该村靠近山口，故名施山口，后演变为师山口。聚落呈团块状分布。有文化广场。经济以种植业为主，主要农作物有小麦、玉米、花生等。有公路经此。

玉皇庙 370402-B01-H13

［Yùhuángmiào］

在区驻地龙山路街道东北方向 13.2 千米。税郭镇辖自然村。人口 800。明崇祯十二年（1639），村中建玉皇庙，后村名改称玉皇庙。聚落呈散状分布。经济以种植业为主，主要农作物有小麦、玉米、花生等。

齐山头　370402-B01-H14
［Qíshāntóu］

在区驻地龙山路街道东北方向 14.4 千米。税郭镇辖自然村。人口 500。据传，明嘉靖年间，樊、乜、钟、秦四姓建村，后齐姓迁此居住，原四姓渐迁走，故以地理实体命名为齐山头。聚落呈散状分布。有文化广场、图书室。经济以种植业为主，主要农作物有小麦、玉米、花生等。

花果泉　370402-B01-H15
［Huāguǒquán］

在区驻地龙山路街道东北方向 13.8 千米。税郭镇辖自然村。人口 900。因该村北悬崖上有一泉，且村北山上多花果树，故名。聚落呈团块状分布。有文化广场。经济以种植业为主，主要农作物有小麦、玉米、花生等。有公路经此。

南安城　370402-B01-H16
［Nán'ānchéng］

在区驻地龙山路街道东北方向 10.2 千米。税郭镇辖自然村。人口 2 200。宋初，呼延不显在此屯兵积粮预备安城，但因地理环境不利，迁往沂州，故称难安城。后以方位与其他村区分，改称南安城。聚落呈团块状分布。有文化广场、幼儿园等。经济以种植业为主，主要农作物有小麦、玉米等。206 国道经此。

下泥河　370402-B01-H17
［Xiàníhé］

在区驻地龙山路街道东北方向 11.4 千米。税郭镇辖自然村。人口 1 300。南宋祥兴元年（1278），吴氏从鲁王桥迁此定居，因北有泥河村，故名下泥河。聚落呈团块状分布。有文化广场。经济以种植业为主，主要农作物有小麦、玉米、花生等。有公路经此。

野岗埠　370402-B01-H18
［Yěgǎngbù］

在区驻地龙山路街道东北方向 11.2 千米。税郭镇辖自然村。人口 2 500。唐代建村，后张氏于元朝中统四年（1263）迁此居住，村名野漫湖，元后更名为野岗埠。聚落呈团块状分布。有文化广场。经济以种植业为主，主要农作物有小麦、玉米、花生等。有公路经此。

东郝湖　370402-B01-H19
［Dōnghǎohú］

在区驻地龙山路街道东北方向 15.8 千米。税郭镇辖自然村。人口 500。明正统年间，郝氏由滕县郝家寨迁此建村，村周围多苇塘，故以姓氏冠以方位命名为东郝湖。经济以种植业为主，主要农作物有小麦、玉米、花生。有公路经此。

大尚岩　370402-B02-H01
［DàShàngyán］

孟庄镇人民政府驻地。在区驻地龙山路街道东北方向 5.5 千米。人口 1 800。唐朝贞观年间，张、刘、李等姓在河岸、陡坡处建村，取名大上崖。后村内陶器制作业兴旺，夜间炉火映红天，遂改名为大尚炎。后陶业衰，又改名大尚岩。聚落呈团块状分布。有幼儿园 1 所、中学 1 所、小学 1 所。经济以种植业为主，主要农作物有小麦、玉米、花生、黄花菜等。240 省道经此。

大郭庄　370402-B02-H02
［Dàguōzhuāng］

在区驻地龙山路街道东北方向 8.8 千米。孟庄镇辖自然村。人口 2 000。郭姓由小郭庄迁来定居，村名大郭庄。聚落呈团块状分布。有小学 1 所。有市级文物保护单位荆山寺。经济以种植业为主，主要农作物有小麦、玉米、花生等。有公路经此。

上道沟 370402-B02-H03
[Shàngdàogōu]

在区驻地龙山路街道东北方向 12.0 千米。孟庄镇辖自然村。人口 800。因村被洪水冲刷成沟，以位置命名为上道沟。聚落呈团块状分布。有文化广场 2 个、幼儿园 1 所。经济以种植业为主，主要农作物有小麦、玉米、花生、大豆、莲藕。有公路经此。

下道沟 370402-B02-H04
[Xiàdàogōu]

在区驻地龙山路街道东北方向 14.0 千米。孟庄镇辖自然村。人口 1 900。因村被洪水冲刷成沟，以位置命名为下道沟。聚落呈团块状分布。有文化广场 2 个、幼儿园 1 所、小学 1 所。经济以种植业为主，主要农作物有小麦、玉米、花生、莲藕。有公路经此。

泉头 370402-B02-H05
[Quántóu]

在区驻地龙山路街道东北方向 13.0 千米。孟庄镇辖自然村。人口 400。因在泉的上方居住，水在下方流，故名泉头。聚落呈带状分布。经济以种植业为主，主要农作物有小麦、玉米、花生等。

西葛洼 370402-B02-H06
[Xīgěwā]

在区驻地龙山路街道东北方向 14.0 千米。孟庄镇辖自然村。人口 300。清朝中期，徐姓迁此建村，因位于下杜庄葛家的洼地，故名葛家洼，后分为东、西两村，该村称西葛洼。聚落呈团块状分布。有爱国主义教育基地枣庄市市中区烈士陵园。经济以种植业为主，主要农作物有水蜜桃、花椒、小麦、玉米、花生、地瓜。有公路经此。

刘岭 370402-B02-H07
[Liúlǐng]

在区驻地龙山路街道东北方向 13.0 千米。孟庄镇辖自然村。人口 900。据传，刘姓始迁此处定居，因落脚地为丘陵地带，故名刘岭。聚落呈团块状分布。经济以种植业为主，主要农作物有小麦、玉米、花生等。有济钢集团刘岭铁矿。有公路经此。

峨山口 370402-B02-H08
[Éshānkǒu]

在区驻地龙山路街道东北方向 11.0 千米。孟庄镇辖自然村。人口 1 500。其中苗族 3 人。因本村靠近山口，故名恶山口。梁姓来后，改为峨山口。聚落呈团块状分布。古迹有汉代墓葬、汉代炼铁遗址和古建阳城遗址。经济以种植业为主，主要农作物有小麦、玉米。有公路经此。

黄山涧 370402-B02-H09
[Huángshānjiàn]

在区驻地龙山路街道东北方向 17.0 千米。孟庄镇辖自然村。人口 600。其中彝族 4 人、拉祜族 1 人。因村位于黄山沟内，故以自然实体命名为黄山涧。聚落呈带状分布。有文化广场 1 个、小学 1 所、幼儿园 1 所。经济以种植业为主，主要农作物有板栗、花椒、核桃。

里筲 370402-B02-H10
[Lǐshāo]

在区驻地龙山路街道东北方向 21.0 千米。孟庄镇辖自然村。人口 300。其中满族 1 人、傈僳族 2 人、彝族 3 人。清顺治年间，汪学武占地为王，在大王山前设过哨卡，故村名哨村。后分为里哨、外哨两村，该村为里哨，后更名为里筲。聚落呈带状分布。有文化广场 1 个。经济以种植业为主，主要农作物有小麦、玉米、花生、花椒等。有公路经此。

外筲　370402-B02-H11
［Wàishāo］

在区驻地龙山路街道东北方向 21.0 千米。孟庄镇辖自然村。人口 200。清顺治年间，汪学武占地为王，在大王山前设过哨卡，故村名哨村。后分为里哨、外哨两村，该村为外哨，后更名为外筲。聚落呈带状分布。有小学 1 所。有市级文物保护单位外筲商周遗址。经济以种植业为主，主要农作物有小麦、玉米、花生等，产花椒、山果，种植大棚蔬菜，有养殖业。有公路经此。

上老山口　370402-B02-H12
［Shànglǎoshānkǒu］

在区驻地龙山路街道东北方向 17.0 千米。孟庄镇辖自然村。人口 300。因山头有一巨石，形似牛，故村名老牛口，后更名为上老山口。聚落呈散状分布。有文化广场 1 个。经济以种植业为主，主要农作物有板栗、核桃、花椒，水果有桃。村西的古栗树有百余年的历史。有公路经此。

崖头　370402-B02-H13
［Yátóu］

在区驻地龙山路街道东北方向 18.0 千米。孟庄镇辖自然村。人口 1 700。因距离村南崖头较近而得名。聚落呈团块状分布。经济以种植业为主，主要农作物有小麦、玉米、花生、花椒、桃等。有公路经此。

苗庄　370402-B02-H14
［Miáozhuāng］

在区驻地龙山路街道东北方向 19.0 千米。孟庄镇辖自然村。人口 500。其中苗族 2 人、哈尼族 4 人。约建于唐朝，有苗姓居住，故以姓氏命名为苗庄。聚落呈团块状

分布。有幼儿园 1 所。经济以种植业为主，主要农作物有小麦、玉米等。有公路经此。

周村　370402-B02-H15
［Zhōucūn］

在区驻地龙山路街道东北方向 21.0 千米。孟庄镇辖自然村。人口 400。以姓氏命名为周村。聚落呈团块状分布。有汉代古墓。经济以种植业为主，主要农作物有小麦、玉米、花生等，产花椒。有公路经此。

上杜庄　370402-B02-H16
［Shàngdùzhuāng］

在区驻地龙山路街道东北方向 17.0 千米。孟庄镇辖自然村。人口 600。其中回族 1 人、布依族 1 人、拉祜族 1 人。据传，该村有一泉，每年开一次，淌金水，故村称吐金庄。后有杜姓迁来，改称杜金庄，后称上杜庄。聚落呈团块状分布。有佛脚崖、苗寨等古迹。经济以种植业为主，主要农作物有小麦、玉米、花生、地瓜、水蜜桃等。

小王庄　370402-B02-H17
［Xiǎowángzhuāng］

在区驻地龙山路街道东北方向 20.0 千米。孟庄镇辖自然村。人口 100。清雍正年间，王姓一族由高庄村迁此建村，全村人都姓王，故名小王庄。聚落呈团块状分布。经济以种植业为主，主要农作物有小麦、玉米、花椒、核桃等。有公路经此。

渴口　370402-B03-H01
［Kěkǒu］

齐村镇人民政府驻地。在区驻地龙山路街道西北方向 3.7 千米。人口 3 800。北宋年间建村，相传有一赴京求官之人经此，渴不能忍，求水解渴，村民请其稍后，汤开后予之，后此人得官重赏赐汤之人，与之薪，命其在黄连树下卖茶，过往客人渴

时聚齐等候,后聚居成村,名渴候,后改名渴口。聚落呈散状分布。有农家书屋1个。有古瓷窑址。经济以种植业为主,主要农作物有小麦、玉米、花生等。有纺织、建筑、食品加工、机械制造等业。有公路经此。

乔屯 370402-B03-H02
[Qiáotún]

在区驻地龙山路街道西北方向6.4千米。齐村镇辖自然村。人口900。由乔、鲁两家建村,以乔姓命名。聚落呈团块状分布。有乔屯明清碑刻、乔屯古井等古迹。经济以种植业为主,主要农作物有小麦、玉米、花生等。有枣木高速、345省道经此。

柏山 370402-B03-H03
[Bǎishān]

在区驻地龙山路街道西北方向8.3千米。齐村镇辖自然村。人口2 400。以自然实体命名。聚落呈带状分布。有市级非物质文化遗产古典花轿制作工艺,柏山瓷窑址等古迹。经济以种植业为主,主要农作物有小麦、玉米、花生等。有公路经此。

西圩子 370402-B03-H04
[Xīwéizi]

在区驻地龙山路街道西北方向4.1千米。齐村镇辖自然村。人口1 900。清光绪十六年(1890),崔家村中建府,为防匪患,在村四周高筑围墙,因村子位于河西岸,故取名西圩子。聚落呈散状分布。有省级非物质文化遗产制陶技术、砌垒窑技术,有翰林院等古迹。经济以种植业为主,主要农作物有小麦、玉米等。有公路经此。

二街 370402-B03-H05
[Èrjiē]

在区驻地龙山路街道西北方向3.2千米。齐村镇辖自然村。人口2 200。因村内有两条街得名。聚落呈团块状分布。经济以种植业为主,主要农作物有小麦、玉米、花生等。244省道经此。

王沟 370402-B03-H06
[Wánggōu]

在区驻地龙山路街道西北方向3.0千米。人口1 200。聚落呈团块状分布。因村子东头有条古道,车辙久轧而成深沟,故称望见沟,后改名王沟。聚落呈团块状分布。有市级保护文物王沟石桥。经济以种植业为主。有公路经此。

胡埠 370402-B03-H07
[Húbù]

在区驻地龙山路街道西北方向8.7千米。人口800。明末清初时,夏、冯两姓建村,因村北有虎山,故名虎步,后称胡埠。聚落呈团块状分布。有市级文物保护单位胡埠瓷窑址、胡埠古村落遗址。有虎头山汉墓群等古迹。经济以种植业为主,主要农作物有小麦、玉米、花生等。244省道经此。

齐东 370402-B03-H08
[Qídōng]

在区驻地龙山路街道西北方向2.7千米。齐村镇辖自然村。人口2 500。聚落呈团块状分布。经济以种植业为主,主要农作物有小麦、玉米、花生、地瓜。有公路经此。

郭村 370402-B03-H09
[Guōcūn]

在区驻地龙山路街道西北方向5.9千米。齐村镇辖自然村。人口3 600。因郭氏建村,故名。聚落呈带状分布。有小学1所。有市级非物质文化遗产齐村桑杈制作技术,有渴口汉墓群等古迹。经济以种植业为主,主要农作物有小麦、玉米、花生等。有公路经此。

侯宅子 370402-B03-H10
[Hóuzháizi]

在区驻地龙山路街道西北方向4.4千米。齐村镇辖自然村。人口1 600。明万历年间，侯姓由莱芜迁此，就侯家遗址建村，以姓名村。聚落呈团块状分布。有学校1所。有市级非物质文化遗产旱船、高跷。经济以种植业为主，主要农作物有小麦、玉米、花生等。有公路经此。

凤凰岭 370402-B03-H11
[Fènghuánglǐng]

在区驻地龙山路街道西北方向6.4千米。齐村镇辖自然村。人口1 600。据王氏族谱载，清顺治八年（1651），王氏三祖福由南凤凰岭分居于岭北，村名凤凰岭。聚落呈团块状分布。有景点甘泉寺。经济以种植业为主，主要农作物有小麦、玉米、花生等。有公路经此。

前良 370402-B03-H12
[Qiánliáng]

在区驻地龙山路街道西北方向7.6千米。齐村镇辖自然村。人口1 500。聚落呈带状分布。前良原名前梁，以姓氏命名，后演为前良。聚落呈团块状分布。经济以种植业为主，主要农作物有小麦、玉米、花生、木耳、葡萄、樱桃、板栗等。有公路经此。

韩庄 370402-B03-H13
[Hánzhuāng]

在区驻地龙山路街道西北方向7.1千米。齐村镇辖自然村。人口1 900。以姓氏命名。聚落呈带状分布。有藤花井、羊鼻子泉、蝴蝶泉、古堆遗址、钓鱼台古瓷窑

址等古迹。经济以种植业为主，主要农作物有小麦、玉米、花生等。有枣庄中联水泥有限公司等企业。103省道经此。

李岭 370402-B03-H14
[Lǐlǐng]

在区驻地龙山路街道西北方向7.7千米。齐村镇辖自然村。人口500。清道光十二年（1832），李姓迁来此地建村，故名。聚落呈团块状分布。有市级非物质文化遗产奇石加工工艺。经济以种植业为主，主要农作物有小麦、玉米、花生等。有公路经此。

杨岭 370402-B03-H15
[Yánglǐng]

在区驻地龙山路街道西北方向7.2千米。齐村镇辖自然村。人口1 000。因杨姓人居多，故称杨岭。聚落呈团块状分布。经济以种植业为主，主要农作物有高粱、小麦、玉米。345省道经此。

陆庄 370402-B03-H16
[Lùzhuāng]

在区驻地龙山路街道北方向9.3千米。人口900。因陆氏逃荒于此建村，故名陆家庄，后改为陆庄。聚落呈团块状分布。经济以种植业为主，主要农作物有小麦、玉米、花生等。

南园 370402-B03-H17
[Nányuán]

在区驻地龙山路街道西北方向2.6千米。齐村镇辖自然村。人口2 400。因该村位于古齐村南侧，紧靠齐村，村民多以种菜为生，故称南园。聚落呈团块状分布。有省级非物质文化遗产"鼓儿词"。经济以种植业为主，主要农作物有小麦、玉米、花生、地瓜。有公路经此。

永安 370402-B04-H01
[Yǒng'ān]

永安镇人民政府驻地。在区驻地龙山路街道西南方向 5.3 千米。人口 4 600。明正德十一年（1516）重修庙碑上载，峄邑西北永安庄建毗卢寺 1 所，村约建于隋末唐初，以吉祥意命名永安。聚落呈团块状分布。有幼儿园、小学。经济以种植业为主，主要农作物有小麦、玉米、西葫芦、山药、蕹菜、豆瓣菜等。有公路经此。

薄板泉 370402-B04-H02
[Bóbǎnquán]

在区驻地龙山路街道南方向 8.7 千米。永安镇辖自然村。人口 500。清道光年间，东山坡有石板两块，从中间石缝当中流出泉水，故村称薄板泉。聚落呈散状分布。经济以种植业、旅游业为主，主要农作物有花生、绿豆、小米、核桃、石榴等。有公路经此。

蔡庄 370402-B04-H03
[Càizhuāng]

在区驻地龙山路街道西南方向 7.7 千米。永安镇辖自然村。人口 2 100。因是明朝蔡状元的外庄子，故名蔡庄。聚落呈团块状分布。有红色旅游地铁道游击队红色文化展览馆。经济以种植业为主，主要农作物有小麦、玉米、花生等。有金星爆破、德海石材、北方红岩、宽域建材、元化建材等企业。348 省道经此。

永东 370402-B04-H04
[Yǒngdōng]

在区驻地龙山路街道西南方向 4.3 千米。永安镇辖自然村。人口 2 200。有南北河一条，以河为界，该村在河东，故名永东。聚落呈团块状分布。有市级非物质文化遗产花棍舞。经济以种植业为主，主要农作物有小麦、玉米等。348 省道经此。

夏庄 370402-B04-H05
[Xiàzhuāng]

在区驻地龙山路街道西南方向 6.5 千米。永安镇辖自然村。人口 2 300。因村南、村北地势较高，村的位置低洼，原名下庄，后改为夏庄。聚落呈团块状分布。有小学。经济以化工业为主，有志达化工等企业。348 省道经此。

聂庄 370402-B04-H06
[Nièzhuāng]

在区驻地龙山路街道西南方向 8.0 千米。永安镇辖自然村。人口 2 100。因聂氏来此建村，故名聂庄。聚落呈团块状分布。有小学 1 所。有莲花山汉墓群等古迹。经济以旅游业为主。

寨子 370402-B04-H07
[Zhàizi]

在区驻地龙山路街道西南方向 4.1 千米。永安镇辖自然村。人口 1 200。因村庄周围筑有围墙，形成村寨，故称寨子。聚落呈团块状分布。有文化广场 1 个。经济以种植业为主，主要农作物有小麦、玉米、花生等。有公路经此。

大洼 370402-B04-H08
[Dàwā]

在区驻地龙山路街道西南方向 5.3 千米。永安镇辖自然村。人口 300。村位于湖山东北角，因地势低洼得名大洼。聚落呈团块状分布。有小学 1 所。经济以种植业为主，主要农作物有小麦、玉米、大豆。有公路经此。

张林 370402-B04-H09

[Zhānglín]

在区驻地龙山路街道西南方向 4.4 千米。永安镇辖自然村。人口 400。因张氏祖先把墓地建在此处，由族人在此看管林地，后在此建村，故名张林。聚落呈团块状分布。经济以种植业为主，主要农作物有小麦、玉米。有帝豪酒厂、汇泉污水处理厂、德隆印刷厂等企业。有公路经此。

马场 370402-B04-H10

[Mǎchǎng]

在区驻地龙山路街道西南方向 9.7 千米。永安镇辖自然村。人口 400。传说南宋名将曾在此歇兵养马，称"放马场"，马场村因此得名。聚落呈散状分布。古迹有古民居遗址、晾马台遗址等。经济以种植业为主，主要农作物有花椒、核桃、柿子、石榴等。有公路经此。

西山阴 370402-B04-H11

[Xīshānyīn]

在区驻地龙山路街道西南方向 6.5 千米。永安镇辖自然村。人口 2 100。山阴原有殷氏乔居，南面紧靠一条东西走向山脉，故名山殷，后改为山阴，后因位置称西山阴。聚落呈团块状分布。有传统工艺条编。经济以种植业为主。有公路经此。

遗棠 370402-B04-H12

[Yítáng]

在区驻地龙山路街道西南方向 5.5 千米。永安镇辖自然村。人口 2 600。据说是因村中有前人遗留下来的一棵海棠树而得名。聚落呈团块状分布。经济以种植业为主。有鹏翔光电、志达化工厂、赛诺康生化制药厂等企业。有公路经此。

西王庄 370402-B05-H01

[Xīwángzhuāng]

西王庄镇人民政府驻地。在区驻地龙山路街道东南方向 7.7 千米。人口 3 000。洪武初年，有孙姓建村居住，因村在王家庄西，故称西王庄。聚落呈团块状分布。有小学 1 所、中学 1 所。经济以种植业为主，主要农作物有小麦、玉米。206 国道经此。

付湾 370402-B05-H02

[Fùwān]

在区驻地龙山路街道东南方向 7.4 千米。西王庄镇辖自然村。人口 1 700。明正德年间，付姓分支自山西洪洞县迁此，建村于大沙河的拐弯处，故称付湾。聚落呈团块状分布。有小学 1 所、中学 1 所。经济以种植业为主，主要农作物有小麦、玉米、韭菜花、白萝卜。206 国道经此。

西大楼 370402-B05-H03

[Xīdàlóu]

在区驻地龙山路街道东南方向 9.2 千米。西王庄镇辖自然村。人口 1 000。因小平楼的王家将坐落在西边的大楼卖给大财主王恒星，故村称西大楼。聚落呈团块状分布。古迹有呼家墓。经济以种植向日葵、葫芦为主。有公路经此。

丁庄 370402-B05-H04

[Dīzhuāng]

在区驻地龙山路街道东南方向 6.4 千米。西王庄镇辖自然村。人口 1 100。明嘉靖年间，山西丁姓来此租种郭里集任家土地并建村，以姓氏命名为丁家庄，现简化为丁庄。聚落呈团块状分布。有省级文物保护单位南大堰遗址。经济以种植业为主，主要农作物有小麦、玉米等。206 国道经此。

陆庄 370402-B05-H05

［Lùzhuāng］

在区驻地龙山路街道东南方向9.02千米。西王庄镇辖自然村。人口700。明嘉靖年间，张家来此居住。明万历年间，陆姓从夏镇迁来，后来陆家人丁兴旺，故以姓名村。聚落呈团块状分布。经济以种植业为主，主要农作物有小麦、玉米、花生等。有公路经此。

杨楼 370402-B05-H06

［Yánglóu］

在区驻地龙山路街道东南方向12.0千米。西王庄镇辖自然村。人口500。明洪武初年，杨氏由江右迁来，先住大槐树，后应举分居杨楼，故称杨楼。聚落呈团块状分布。经济以种植业为主，主要农作物有小麦、玉米、花生、食用菌。有公路经此。

东王庄 370402-B05-H07

［Dōngwángzhuāng］

在区驻地龙山路街道东南方向9.8千米。西王庄镇辖自然村。人口3 000。因该村建在王家庄之东，故称东王庄。聚落呈团块状分布。经济以种植业为主，主要农作物有小麦、玉米、花生等。有枣庄市中科化工有限公司、山东省泰和水处理有限公司等企业。有公路经此。

付刘耀 370402-B05-H08

［Fùliúyào］

在区驻地龙山路街道东南方向10.2千米。西王庄镇辖自然村。人口1 900。相传刘伶在此落户，后葬于此，村南有刘伶古墓，古墓周边三个村庄均取名"刘耀"，因傅氏为大姓，故以姓氏名村傅刘耀，后写为付刘耀。聚落呈团块状分布。古迹有山东傅相祠。经济以种植业为主，主要农作物有黄姜，特色产品有香油。有公路经此。

付湾 370402-B05-H09

［Fùwān］

在区驻地龙山路街道东南方向7.3千米。西王庄镇辖自然村。人口1 700。明正德年间，因付姓建村于大沙河的拐弯处，故称付湾。聚落呈团块状分布。经济以种植业为主，主要农作物有小麦、玉米、地瓜、西红柿、黄瓜。有公路经此。

民主村 370402-B05-H10

［Mínzhǔcūn］

在区驻地龙山路街道东方向7.3千米。西王庄镇辖自然村。人口3 300。以"三民主义"中的"民主"命名。聚落呈散状分布。有中学1所。经济以种植业为主，主要农作物有小麦、小麦、玉米、花生、大豆等。有公路经此。

黄楼 370402-B05-H11

［Huánglóu］

在区驻地龙山路街道东南方向7.3千米。西王庄镇辖自然村。人口1 800。因黄楼遗址坐落在村西北而得名。聚落呈团块状分布。经济以种植业为主，主要农作物有小麦、玉米等。有公路经此。

店子 370402-B05-H12

［Diànzi］

在区驻地龙山路街道东方向6.3千米。西王庄镇辖自然村。人口900。传北宋时这里有座山，叫双山，山前有条大道，从东海到开封经此村，当时此村设有旅店，供过往行人住宿，故村称双山店，后简称店子。聚落呈团块状分布。古迹有济众桥。经济以种植业、商贸业为主，主要农作物有小麦、玉米等。有公路经此。

薛城区

城市居民点

八一小区 370403-I01
[Bāyī Xiǎoqū]

在区境中部。人口 7 556。总面积 80 公顷。以八一矿命名。1997 年始建，2002 年正式使用。建筑总面积 82 000 平方米，多层住宅楼 43 栋，绿地面积 5 700 平方米。有幼儿园、中学、医院等配套设施。通公交车。

福泉小区 370403-I02
[Fúquán Xiǎoqū]

在区境中部。人口 8 500。总面积 30 公顷。1985 年始建，1994 年正式使用。建筑总面积 76 000 平方米，多层住宅楼 63 栋，绿地面积 30 000 平方米。有幼儿园、小学、卫生服务站等配套设施。通公交车。

燕山国际小区 370403-I03
[Yànshān Guójì Xiǎoqū]

在区境中部。人口 9 800。因为燕山路棚户区改造回迁小区，故名。2010 年始建，2013 年正式使用。建筑总面积 502 000 平方米，高层住宅楼 21 栋，绿地面积 15 000 平方米。有幼儿园、超市、卫生服务站等配套设施。通公交车。

安侨公寓 370403-I04
[Ānqiáo Gōngyù]

在区境东部。人口 5 600。总面积 18.7 公顷。由安侨集团开发建设，故名。2002 年始建，2004 年正式使用。建筑总面积 240 000 平方米，多层住宅楼 27 栋，别墅 136 栋。有幼儿园、卫生服务站等配套设施。通公交车。

京福花园 370403-I05
[Jīngfú Huāyuán]

在区境中部。人口 3 000。总面积 4.6 公顷。因邻近京福高铁，故名京福花园。2003 年始建，2005 年正式使用。建筑总面积 165 600 平方米，多层住宅楼 16 栋，绿地面积 10 000 余平方米。有幼儿园、超市、卫生服务站、健身广场等配套设施。通公交车。

凯润花园 370403-I06
[Kǎirùn Huāyuán]

在区境东部。人口 9 400。总面积 18 公顷。2006 年始建，2016 年正式使用。建筑总面积 550 000 平方米，住宅楼 31 栋，其中高层 15 栋、小高层 16 栋，绿地面积 65 000 平方米。有邻里中心、书坊、休闲广场、私人会所、幼儿园等配套设施。通公交车。

四季菁华小区 370403-I07
[Sìjì Jīnghuá Xiǎoqū]

在区境东部。人口 4 299。总面积 16.5 公顷。小区内住宅以春华园、夏荷园、秋实园、冬雪园及文华园、文渊园、菁华园、文萃园命名，故名四季菁华小区。2005 年始建，2014 年正式使用。建筑总面积 391 000 平方米，住宅楼 46 栋，其中高层 6 栋、小高层 8 栋、多层 32 栋，绿地面积 66 000 平方米。有小学、幼儿园、银行、超市、医院、公园、诊所等配套设施。通公交车。

来泉山庄 370403-I08
[Láiquán Shānzhuāng]

在区境东部。人口 4 956。因靠来泉庄村而建，故名。2009 年始建，2013 年正式使用。建筑总面积 570 000 平方米，住宅楼 52 栋，其中高层 20 栋、多层 32 栋。通公交车。

尚马居小区 370403-I09

[Shàngmǎjū Xiǎoqū]

在区境北部。人口 900。总面积 1.5 公顷。因在尚马社区辖区内，故名。1985 年始建，1990 年正式使用。建筑总面积 40 000 平方米，住宅楼 420 栋，现代建筑风格，绿地面积 3 000 平方米。有卫生室、休闲娱乐场所等配套设施。交通便利。

西门外小区 370403-I10

[Xīménwài Xiǎoqū]

在区境北部。人口 1 700。总面积 3.2 公顷。因位于陶庄矿西大门，故名西门外小区。1979 年始建，1980 年正式使用。建筑总面积 55 700 平方米，多层住宅楼 18 栋，绿地面积 400 平方米。有幼儿园、超市、卫生服务站等配套设施。通公交车。

中兴世纪城西区 370403-I11

[Zhōngxīng Shìjìchéng Xīqū]

在区境南部。人口 10 000。总面积 15.98 公顷。以"中兴公司"命名，建有东区、西区，该小区在西部，故名中兴世纪城西区。2011 年始建，2014 年正式使用。建筑总面积 475 000 平方米，高层住宅楼 20 栋，现代建筑风格，绿化率 40%。有便民超市等配套设施。通公交车。

永泰花园 370403-I12

[Yǒngtài Huāyuán]

在区境南部。人口 2 500。总面积 6.7 公顷。2006 年正式使用。建筑总面积 130 000 平方米，住宅楼 29 栋，其中小高层 7 栋、多层 22 栋。有幼儿园、社区卫生服务站等配套设施。通公交车。

农村居民点

张桥 370403-A01-H01

[Zhāngqiáo]

在区驻地临城街道西方向 1.4 千米。临城街道辖自然村。人口 2 200。因张姓为官，最先迁此定居，并自筹资金在村东大沙河上修桥一座，村庄遂名张桥。聚落呈带状分布。有小学 1 所。经济以种植业为主，主要农作物有小麦、玉米等。有麒彩化工厂、东翔玻璃厂、新金龙橡塑制品厂、洗煤厂、德同煤业、塑钢厂、天源化工预制厂等企业。348 省道经此。

西巨山 370403-A02-H01

[Xījùshān]

在区驻地临城街道东南方向 6.1 千米。兴仁街道辖自然村。人口 2 600。原名巨山，以山命名。后因有东巨山村，遂名西巨山。聚落呈团块状分布。经济以种植业为主，主要农作物有桃、杏等。有公路经此。

曲柏后村 370403-A02-H02

[Qūbǎihòucūn]

在区驻地临城街道西北方向 6.3 千米。兴仁街道辖自然村。人口 1 200。其中回族 20 人。因从山西洪洞县迁来定居建村的屈、白二姓得名，后因位置定名为曲柏后村。聚落呈带状分布。经济以种植业为主，主要农作物有小麦、玉米等。有公路经此。

曲柏前村 370403-A02-H03

[Qūbǎiqiáncūn]

在区驻地临城街道西北方向 6.1 千米。兴仁街道辖自然村。人口 1 100。因从山西洪洞县迁来定居的屈、白二姓得名，后因位置定名为曲柏前村。聚落呈团块状分布。经济以种植业为主，主要农作物有小麦、玉米。有公路经此。

洪洼 370403-A02-H04
[Hóngwā]

在区驻地临城街道东北方向 1.5 千米，兴仁街道辖自然村。人口 1 300。因洪姓来此定居，故称洪家洼，又名洪洼。聚落呈团块状分布。经济以种植业、商贸业为主，主要农作物有小麦、玉米。有公路经此。

匡山头 370403-A02-H05
[Kuāngshāntóu]

在区驻地临城街道东北方向 4.6 千米。兴仁街道辖自然村。人口 1 300。因在匡山山前，又是匡山的山头，所以叫匡山头。聚落呈带状分布。经济以商贸业、种植业为主，主要农作物有小麦、玉米。京沪高铁、京沪高速经此。

匡山腰 370403-A02-H06
[Kuāngshānyāo]

在区驻地临城街道东北方向 2.7 千米。兴仁街道辖自然村。人口 2 100。因在匡山前山腰间，村以山名，故称匡山腰。聚落呈团块状分布。经济以商贸业、运输业、建筑业为主。有公路经此。

西谷山 370403-A02-H07
[Xīgǔshān]

在区驻地临城街道东北方向 6.7 千米。兴仁街道辖自然村。人口 700。因村东有一座山孤立着，村位于山西边，故名西谷山。聚落呈团块状分布。经济以种植业为主，主要农作物有小麦、玉米等。有公路经此。

西曲柏 370403-A02-H08
[Xīqūbǎi]

在区驻地临城街道东北方向 5.2 千米。兴仁街道辖自然村。人口 1 400。因位于曲柏西，初名曲白，后演变为西曲柏。聚落呈团块状分布。经济以种植业为主，农作物有小麦、玉米等。有公路经此。

兴仁 370403-A02-H09
[Xīngrén]

在区驻地临城街道东北方向 2.4 千米。兴仁街道辖自然村。人口 3 700。明末，王氏从六炉店分支迁此定居，村名兴隆庄。后演为兴仁庄，简称兴仁。聚落呈团块状分布。村内广植枣树，盛产大红枣。村内有三九药厂、八一轮胎厂等企业。有公路经此。

来泉庄 370403-A03-H01
[Láiquánzhuāng]

在区驻地临城街道东方向 8.0 千米。兴城街道辖自然村。人口 1 900。因该村东南、西南各有泉，冲成两条小河并在村中交汇，故名。聚落呈团块状分布。有文化广场 1 个。有市级文物保护单位泉庄烈士碑，古迹关帝庙遗址。经济以种植业、商贸业为主，主要农作物有小麦、玉米、花生、桃和柿子。有公路经此。

蒋庄 370403-A03-H02
[Jiǎngzhuāng]

在区驻地临城街道东北方向 10.0 千米。兴城街道辖自然村。人口 5 300。据传，明代时期，蒋氏迁此建村，在村东部建桥一座，故村名蒋桥，后改为蒋庄。聚落呈团块状分布。经济以种植业为主，主要农作物有小麦、玉米。有公路经此。

井字峪 370403-A03-H03
[Jǐngzìyù]

在区驻地临城街道东北方向 6.8 千米。兴城街道辖自然村。人口 1 600。该村建于明代，在两山之间，村民在山谷中挖井两口，故名井字峪。聚落呈团块状分布。有文化长廊、小学。经济以种植业为主，主要农作物有石榴。有公路经此。

南山寨 370403-A03-H04
[Nánshānzhài]

在区驻地临城街道东北方向 8.6 千米。兴城街道辖自然村。人口 900。因村西有九顶山，当时有寨主构筑寨墙，故村名袁寨山。又因位于石沟营村南，改称南山寨。聚落呈团块状分布。经济以种植业为主。有公路经此。

南石东村 370403-A03-H05
[Nánshídōngcūn]

在区驻地临城街道东北方向 8.7 千米。兴城街道辖自然村。人口 2 400。最初因在石沟营之南，故名南石沟。中华人民共和国成立后，分成南石一、二、三、四村。2001 年村庄合并，南石二、四村合并成南石东村。聚落呈团块状分布。有文化长廊。有电动车、铝合金电子产品生产厂等企业。有公路经此。

南石西村 370403-A03-H06
[Nánshíxīcūn]

在区驻地临城街道东北方向 8.4 千米。兴城街道辖自然村。人口 2 500。最初因在石沟营之南，故名南石沟。中华人民共和国成立后，分成南石一、二、三、四村。2001 年村庄合并，南石一、三村合并成南石西村。聚落呈团块状分布。有小学、中学等。有电缆厂、电子厂、空调厂等企业。有公路经此。

石菜 370403-A03-H07
[Shícài]

在区驻地临城街道东北方向 8.9 千米。兴城街道辖自然村。人口 1 400。1962 年，因山家林矿、陶庄矿蔬菜种植需要，成立石沟营蔬菜专业种植村，后称石菜。聚落呈团块状分布。有学校 1 所。经济以种植业为主。有公路经此。

石农 370403-A03-H08
[Shínóng]

在区驻地临城街道东北方向 8.5 千米。兴城街道辖自然村。人口 2 000。1962 年成立南石沟人民公社后，为给山家林矿、陶庄矿蔬菜公司提高后勤供给，故从石沟营村分出两个村庄，其中五个小队为石农村，从事农业种植，故名。聚落呈团块状分布。有学校 1 所。经济以种植业为主。有公路经此。

西石沟 370403-A03-H09
[Xīshígōu]

在区驻地临城街道东北方向 8.4 千米。兴城街道辖自然村。人口 2 000。因该村属山区丘陵地带，沟多、石头多，且位于石沟营以西，故名西石沟。聚落呈团块状分布。经济以种植业为主。有公路经此。

杏峪 370403-A03-H10
[Xìngyù]

在区驻地临城街道东方向 11.7 千米，兴城街道辖自然村。人口 1 500。据《峄县志》载，杏花村建于清康熙年间，山上多杏树，春季满山花香，故名。2002 年改名为杏峪。聚落呈团块状分布。有文化长廊 1 个。经济以种植业为主，主要农作物有石榴。有公路经此。

沙沟西村 370403-B01-H01
[Shāgōuxīcūn]

沙沟镇人民政府驻地。在区驻地临城街道南方向 9.8 千米。人口 4 500。因村临一条大沙河，河床沙层极厚，故称沙沟。后分两村，此村在西，故名。聚落呈带状分布。有中学 1 所。古迹有建阳故城遗址、五王墓、响马岭、卧龙槐、榴花峪等。经济以种植业为主，主要农作物有小麦、玉米、花生等。有公路经此。

搬倒井 370403-B01-H02
[Bāndǎojǐng]

在区驻地临城街道东南方向 6.0 千米。沙沟镇辖自然村。人口 400。据载，汉光武帝路过此处，因井深不得饮马，将井搬倒，故名搬倒井。聚落呈团块状分布。经济以种植业为主，主要农作物有小麦、玉米、大豆、花生等。京沪高铁经此。

茶棚 370403-B01-H03
[Chápéng]

在区驻地临城街道东南方向 6.6 千米。沙沟镇辖自然村。人口 600。明代时是由峄城通往峄城的大道，路旁设茶水棚较多，后发展成村，因而得名。聚落呈团块状分布。有小学 1 所。经济以种植业为主，主要农作物有小麦、玉米等。有公路经此。

城子 370403-B01-H04
[Chéngzi]

在区驻地临城街道东南方向 12.2 千米。沙沟镇辖自然村。人口 900。明时该村叫徐杨村，清时因村东西有岭，北面有山，村前有河，似城，故更名。经济以种植业为主。有公路经此。

狄庄 370403-B01-H05
[Dízhuāng]

在区驻地临城街道南方向 6.8 千米。沙沟镇辖自然村。人口 1 100。狄姓最早居此，故名。聚落呈团块状分布。有小学 1 所。经济以商贸业、种植业为主，主要农作物有玉米、小麦等。有公路经此。

董庄 370403-B01-H06
[Dǒngzhuāng]

在区驻地临城街道东南方向 6.1 千米。沙沟镇辖自然村。人口 1 400。董姓于明代迁此，村名董家庄，简称董庄。聚落呈团块状分布。经济以种植业为主，主要农作物有小麦、玉米、花生等。京台高速、京沪高铁经此。

黎墟 370403-B01-H07
[Líxū]

在区驻地临城街道东南方向 7.4 千米。沙沟镇辖自然村。人口 1 600。村中有小红石山叫黎墟山，故村名黎墟镇，清末改称黎墟。聚落呈团块状分布。主要农作物有小麦、玉米等。京台高速公路、京沪高铁经此。

潘庄 370403-B01-H08
[Pānzhuāng]

在区驻地临城街道南方向 7.4 千米。沙沟镇辖自然村。人口 1 800。因潘姓居多，村名改为潘庄。聚落呈团块状分布。有小学 1 所。经济以种植业为主，主要农作物有小麦、玉米、大豆等。104 国道经此。

沙沟东村 370403-B01-H09
[Shāgōudōngcūn]

在区驻地临城街道东南方向 7.7 千米。沙沟镇辖自然村。人口 2 600。相传，元末，丁、杨、王三姓建村，因村临一条大沙沟，故名沙沟村。2002 年区划调整合并，更名为沙沟东村。聚落呈团块状分布。有小学 1 所。经济以商贸业为主。有洗煤厂、木地板厂、家具厂等企业。有公路经此。

西界沟 370403-B01-H10
[Xījiègōu]

在区驻地临城街道东南方向 8.1 千米。

沙沟镇辖自然村。人口1 100。明代重建村，因村子处于峄县、滕县的分界线处，村中又多沟，故名界沟。为与东界沟相区别，称西界沟。聚落呈团块状分布。有幼儿园1所。经济以种植业为主，主要农作物有小麦、玉米、大豆等。京沪铁路经此。

小营 370403-B01-H11
[Xiǎoyíng]

在区驻地临城街道东南方向12.6千米。沙沟镇辖自然村。人口1 600。元朝，驻有广威将军周忠的小部军队，故名小营。聚落呈团块状分布。有小学1所。经济以种植业、养殖业为主，主要农作物有小麦、玉米、花生等，养殖猪、羊等。有公路经此。

岩湖 370403-B01-H12
[Yánhú]

在区驻地临城街道东南方向11.1千米。沙沟镇辖自然村。人口1 400。因村民以杨姓为主，兼村南有一片洼地，夏日积水成汪，像一小湖泊，故名杨官湖。后因"杨、岩""光、官"谐音，村名变成岩光湖，简称岩湖。聚落呈团块状分布。有小学1所。经济以种植业为主，主要农作物有玉米、花生等。有公路经此。

张庄 370403-B01-H13
[Zhāngzhuāng]

在区驻地临城街道东南方向11.8千米。沙沟镇辖自然村。人口1 700。清乾隆二十年（1755），张姓迁此定居成村，名张家庄，后习称张庄。聚落呈团块状分布。经济以种植业为主，主要农作物有玉米、花生、石榴。有公路经此。

周营三村 370403-B02-H01
[Zhōuyíngsāncūn]

周营镇人民政府驻地。在区驻地临城街道东南方向26.0千米。人口800。原名许家屯，因广威将军周忠在此驻军，遂呼周家营，分为一村、二村、三村、四村、五村。此村为三村。聚落呈团块状分布。有农家书屋1个、中学1所。经济以种植业为主，主要农作物有小麦、玉米。有公路经此。

蔡官庄 370403-B02-H02
[Càiguānzhuāng]

在区驻地临城街道东南方向18.9千米。周营镇辖自然村。人口1 100。元代，因郭姓最先在此居住，故名郭家埠。至明初，官府移民于此，移民中以蔡、雷两姓为主，遂更名为蔡家官庄，后简称蔡官庄。聚落呈团块状分布。经济以种植业为主，主要农作物有小麦、玉米、大豆等。有公路经此。

曹官庄 370403-B02-H03
[Cáoguānzhuāng]

在区驻地临城街道东南方向15.8千米。周营镇辖自然村。人口600。据记载，明朝时先民从山西迁至蒋集，后曹氏迁至此，故称曹官庄。聚落呈团块状分布。经济以种植业为主，主要农作物有小麦、玉米。枣临高速经此。

常埠 370403-B02-H04
[Chángbù]

在区驻地临城街道东南方向22.1千米。周营镇辖自然村。人口500。明代建村，原名长埠，后演为常埠。聚落呈团块状分布。经济以种植业为主，主要农作物有小麦、玉米等。238省道经此。

大巩湖 370403-B02-H05
[Dàgǒnghú]

在区驻地临城街道东南方向16.0千米。周营镇辖自然村。人口700。汉代时，巩姓最先在此定居，此地低洼积水似湖，故名巩家湖。到明朝末年，村北新建小巩湖村，本村遂更名为大巩湖。聚落呈团块状分布。经济以种植业为主，主要农作物有小麦、玉米等。有公路经此。

大韩洼 370403-B02-H06
[Dàhánwā]

在区驻地临城街道东南方向17.6千米。周营镇辖自然村。人口900。明万历年间，韩姓最先迁居此处，村落地势低洼，故名韩洼。后为便于与小韩洼区分，遂改称大韩洼。聚落呈团块状分布。经济以种植业为主，主要农作物有小麦、玉米等。有公路经此。

大石门 370403-B02-H07
[Dàshímén]

在区驻地临城街道东南方向13.9千米。周营镇辖自然村。人口1 800。明代建村，该村原名鲁家集，后因村前有一坟地，建有石门，遂称大石门。聚落呈团块状分布。经济以种植业为主，主要农作物有小麦、玉米、花生等。有公路经此。

大孙庄 370403-B02-H08
[Dàsūnzhuāng]

在区驻地临城街道东南方向13.3千米。周营镇辖自然村。人口1 000。清初，孙氏迁此，遂名孙家庄。因此庄较大，群众逐渐将该村称为大孙庄。聚落呈团块状分布。经济以种植业为主，主要农作物有小麦、玉米。京台高速经此。

单楼 370403-B02-H09
[Shànlóu]

在区驻地临城街道东南方向17.2千米。周营镇辖自然村。人口1 100。南宋时建村，因单姓最先居住在此而得名单新庄。至明朝万历年间，单姓建有楼台，群众称之单家楼，遂以为村名，简称单楼。聚落呈团块状分布。有小学1所。经济以种植业为主，主要农作物有小麦、玉米、土豆、辣椒、毛豆等。枣临高速经此。

高村 370403-B02-H10
[Gāocūn]

在区驻地临城街道东南方向15.3千米。周营镇辖自然村。人口1 600。相传，约在明初该村即有高姓在此定居，故取名高村。聚落呈团块状分布。有小学1所。经济以种植业为主，主要农作物有小麦、玉米、花生等。京台高速经此。

高架子 370403-B02-H11
[Gāojiàzi]

在区驻地临城街道东南方向17.2千米。周营镇辖自然村。人口800。因村庄坐落位置较高，故名高架子。聚落呈团块状分布。经济以种植业为主，主要农作物有小麦、玉米等。岚曹高速经此。

张河湾 370403-B02-H12
[Zhānghéwān]

在区驻地临城街道东南方向19.8千米。周营镇辖自然村。人口600。清代康熙年间，张姓在此居住较多，因村落位于沙河拐弯处，故名张河湾。聚落呈团块状分布。经济以种植业为主，主要农作物有小麦、玉米、大豆。京沪铁路经此。

后金马 370403-B02-H13
[Hòujīnmǎ]

在区驻地临城街道东南方向14.9千米。周营镇辖自然村。人口600。因金马驹得名，且村南北较长，有前、后之分，该村在后，故称后金马。聚落呈团块状分布。有小学1所。经济以种植业为主，主要农作物有玉米等。有公路经此。

狼尾巴沟 370403-B02-H14
[Lángwěibagōu]

在区驻地临城街道东南方向 9.8 千米。周营镇辖自然村。人口 100。相传，宋代杨家带兵在此居住，后因伤兵住此，遂在此安家，因该村东有一条小沟，像羊尾巴，村民遂称村羊尾沟，后来逐渐叫成狼尾巴沟。聚落呈团块状分布。经济以种植业为主，主要农作物有小麦、玉米等。有公路经此。

刘桥 370403-B02-H15
[Liúqiáo]

在区驻地临城街道东南方向 21.2 千米。周营镇辖自然村。人口 1 700。因村前河上有一石桥，村内刘姓居多，故名刘桥。聚落呈团块状分布。经济以种植业为主，主要农作物有小麦、玉米、花生。有公路经此。

磨庄 370403-B02-H16
[Mózhuāng]

在区驻地临城街道东南方向 21.2 千米。周营镇辖自然村。人口 2 200。相传，明代，岳姓在此建村，原名岳家岗子，当时岳家养的恶狗很多，人们望而生畏，都磨着过去，后习称磨庄。聚落呈团块状分布。经济以种植业为主，主要农作物有小麦、玉米、大豆，花生等。有公路经此。

牛山 370403-B02-H17
[Niúshān]

在区驻地临城街道东南方向 16.0 千米。周营镇辖自然村。人口 1 200。明初建村，因位于牛山西麓，故名牛山。聚落呈团块状分布。有省级重点文物保护单位牛山孙氏宗祠。经济以种植业为主，主要农作物有小麦、玉米、大豆等。有公路经此。

东沙河涯 370403-B02-H18
[Dōngshāhéyá]

在区驻地临城街道东南方向 18.0 千米。周营镇辖自然村。人口 300。因村子临沙河，习呼沙河涯，为与西岸沙河涯区分，故名东沙河涯。聚落呈团块状分布。经济以种植业为主，主要农作物有小麦、玉米、土豆、青萝卜等。有公路经此。

沙井 370403-B02-H19
[Shājǐng]

在区驻地临城街道东南方向 20.6 千米。周营镇辖自然村。人口 1 300。因村东有一沙缸石砌水井，故名。聚落呈团块状分布。有小学 1 所。经济以种植业为主，主要农作物有小麦、玉米、大豆等。有公路经此。

邵楼 370403-B02-H20
[Shàolóu]

在区驻地临城街道东南方向 20.6 千米。周营镇辖自然村。人口 1 600。清光绪年间，邵氏由洛阳迁入并成为村内大户，建土楼一座，遂名邵家楼，后改为邵楼。聚落呈团块状分布。古迹有邵氏宗祠。经济以种植业为主，主要农作物有小麦、玉米、土豆、毛豆等。有公路经此。

陶官庄 370403-B02-H21
[Táoguānzhuāng]

在区驻地临城街道东南方向 19.8 千米。周营镇辖自然村。人口 900。明代，因陶姓在此居住，逐渐发展成村，故名陶官庄。聚落呈团块状分布。有小学 1 所。经济以种植业为主，主要农作物有小麦、玉米、大豆等。京台高速经此。

铁佛 370403-B02-H22
[Tiěfó]

在区驻地临城街道东南方向19.8千米。周营镇辖自然村。人口1 900。传说，明嘉靖年间，村西南有铁佛寺一座，佛像均为铁铸，村北有一条深沟，故名铁佛沟，简称铁佛。聚落呈团块状分布。有小学1所。经济以种植业为主，主要农作物有小麦、玉米、土豆、辣椒等。

弯槐树 370403-B02-H23
[Wānhuáishù]

在区驻地临城街道东南方向19.8千米。周营镇辖自然村。人口1 700。明代已有此村，因村内原有一弯曲古槐树，村以树名。聚落呈团块状分布。经济以种植业为主，主要农作物有土豆、辣椒、菜青豆、小麦、玉米等。京台高速经此。

西沙河涯 370403-B02-H24
[Xīshāhéyá]

在区驻地临城街道东南方向18.0千米。周营镇辖自然村。人口400。传说，明朝时燕氏取村名燕庄，清朝时单氏更村名为单家河，后村庄发展为河东、河西两村，故命名为沙河涯，该村在西，故名。聚落呈团块状分布。经济以种植业为主，主要农作物有小麦、玉米、土豆、青萝卜等。有公路经此。

许庄 370403-B02-H25
[Xǔzhuāng]

在区驻地临城街道东南方向14.8千米。周营镇辖自然村。人口600。明代建村，因许姓最先迁此居住而得名。聚落呈团块状分布。经济以种植业为主，主要农作物有小麦、玉米。有公路经此。

安乐庄 370403-B02-H26
[Ānlèzhuāng]

在区驻地临城街道东南方向20.7千米。周营镇辖自然村。人口700。原名安乐城，因村在古城附近且有汉瓦片，故以祈望安居乐业之意名安乐庄。聚落呈团块状分布。古迹有安乐城遗址。经济以种植业为主，主要农作物有小麦、玉米、花生等。有公路经此。

西邹坞 370403-B03-H01
[Xīzōuwù]

邹坞镇人民政府驻地。在区驻地临城街道东北方向17.9千米。人口3 000。据传，最初有邹、邬二姓居住，因东一华里有东邹邬，此村在西，故名西邹邬。聚落呈团块状分布。古迹有大云寺、匡王庙遗址。经济以种植业为主，主要农作物有小麦、玉米、花生等。有公路经此。

中陈郝 370403-B03-H02
[Zhōngchénhǎo]

在区驻地临城街道东北方向26.2千米。邹坞镇辖自然村。人口2 000。北魏时，陈、郝两姓在此烧陶瓷，故村称陈郝。后因有北陈郝、南陈郝两村，此村居中，遂名中陈郝。有全国重点文物保护单位中陈郝窑址，市级文物保护单位中陈郝古桥、中陈郝太山行宫。经济以种植业为主，主要农作物有小麦、玉米、花生、大豆等。有公路经此。

北安阳 370403-B03-H03
[Běi'ānyáng]

在区驻地临城街道东北方向18.9千米。邹坞镇辖自然村。人口2 400。周朝建村，北面靠安阳山，取名安阳，为与南、中安阳区分，故名北安阳。聚落呈团块状分布。

古迹有安阳故城遗址。经济以种植业为主，主要农作物有小麦、玉米、大豆、花生等。京台高速经此。

埠后 370403-B03-H04
［Bùhòu］

在区驻地临城街道东北方向15.4千米。邹坞镇辖自然村。人口1 500。因位于石埠之后，故名。聚落呈团块状分布。经济以种植业为主，主要农作物有小麦、玉米、花生、地瓜等。有海象集团等公司。有公路经此。

打席 370403-B03-H05
［Dǎxí］

在区驻地临城街道东北方向17.9千米。邹坞镇辖自然村。人口400。清初，张姓迁来定居，后此地发展成村，村民历代以打席、编篓为副业，故名。聚落呈团块状分布。经济以种植业为主，主要农作物有玉米等。有公路经此。

东防备 370403-B03-H06
［Dōngfángbèi］

在区驻地临城街道东北方向14.7千米。邹坞镇辖自然村。人口1 900。明初建村，因西北三华里处有黑风口，明洪熙年间曾驻军设防，因西有西防备，故名东防备。聚落呈团块状分布。经济以种植业为主，主要农作物有小麦、玉米、花生、地瓜。有公路经此。

东邹坞 370403-B03-H07
［Dōngzōuwù］

在区驻地临城街道东北方向16.7千米。邹坞镇辖自然村。人口1 600。南宋时即有邹坞，明置邹坞巡检司，清置邹坞镇。后村庄发展，在原邹坞之东建村，遂名东邹坞。聚落呈团块状分布。有中学1所。经济以

种植业为主，主要农作物有小麦、玉米、蔬菜。有公路经此。

官口 370403-B03-H08
［Guānkǒu］

在区驻地临城街道东北方向16.0千米。邹坞镇辖自然村。人口1 100。明初，张姓从山西迁此繁衍成村，因地处古官道口，故称官路品，简称官口。聚落呈团块状分布。经济以种植业为主，主要农作物有小麦、玉米、花生、地瓜。有公路经此。

南安阳 370403-B03-H09
［Nán'ānyáng］

在区驻地临城街道东北方向18.5千米。邹坞镇辖自然村。人口1 500。明初，周、陈两姓于此建村。明末清初，王姓迁居于此，因地处北安阳之南，故名南安阳。聚落呈团块状分布。有中学1所。经济以种植业为主，主要农作物有小麦、玉米、花生、地瓜。有公路经此。

野场 370403-B03-H10
［Yěchǎng］

在区驻地临城街道东北方向14.5千米。邹坞镇辖自然村。人口700。清代中期，原是东夹埠地主王文珠的外庄子，有仓屋，有场，佃户居此，后发展成村，取名野场。聚落呈团块状分布。经济以种植业为主，主要农作物有小麦、玉米、花生、地瓜等。有公路经此。

张家岭 370403-B03-H11
［Zhāngjiālǐng］

在区驻地临城街道东北方向22.5千米。邹坞镇辖自然村。人口1 300。清朝中期，该村原名野湖岭，张姓从滕县迁来居住，因张姓人口多，又南北各有岭，故改称张家岭。聚落呈团块状分布。经济以种植业

为主，主要农作物有小麦、玉米、花生等。345 省道、321 省道路经此。

周村 370403-B03-H12

[Zhōucūn]

在区驻地临城街道东北方向 15.8 千米。邹坞镇辖自然村。人口 1 100。明初，周姓在此定居发展为大户，故名。聚落呈团块状分布。经济以种植业为主，主要农作物有小麦、玉米、花生、地瓜。有公路经此。

庄头 370403-B03-H13

[Zhuāngtóu]

在区驻地临城街道东北方向 17.3 千米。邹坞镇辖自然村。人口 1 600。明初，此处发大水一次，村庄被大水冲没，仅剩下庄头，后重建村庄，取名庄头。聚落呈团块状分布。经济以种植业、养殖业为主，主要农作物有小麦、玉米、花生、地瓜。有公路经此。

东仓 370403-B04-H01

[Dōngcāng]

在区驻地临城街道北方向 3.8 千米。陶庄镇辖自然村。人口 3 000。北魏孝文帝建回銮殿，随后在此建东、西粮仓，东粮仓后演化为东仓。聚落呈团块状分布。有小学 1 所。经济以种植业、制造业、食品加工业为主，主要农作物有小麦、玉米。有公路经此。

大陶庄 370403-B04-H02

[Dàtáozhuāng]

在区驻地临城街道东北方向 9.5 千米。陶庄镇辖自然村。人口 700。该村建于明朝后期，以姓氏取名为陶庄，因村东有小陶庄，故称大陶庄。聚落呈团块状分布。经济以种植业为主，主要农作物有小麦、玉米、花生、大豆等。有公路经此。

河北庄 370403-B04-H03

[Héběizhuāng]

在区驻地临城街道北方向 4.5 千米。陶庄镇辖自然村。人口 2 500。因位于蟠龙河北岸，故名。聚落呈团块状分布。有图书阅览室 1 个。经济以种植业为主，主要农作物有小麦、玉米。京台高速公路经此。

后湾 370403-B04-H04

[Hòuwān]

在区驻地临城街道北方向 5.9 千米。陶庄镇辖自然村。人口 1 500。因村坐落在薛河南支拐弯处，故名湾里，清初在村南又建一村名前湾，因此村名就演变成后湾。聚落呈团块状分布。有小学 1 所。经济以种植业为主，主要农作物有小麦、玉米等。京台高速公路经此。

后院山 370403-B04-H05

[Hòuyuànshān]

在区驻地临城街道东北方向 13.2 千米。陶庄镇辖自然村。人口 1 900。原名后元山，因村庄坐落在元山之阴而得名，后演为后院山。聚落呈团块状分布。经济以种植业为主，主要农作物有小麦、玉米、金针菇。有公路经此。

皇殿 370403-B04-H06

[Huángdiàn]

在区驻地临城街道北方向 3.6 千米。陶庄镇辖自然村。人口 1 600。北魏孝文帝在此建回銮殿，故名皇殿。聚落呈团块状分布。经济以种植业和养殖业为主，主要农作物有小麦、玉米等。有公路经此。

鲁桥 370403-B04-H07

[Lǔqiáo]

在区驻地临城街道北方向 6.5 千米。陶庄镇辖自然村。人口 1 500。据说，明朝鲁王派人封千山头，路过此处，因河水大，无法通过，鲁王命人在此修一座桥，故村名鲁封桥，后简称鲁桥。聚落呈团块状分布。经济以商贸业、种植业为主，主要农作物有小麦、玉米。有公路经此。

前院山 370403-B04-H08
[Qiányuànshān]

在区驻地临城街道东北方向 11.7 千米。陶庄镇辖自然村。人口 1 400。明朝中期建村，原名前元山，因村庄坐落在元山之阳，后演变为前院山。聚落呈团块状分布。经济以种植业为主，主要农作物有小麦、玉米、大豆等。有公路经此。

上武穴 370403-B04-H09
[Shàngwǔxuè]

在区驻地临城街道东北方向 13.1 千米。陶庄镇辖自然村。人口 3 100。明代建村，原名邬雪，共有三个村，该村在北，故名上邬雪，后演变为上武穴。聚落呈团块状分布。经济以种植业为主，主要农作物有小麦、玉米等。有公路经此。

西仓桥 370403-B04-H10
[Xīcāngqiáo]

在区驻地临城街道西北方向 3.8 千米。陶庄镇辖自然村。人口 1 500。清朝建村，村子原在西仓桥南，故村名西桥，后因山洪暴发，村子迁到桥北，村名未变，辖后西仓桥，后改名为西仓桥。聚落呈团块状分布。经济以种植业为主，主要农作物有玉米、花生等。有公路经此。

夏庄 370403-B04-H11
[Xiàzhuāng]

在区驻地临城街道东北方向 6.8 千米。陶庄镇辖自然村。人口 2 000。相传，千山脚下有上下二村，该村居下，故名后下，讹为夏庄。聚落呈团块状分布。有小学 1 所。经济以种植业为主，主要农作物有小麦、玉米、花生、大豆、白莲藕。有宏伟玻璃、园艺厂、圣火焦厂等企业。有公路经此。

小武穴 370403-B04-H12
[Xiǎowǔxuè]

在区驻地临城街道东北方向 11.1 千米。陶庄镇辖自然村。人口 2 100。明代建村，原名邬雪，共有三个村，因其最小，故名小邬雪，后演变为小武穴。聚落呈团块状分布。经济以种植业为主，主要农作物有小麦、玉米等。枣薛铁路经此。

常庄 370403-B05-H01
[Chángzhuāng]

在区驻地临城街道西南方向 3.1 千米。常庄镇辖自然村。人口 1 900。明万历年间已有此村，因常氏世居于此，故称常家庄，后简称常庄。聚落呈团块状分布。经济以种植业为主，主要农作物有小麦、玉米、花生、地瓜。有公路经此。

大辛庄 370403-B05-H02
[Dàxīnzhuāng]

在区驻地临城街道西方向 6.8 千米。常庄镇辖自然村。人口 1 800。明万历年间建村，洪水淹了洛房的房子，洛房的居民选择此处高点建房，后发展成村，取名新庄，后演变为大辛庄。聚落呈团块状分布。经济以种植业为主，主要农作物有小麦、玉米、花生、地瓜。有公路经此。

姬庄 370403-B05-H03
[Jīzhuāng]

在区驻地临城街道南方向 5.0 千米。常庄镇辖自然村。人口 1 100。明朝姬姓迁此定居，发展成村庄，故名姬庄。聚落呈团块状分布。经济以种植业、商贸业为主，主要农作物有小麦、玉米、花生、地瓜。有公路经此。

六炉店 370403-B05-H04
[Liùlúdiàn]

在区驻地临城街道南方向 5.3 千米。常庄镇辖自然村。人口 1 900。明末，该村有六盘铁匠炉，又是通往京城的大路，设有客店，故名。聚落呈团块状分布。有小学 1 所。经济以种植业、养殖业为主，主要农作物有小麦、玉米、花生、地瓜等，养殖长毛兔。有公路经此。

孟岭 370403-B05-H05
[Mènglǐng]

在区驻地临城街道南方向 5.6 千米。常庄镇辖自然村。人口 1 400。明洪武年间，孟姓一家迁此定居，因紧靠山岭，故名孟岭。聚落呈团块状分布。经济以种植业为主，主要农作物有小麦、玉米、花生、地瓜。京沪铁路经此。

前洛房 370403-B05-H06
[Qiánluòfáng]

在区驻地临城街道西南方向 8.6 千米。常庄镇辖自然村。人口 1 400。明末，洛姓从江苏沛县迁此定居，并开油坊，后来发展成村，取名洛坊，后讹为洛房。聚落呈团块状分布。有省级非物质文化遗产洛房泥塑。经济以种植业为主，主要农作物有小麦、玉米、花生、地瓜。104 国道经此。

石坝 370403-B05-H07
[Shíbà]

在区驻地临城街道西南方向 6.0 千米。常庄镇辖自然村。人口 1 200。明朝建村，石坝原指薛城大沙河故址上有一条石坝，此坝主要拦截河水不让溢出，控制河水流

入运河入微山湖，村子在坝东部附近，故名。聚落呈团块状分布。有小学 1 所。经济以种植业为主，主要农作物有小麦、玉米、花生、地瓜。

四角楼 370403-B05-H08
[Sìjiǎolóu]

在区驻地临城街道西方向 6.3 千米。常庄镇辖自然村。人口 400。清代建村，因村地势低洼，村民在村庄四角筑土堆像小楼以防水，故名。聚落呈团块状分布。经济以种植业为主，主要农作物有小麦、玉米、花生、地瓜。有公路经此。

吴庄 370403-B05-H09
[Wúzhuāng]

在区驻地临城街道西南方向 6.7 千米。常庄镇辖自然村。人口 1 600。明崇祯年间，吴姓一家从外地迁来定居，发展形成村庄，故名吴家庄，习称吴庄。聚落呈团块状分布。有小学 1 所。经济以种植业为主，主要农作物有小麦、玉米、花生、地瓜。有公路经此。

朱辛桥 370403-B05-H10
[Zhūxīnqiáo]

在区驻地临城街道西南方向 5.3 千米。常庄镇辖自然村。人口 800。明代建村，村中朱姓居多，故名朱辛庄。原村庄位于现在村子东边，后来在村后修了一座桥，故称朱辛桥。聚落呈团块状分布。经济以种植业为主，主要农作物有小麦、玉米、花生、地瓜。有公路经此。

峄城区

农村居民点

北坝子 370404-A02-H01
[Běibàzi]

在区驻地坛山街道东南方向 6.7 千米。吴林街道辖自然村。人口 1 700。据《黄氏族谱》载，清末，黄姓由南坝子分支迁此定居，村居南坝子北，故村名北坝子。聚落呈带状分布。有农家书屋 1 个、小学 1 所。经济以种植业为主，主要农作物有玉米、小麦、大豆、花生、大白菜。有公路经此。

大埝 370404-A02-H02
[Dàniàn]

在区驻地坛山街道东南方向 4.9 千米。吴林街道辖自然村。人口 800。清光绪年间，因该村地势低洼，便在村北筑一条长堰防涝，取名大堰，因"堰"与"埝"音近，写成大埝。聚落呈带状分布。有农家书屋 1 个。经济以种植业为主，主要农作物有玉米、小麦、大豆、花生、大白菜等。有公路经此。

东潘安 370404-A02-H03
[Dōngpān'ān]

在区驻地坛山街道东南方向 9.0 千米。吴林街道辖自然村。人口 1 400。据传，东汉时期一家姓潘的最早在此居住，尼姑庙安在潘家西边，故村名东潘安。聚落呈带状分布。有农家书屋 1 个。经济以种植业为主，主要农作物有玉米、小麦、大豆、花生、大白菜等。有公路经此。

涝滩 370404-A02-H04
[Làotān]

在区驻地坛山街道东南方向 6.2 千米。吴林街道辖自然村。人口 700。因处涝洼荒滩地带，故名涝滩。聚落呈带状分布。有农家书屋 1 个。经济以种植业为主，主要农作物有玉米、小麦、娃娃菜、辣椒、西红柿等。有公路经此。

前土河 370404-A02-H05
[Qiántǔhé]

在区驻地坛山街道东南方向 5.1 千米。吴林街道辖自然村。人口 1 500。因村居后土楼河之南，故名前土楼河，简称前土河。聚落呈带状分布。有农家书屋 1 个。经济以种植业为主，主要农作物有玉米、小麦、芸豆、大白菜、辣椒、菜花。有公路经此。

王楼 370404-A02-H06
[Wánglóu]

在区驻地坛山街道东南方向 5.7 千米。吴林街道辖自然村。人口 1 100。明嘉靖年间，段姓迁此立村并建楼一座，故村名段楼。至清嘉庆年间，王、袁两姓迁此，王姓居多，易村名为王楼。聚落呈带状分布。有农家书屋 1 个。经济以种植业为主，主要农作物有玉米、小麦、大豆、花生、大白菜、辣椒等。有公路经此。

王庄 370404-A02-H07
[Wángzhuāng]

在区驻地坛山街道东南方向 12.0 千米。吴林街道辖自然村。人口 1 600。明朝中期建村，以姓氏命名。聚落呈团块状分布。有农家书屋 1 个、小学 1 所。经济以种植业为主，主要农作物有玉米、小麦、大豆、花生、大白菜、辣椒等。有公路经此。

吴林东 370404-A02-H08
[Wúlíndōng]

在区驻地坛山街道东南方向 3.6 千米。吴林街道辖自然村。人口 1 140。明末时村庄改建于太平村旧址南，称吴家林，后改为吴林东。聚落呈团块状分布。有农家书屋 1 个。经济以种植业为主，主要农作物有玉米、小麦、大豆、花生、大白菜、地瓜。有公路经此。

农家书屋 1 个、小学 1 所、幼儿园 1 所。经济以种植业为主，主要农作物有小麦、玉米、花生、地瓜等。有枣庄永福玩具有限公司等企业。有公路经此。

西潘安 370404-A02-H09
[Xīpān'ān]

在区驻地坛山街道东南方向 7.8 千米。吴林街道辖自然村。人口 900。明嘉靖年间，潘姓迁此定居，村名西潘安。聚落呈带状分布。有农家书屋 1 个、小学 1 所。经济以种植业为主，主要农作物有玉米、小麦、大豆、花生、大白菜、辣椒等。有公路经此。

肖桥 370404-A02-H10
[Xiāoqiáo]

在区驻地坛山街道东南方向 4.8 千米。吴林街道辖自然村。人口 900。村北有石桥名肖桥，以桥得名。聚落呈团块状分布。有农家书屋 1 个、小学 1 所、幼儿园 1 所。经济以种植业为主，主要农作物有玉米、小麦、大豆、花生、大白菜、辣椒、西红柿、土豆等。有公路经此。

古邵东村 370404-B01-H01
[Gǔshàodōngcūn]

古邵镇人民政府驻地。在区驻地坛山街道西南方向 14.9 千米。人口 2 600。明初，邵姓定居于此，村位于通往西南古道东，故名。聚落呈团块状分布。有图书室。经济以种植业为主，主要农作物有小麦、玉米、胡萝卜、山药、土豆。有公路经此。

八里沟 370404-B01-H02
[Bālǐgōu]

在区驻地坛山街道西南方向 22.0 千米。古邵镇辖自然村。人口 1 200。因微山湖边有一祈河闸，此村距闸口八里路，村周沟多，故名。聚落呈团块状分布。有文化大院 1 个、

程庄 370404-B01-H03
[Chéngzhuāng]

在区驻地坛山街道西南方向 17.5 千米。古邵镇辖自然村。人口 1 200。明洪武年间，程氏迁此建村，以姓氏名村程家庄，后称程庄。聚落呈团块状分布。有文化广场 1 个、农家书屋 1 个。经济以种植业为主，主要农作物有小麦、玉米、大豆等。有公路经此。

大安 370404-B01-H04
[Dà'ān]

在区驻地坛山街道西南方向 16.4 千米。古邵镇辖自然村。人口 1 100。据《峄县志》载，安宋宅。后，诸姓迁入仍原名，为别于小安宅，易村名为大安。聚落呈散状分布。有文化广场 1 个、农家书屋 1 个。经济以种植业为主，主要农作物有小麦、玉米、大豆等。有公路经此。

大汪 370404-B01-H05
[Dàwāng]

在区驻地坛山街道西南方向 19.5 千米。古邵镇辖自然村。人口 400。李姓居此建村，因村中有一水汪，故命村名大汪。聚落呈带状分布。有文化广场 1 个、农家书屋 1 个。经济以种植业为主，主要农作物有小麦、玉米、大豆等。

大辛庄 370404-B01-H06
[Dàxīnzhuāng]

在区驻地坛山街道西南方向 24.4 千米。古邵镇辖自然村。人口 1 900。明永乐年间，平、张两姓迁此定居，燕王北征时，大部分村庄毁于战水，幸存者重建新村，村名

大新庄，后改为大辛庄。聚落呈散状分布。有文化广场1个、农家书屋1个。经济以种植业为主，主要农作物有小麦、玉米等。

东官庄 370404-B01-H07
[Dōngguānzhuāng]

在区驻地坛山街道西南方向20.1千米。古邵镇辖自然村。人口1 000。明朝时官员居此督治运河后渐成村，名官庄，后分为东官村、西官村，又村庄合并为东官庄。聚落呈带状分布。有文化广场1个、农家书屋1个、幼儿园1所、小学1所。经济以种植业为主，主要农作物有小麦、玉米、大豆等。有公路经此。

坊上 370404-B01-H08
[Fāngshàng]

在区驻地坛山街道西南方向19.4千米。古邵镇辖自然村。人口1 700。村西北有弯曲土岭，形似龙尾，故以吉祥意取村名龙尾坊，后易村名为大坊上。2004年大坊上、小坊上合并为坊上。聚落呈团块状分布。有文化广场1个、农家书屋1个、幼儿园1所、小学1所。经济以种植业为主，主要农作物有小麦、玉米、大豆等。有公路经此。

后虎里埠 370404-B01-H09
[Hòuhǔlǐbù]

在区驻地坛山街道西南方向17.2千米。古邵镇辖自然村。人口1 100。明末，杨氏自江西青江迁此定居，因村位于虎里埠村北，故称后虎里埠。聚落呈团块状分布。有文化广场1个、农家书屋1个。经济以种植业为主，主要农作物有小麦、玉米、大豆等。有公路经此。

刘汪 370404-B01-H10
[liúwāng]

在区驻地坛山街道西南方向22.3千米。

古邵镇辖自然村。人口1 400。明正德年间，刘姓迁此定居，因村临大汪，故名刘汪。聚落呈团块状分布。有文化广场1个、农家书屋1个。经济以种植业为主，主要农作物有小麦、玉米等。有公路经此。

后兴集 370404-B01-H11
[Hòuxīngjí]

在区驻地坛山街道西南方向14.6千米。古邵镇辖自然村。人口1 300。因范姓迁此定居，以吉祥嘉言命村名兴隆集。后成二村，该村居后，故称后兴集。聚落呈团块状分布。有文化广场1个、农家书屋1个。经济以种植业为主，主要农作物有小麦、玉米、大豆等。有公路经此。

梅花台 370404-B01-H12
[Méihuātái]

在区驻地坛山街道西南方向19.5千米。古邵镇辖自然村。人口900。明景泰年间，梅、黄两姓居此建村，因村距花园较近，故名梅花台。聚落呈团块状分布。有文化广场1个、农家书屋1个。经济以种植业为主，主要农作物有小麦、玉米、大豆等。有公路经此。

倪庄 370404-B01-H13
[Nízhuāng]

在区驻地坛山街道西南方向19.8千米。古邵镇辖自然村。人口700。元至元年间，倪姓迁此立村，故名倪庄。聚落呈带状分布。有文化广场1个、农家书屋1个。经济以种植业为主，主要农作物有小麦、玉米、大豆等。

双楼 370404-B01-H14
[Shuānglóu]

在区驻地坛山街道西南方向19.4千米。古邵镇辖自然村。人口800。明天顺年间，张姓自山西迁此居住，建楼二座，故村名双楼。聚落呈团块状分布。有文化广场1个、农家书屋1个。经济以种植业为主，主要农作物有小麦、玉米等。有公路经此。

小韩庄 370404-B01-H15
[Xiǎohánzhuāng]

在区驻地坛山街道西南方向16.5千米。古邵镇辖自然村。人口600。据传，明时韩姓迁此立村，村名韩家庄。因村西靠韩庄镇，故改称小韩庄。聚落呈团块状分布。有文化广场1个、农家书屋1个。经济以种植业为主，主要农作物有小麦、玉米、大豆等。有公路经此。

新村 370404-B01-H16
[Xīncūn]

在区驻地坛山街道西南方向22.9千米。古邵镇辖自然村。人口600。村位于老运河边，原名新闸子。1958年整修运河，村民搬迁至新运河北岸，故村名新村。聚落呈团块状分布。有文化广场1个、农家书屋1个。经济以种植业为主，主要农作物有小麦、玉米、大豆等。有公路经此。

朱园 370404-B01-H17
[Zhūyuán]

在区驻地坛山街道西南方向14.5千米。古邵镇辖自然村。人口900。明永乐年间，林姓迁至此地定居，因其喜爱竹子，村前有朱园，故村名朱园。聚落呈团块状分布。有文化广场1个、农家书屋1个。经济以种植业为主，主要农作物有小麦、玉米、大豆等。有公路经此。

阴平 370404-B02-H01
[Yīnpíng]

阴平镇人民政府驻地。在区驻地坛山街道西南方向15.5千米。人口2 500。西汉为阴平侯国，故名。聚落呈团块状分布。有文化广场、幼儿园。经济以种植业为主，主要农作物有姜、甜菜、杨桃、芹菜等。有公路经此。

白庙 370404-B02-H02
[Báimiào]

在区驻地坛山街道西南方向9.4千米。阴平镇辖自然村。人口400。因村西南有庙宇，呈白色，故得名白庙。聚落呈散状分布。有农家书屋1个。经济以种植业为主，主要农作物有小麦、玉米、花生等。有公路经此。

褚庄 370404-B02-H03
[Chǔzhuāng]

在区驻地坛山街道西南方向8.8千米。阴平镇辖自然村。人口300。褚姓自朱沟迁居此地，故名。聚落呈散状分布。有农家书屋1个。经济以种植业为主，主要农作物有大枣、花生等。有公路经此。

大南庄 370404-B02-H04
[Dànánzhuāng]

在区驻地坛山街道西南方向12.2千米。阴平镇辖自然村。人口1 300。元至元年间，平姓居此建村，村名坪里。至明代，潘姓迁此，易村名为南庄子。后张、高、孙姓相继迁入，村名改为南庄子，又因村邻小南庄，故称大南庄。聚落呈散状分布。有农家书屋1个。经济以种植业为主，主要农作物有小麦、玉米、花生。有公路经此。

东白山西村 370404-B02-H05
[Dōngbáishānxīcūn]

在区驻地坛山街道西南方向9.7千米。阴平镇辖自然村。人口600。1912年，村分为东白山西、西白山西两村，本村在东，为东白山西村。聚落呈散状分布。有农家书屋 1 个。经济以种植业为主，主要农作物有小麦、玉米等。有公路经此。

东金庄 370404-B02-H06
[Dōngjīnzhuāng]

在区驻地坛山街道西南方向 15.0 千米。阴平镇辖自然村。人口 700。清康熙年间，金姓迁此建村，故名金庄。后因村西有金庄，故村名改为东金庄。聚落呈散状分布。有农家书屋 1 个。经济以种植业为主，主要农作物有小麦、玉米、花生等。有公路经此。

侯庄 370404-B02-H07
[Hóuzhuāng]

在区驻地坛山街道西南方向 15.4 千米。阴平镇辖自然村。人口 300。明万历年间，侯姓迁此建村，村名侯家庄。后高、邵二姓相继迁入，村称侯庄。聚落呈散状分布。有农家书屋 1 个。经济以种植业为主，主要农作物有小麦、玉米等。有公路经此。

黄庄 370404-B02-H08
[Huángzhuāng]

在区驻地坛山街道西南方向 11.3 千米。阴平镇辖自然村。人口 800。据李、吕两姓族谱载，明弘治年间，其祖同迁黄鹿山下建村，村名黄鹿庄。清末，改称黄林庄。中华人民共和国成立后改称黄庄。后张、褚两姓相继迁入，仍沿用村名黄庄。聚落呈散状分布。有文化广场 1 个、农家书屋 1 个。经济以种植业为主，主要农作物有小麦、玉米、花生、黄桃等。有申丰水泥厂、宏基建材厂、西北中联建材厂等企业。有公路经此。

涝坡 370404-B02-H09
[Làopō]

在区驻地坛山街道西南方向 16.1 千米。阴平镇辖自然村。人口 600。明永乐年间，赵姓自登州府黄县迁此居住，村处涝洼地带，故村名涝坡。聚落呈散状分布。有农家书屋 1 个。经济以种植业为主，主要农作物有小麦、玉米、花生等。有公路经此。

李庄 370404-B02-H10
[Lǐzhuāng]

在区驻地坛山街道西南方向 15.0 千米。阴平镇辖自然村。人口 600。明末，李姓迁此立村，村名李家庄，后演变为李庄。聚落呈散状分布。有农家书屋 1 个。经济以种植业为主，主要农作物有小麦、玉米、花生等。有公路经此。

刘楼 370404-B02-H11
[Liúlóu]

在区驻地坛山街道西南方向 16.3 千米。阴平镇辖自然村。人口 600。明永乐年间，刘姓自山西洪洞县迁此居住，建楼房，故村名刘家楼。中华人民共和国成立后称刘楼。聚落呈散状分布。有农家书屋 1 个。经济以种植业为主，主要农作物有小麦、玉米、花生等。有公路经此。

罗山口 370404-B02-H12
[Luóshānkǒu]

在区驻地坛山街道西南方向 9.0 千米。阴平镇辖自然村。人口 600。据《峄县志》记载，罗山口村先以罗姓家族为多，故名。聚落呈散状分布。有农家书屋 1 个。经济以种植业为主，主要农作物有小麦、玉米、花生等。有公路经此。

上郭 370404-B02-H13
[Shàngguō]

在区驻地坛山街道西南方向 15.4 千米。阴平镇辖自然村。人口 1 800。据《郭氏族谱》载，元末，郭姓自山西太原迁居中冶寺，建村于铁脚山下，以姓氏名村郭家。后来村发展为二，该村地势较高，故称上郭。聚落呈散状分布。有农家书屋 1 个。经济以种植业为主，主要农作物有小麦、玉米、花生、地瓜、西瓜、杂粮。有公路经此。

上刘 370404-B02-H14
[Shàngliú]

在区驻地坛山街道西南方向 15.3 千米。阴平镇辖自然村。人口 900。明万历年间，刘姓迁此居住，村地势较低，故村名下刘庄。后刘姓又搬迁至铁脚山下建村，故称上刘。邵姓随后迁入，仍沿用村原名。聚落呈散状分布。有农家书屋 1 个。古迹有泰山奶奶洞、老猫洞、十八巅等。经济以种植业为主，主要农作物有大枣、玉米、花生等。有公路经此。

石头楼 370404-B02-H15
[Shítóulóu]

在区驻地坛山街道西南方向 13.0 千米。阴平镇辖自然村。人口 1 000。明嘉靖年间，石姓迁此居住，用山石建筑楼房，故村名石头楼。清初孙姓迁入，仍沿用原村名。聚落呈散状分布。有农家书屋 1 个。经济以种植业为主，主要农作物有小麦、玉米、花生等。有公路经此。

底阁 370404-B03-H01
[Dǐgé]

底阁镇人民政府驻地。在区驻地坛山街道东南方向 20.2 千米。人口 1 700。原名邸阁，又名底阁街，后简为今名。聚落呈团块状分布。有中学 1 所、小学 1 所、幼儿园 1 所。经济以商贸业、种植业为主，主要农作物有小麦、玉米、西葫芦、梨子、青豆等。有石棉瓦厂、石膏粉厂等。有公路经此。

北杨庄 370404-B03-H02
[Běiyángzhuāng]

在区驻地坛山街道东南方向 12.0 千米。底阁镇辖自然村。人口 700。清中期，褚、赵两姓迁此建村，村名东褚头林，后杨庄迁入，仍沿用原村名。1956 年村改时，因此村居北，故村名北杨庄。聚落呈团块状分布。有农家书屋 1 个。经济以种植业为主，主要农作物有小麦、玉米。有公路经此。

埠东店 370404-B03-H03
[Bùdōngdiàn]

在区驻地坛山街道东南方向 10.8 千米。底阁镇辖自然村。人口 1 300。因村西有山，山名埠子，山东侧有商旅店，故村名埠东店。聚落呈团块状分布。有农家书屋 1 个。经济以种植业为主，主要农作物有小麦、玉米、大豆、花生。有公路经此。

曹庙 370404-B03-H04
[Cáomiào]

在区驻地坛山街道东南方向 21.2 千米。底阁镇辖自然村。人口 600。以姓氏命名。聚落呈团块状分布。有农家书屋 1 个。经济以种植业为主。234 省道经此。

陈庄 370404-B03-H05
[Chénzhuāng]

在区驻地坛山街道东南方向 16.5 千米。底阁镇辖自然村。人口 1 300。清初，陈姓迁此立村，名陈庄。聚落呈团块状分布。有农家书屋 1 个。经济以种植业为主，主要农作物有小麦、玉米。有公路经此。

褚林 370404-B03-H06
[Chǔlín]

在区驻地坛山街道东南方向 12.3 千米。底阁镇辖自然村。人口 700。褚姓迁此居住，村名出头林，后演为今名。聚落呈团块状分布。有农家书屋 1 个。经济以种植业为主，主要农作物有小麦、玉米。有公路经此。

大晁 370404-B03-H07
[Dàcháo]

在区驻地坛山街道东南方向 22.3 千米。底阁镇辖自然村。人口 1 500。明洪武年间，晁姓迁此立村，以姓氏命名。后逐渐形成四村，此村最大，故名。聚落呈团块状分布。有农家书屋 1 个、幼儿园 1 所。经济以种植业为主，主要农作物有小麦、玉米、大豆等。有公路经此。

大刘庄 370404-B03-H08
[Dàliúzhuāng]

在区驻地坛山街道东南方向 22.4 千米。底阁镇辖自然村。人口 500。以姓氏命名。聚落呈团块状分布。有农家书屋 1 个。经济以种植业为主，主要农作物有小麦、玉米等。有公路经此。

东甘寺 370404-B03-H09
[Dōnggānsì]

在区驻地坛山街道东南方向 21.4 千米。底阁镇辖自然村。人口 1 200。因甘、期两姓迁此定居，后建甘露寺，村以寺得名，又因村在寺东，故称东甘寺。聚落呈团块状分布。有农家书屋 1 个、幼儿园 1 所。经济以种植业为主，主要农作物有小麦、玉米。有公路经此。

东南晁 370404-B03-H10
[Dōngnáncháo]

在区驻地坛山街道东南方向 22.5 千米。底阁镇辖自然村。人口 700。据说，明朝年间，晁姓从山西喜鹊窝迁来，村曾名晁家洼，后改为东南晁。聚落呈带状分布。有农家书屋 1 个。经济以种植业为主，主要农作物有小麦、玉米、大豆等。有公路经此。

北棠阴 370404-B04-H01
[Běitángyīn]

榴园镇人民政府驻地。在区驻地坛山街道西方向 10.2 千米。人口 1 100。清乾隆年间，孙姓建村，取"甘棠遗爱"之意命名。为别于南、西棠阴，故称北棠阴。聚落呈带状分布。有小学 1 所、中学 1 所。经济以种植业为主，主要农作物有小麦、玉米、秋葵、苹果、梨等。有化工厂等企业。有公路经此。

朱村 370404-B04-H02
[Zhūcūn]

在区驻地坛山街道西方向 9.6 千米。榴园镇辖自然村。人口 1 600。明嘉靖年间，朱姓迁此立村，故名。聚落呈团块状分布。有文化广场 1 个。有中华石榴博览园、福文化主题园万福园。经济以种植业、旅游业为主，主要农作物有小麦、玉米、花生等，盛产石榴和石榴树苗。有玩具加工厂、包装制品厂、生物肥厂等企业。有公路经此。

北孙庄 370404-B04-H03
[Běisūnzhuāng]

在区驻地坛山街道西方向 11.8 千米。榴园镇辖自然村。人口 900。清雍正年间，孙姓自牛山后迁此，村名孙庄，为别于南孙庄，改称北孙庄。聚落呈团块状分布。有文化大院、文化广场、图书室。农业以特色农业为主，盛产石榴和石榴树苗。有公路经此。

八里屯 370404-B04-H04
[Bālǐtún]

在区驻地坛山街道西南方向 4.3 千米。榴园镇辖自然村。人口 700。蔡姓自山西迁此定居，因村距峄城八里，故名八里屯。

聚落呈带状分布。有文化书屋 1 个、文化广场 1 个、特教学校 1 所。经济以种植业为主，主要农作物有小麦、玉米。有公路经此。

白庙 370404-B04-H05
[Báimiào]

在区驻地坛山街道西南方向 10.2 千米。榴园镇辖自然村。人口 800。清咸同年间，石子坡观音庙毁于战火，村民集资重修观音庙于村东，因庙用白垩粉饰（即用白石灰刷墙），故名白庙。聚落呈带状分布。有文化书屋 1 个、文体广场 2 个。经济以种植业为主，主要农作物有小麦、玉米。有公路经此。

北刘庄 370404-B04-H06
[Běiliúzhuāng]

在区驻地坛山街道西南方向 3.1 千米。榴园镇辖自然村。人口 700。刘姓自峄城迁此建村，以姓氏名村刘家庄，又演变为刘庄，且因村居南刘庄之北，故称北刘庄。聚落呈带状分布。有文化书屋 1 个、文体广场 2 个。经济以种植业为主，主要农作物有石榴树。206 国道经此。

卜村 370404-B04-H07
[Bǔcūn]

在区驻地坛山街道西南方向 9.1 千米。榴园镇辖自然村。人口 2 900。据记载，北宋时先民从山西喜鹊窝迁居此处，因卜姓多，所以定村名为卜村。聚落呈带状分布。有文化书屋 1 个、小学 1 所。有古代汉墓群 1 处。经济以种植业为主，主要农作物有小麦、玉米。有公路经此。

大明官庄 370404-B04-H08
[Dàmíngguānzhuāng]

在区驻地坛山街道西南方向 12.3 千米。榴园镇辖自然村。人口 1 900。明洪武年间，

此处为官府统一安置移民的地方，故通称官庄。因南邻大明山，故称大明官庄。聚落呈带状分布。有文化书屋 1 个、文化广场 1 个。经济以种植业为主，主要农作物有小麦、玉米。有公路经此。

东白楼 370404-B04-H09
[Dōngbáilóu]

在区驻地坛山街道西南方向 5.8 千米。榴园镇辖自然村。人口 1 000。清康熙年间，白姓从山西逃荒迁来本地，为了防止外来偷袭，建设土楼打更，故村名白楼。聚落呈带状分布。有文化书屋 1 个、文化广场 1 个。经济以种植业为主，农作物有小麦、玉米等，特产石榴。有公路经此。

西白楼 370404-B04-H10
[Xībáilóu]

在区驻地坛山街道西南方向 13.5 千米。榴园镇辖自然村。人口 800。村东南隅庙内有以白石建造的楼一座，故村名白楼。后因与王庄乡白楼重名，故以方位更名为西白楼。聚落呈团块状分布。有文化书屋 1 个、文化广场 1 个。经济以种植业为主，主要农作物有小麦、玉米。有公路经此。

逍遥子 370404-B04-H11
[Xiāoyáozǐ]

在区驻地坛山街道西南方向 11.1 千米。榴园镇辖自然村。人口 1 100。明末，富豪孙姓在此建有别墅，每逢盛夏，其在此居住，逍遥自在，故村名逍遥子。聚落呈团块状分布。有文化书屋 1 个、文化广场 1 个。经济以种植业为主，主要农作物有小麦、玉米。有公路经此。

颜村 370404-B04-H12
[Yáncūn]

在区驻地坛山街道西南方向 15.2 千米。

榴园镇辖自然村。人口 900。颜姓自曲阜迁此定居，以姓名村颜家村，简称颜村。聚落呈带状分布。有文化书屋 1 个、小学 1 所。经济以种植业为主，主要农作物有小麦、玉米。有公路经此。

马山套 370404-B04-H13
[Mǎshāntào]

在区驻地坛山街道西南方向 10.1 千米。榴园镇辖自然村。人口 400。因村南有山（马山），状若奔马，又地处山坳，故村名马山套。聚落呈团块状分布。有文化书屋 1 个、文化广场 1 个。经济以种植业为主，主要农作物有小麦、玉米。

呼庄 370404-B05-H01
[Hūzhuāng]

峨山镇人民政府驻地。在区驻地坛山街道东方向 14.6 千米。人口 500。明末，呼姓迁此建村，故名。聚落呈团块状分布。有图书室。经济以种植业为主，主要农作物有小麦、玉米，盛产香菇、杨桃、平菇。有塑料制品厂、玩具厂等企业。有公路经此。

峨山 370404-B05-H02
[Éshān]

在区驻地坛山街道东方向 13.5 千米。峨山镇辖自然村。人口 800。村在峨山后，以山名村。聚落呈团块状分布。有农家书屋 1 个。经济以种植业为主。有公路经此。

峨山湾 370404-B05-H03
[Éshānwān]

在区驻地坛山街道东方向 12.7 千米。峨山镇辖自然村。人口 600。因背靠峨山，故名峨山湾。聚落呈团块状分布。有农家书屋 1 个。经济以种植业为主。有公路经此。

后山头 370404-B05-H04
[Hòushāntóu]

在区驻地坛山街道东方向 17.0 千米。峨山镇辖自然村。人口 1 200。因村前靠薄山，故名后山头。聚落呈团块状分布。有农家书屋 1 个。经济以种植业为主。

城一村 370404-B05-H05
[Chéngyīcūn]

在区驻地坛山街道东北方向 16.5 千米。峨山镇辖自然村。人口 1 200。因坐落在汉朝二疏城南面，故称城前。城前后又分城一、城二、城三、城四四个村，该村为城一村。聚落呈团块状分布。有农家书屋 1 个。经济以种植业为主，主要农作物有玉米、小麦。

店子 370404-B05-H06
[Diànzi]

在区驻地坛山街道东方向 16.8 千米。峨山镇辖自然村。人口 2 900。1961 年因为驻地命名为店子队，1984 年体制调整后成立店子村。聚落呈团块状分布。有农家书屋 1 个。经济以种植业为主，主要农作物有小麦、玉米、花生等。

董流井 370404-B05-H07
[Dǒngliújǐng]

在区驻地坛山街道东北方向 14.2 千米。峨山镇辖自然村。人口 2 000。因位于流水井东，董氏人口居多，故名董流井。聚落呈团块状分布。有农家书屋、学校、幼儿园。经济以种植业为主，主要农作物有小麦、玉米、花生、地瓜。

大鲍 370404-B05-H08
[Dàbào]

在区驻地坛山街道东南方向 8.7 千米。峨山镇辖自然村。人口 500。明永乐年间，鲍姓来此建村，故名。聚落呈团块状分布。有农家书屋 1 个。经济以种植业为主，主要农作物有小麦、玉米。

福临 370404-B05-H09
[Fúlín]

在区驻地坛山街道东南方向 9.8 千米。峨山镇辖自然村。人口 1 600。相传，清朝以前，凤凰路过时落下一翎，故名村凤凰玲。后周庄居民迁居此处，且付姓多，故改为付临庄，后以吉祥之意改为福临。聚落呈团块状分布。有农家书屋 1 个。经济以种植业为主。

仙人桥 370404-B05-H10
[Xiānrénqiáo]

在区驻地坛山街道东南方向 9.3 千米。峨山镇辖自然村。人口 400。据传，建村之始，村西小河上有石桥，桥上刻八仙饮宴图，故名仙人桥。聚落呈团块状分布。有农家书屋 1 个。经济以种植业为主，主要农作物有小麦、玉米、花生、西瓜、芸豆、白菜、黄瓜等。有公路经此。

台儿庄区

农村居民点

后张庄 370405-A01-H01
[Hòuzhāngzhuāng]

在区驻地运河街道东南方向 2.4 千米。运河街道辖自然村。人口 600。明嘉靖年间，张氏族人由山西老槐树迁徙至此，建村时，东南已有一张庄，故称后张庄。聚落呈团块状分布。有文化大院 1 个、小学 1 所。经济以种植业为主，主要农作物有大豆、玉米。有公路经此。

涧头 370405-B01-H01
[Jiàntóu]

涧头集镇人民政府驻地。在区驻地运河街道西南方向 16.5 千米。人口 3 500。因村位于库山下、两山涧之端，故名。聚落呈团块状分布。有幼儿园 2 所。经济以种植业为主，主要农作物有小麦、玉米、豌豆、芥菜苗、红椒、芦笋。有公路经此。

王楼 370405-B01-H02
[wánglóu]

在区驻地运河街道西南方向 12.0 千米。涧头集镇辖自然村。人口 500。小山子王氏分支在此建楼房，故名。聚落呈带状分布。有文化大院 1 个。经济以种植业为主，主要农作物有小麦、玉米。

褚提楼 370405-B01-H03
[Chǔtílóu]

在区驻地运河街道西南方向 6.7 千米。涧头集镇辖自然村。人口 1 500。明万历年间，原是李姓庄园，后褚姓买下，建村庄盖楼而居，故名。聚落呈团块状分布。经济以种植业为主，主要农作物有小麦、玉米。有公路经此。

丁庙 370405-B01-H04
[Dīngmiào]

在区驻地运河街道西南方向 10.7 千米。涧头集镇辖自然村。人口 900。明万历年间，丁姓任运河巡员后定居立村，并建河神庙，故名丁庙。聚落呈团块状分布。有文化大院 1 个。经济以种植业为主，主要农作物有小麦、玉米。

多乐庄 370405-B01-H05
[Duōlèzhuāng]

在区驻地运河街道西南方向 11.7 千米。

涧头集镇辖自然村。人口 600。清乾隆年间，王姓讨饭到此后开荒种地，自给有足，因生活得意，遂名村多乐庄。聚落呈团块状分布。有文化大院 1 个。经济以种植业为主，主要农作物有小麦、玉米、花生、地瓜。

高山后 370405-B01-H06
[Gāoshānhòu]

在区驻地运河街道西南方向 11.9 千米。涧头集镇辖自然村。人口 1 100。清光绪三十年（1905），村立于高山北麓，故名。聚落呈团块状分布。有文化大院 1 个。经济以种植业为主，主要农作物有小麦、玉米、花生、地瓜。

官庄 370405-B01-H07
[Guānzhuāng]

在区驻地运河街道西南方向 14.8 千米。涧头集镇辖自然村。人口 700。明万历十年（1582），知县王希曾、典史江德容设立招流移垦田者居此，因村系官办，故称官庄。聚落呈散状分布。有文化大院 1 个。经济以种植业为主，主要农作物有小麦、玉米、花生、地瓜。

郝楼 370405-B01-H08
[Hǎolóu]

在区驻地运河街道西南方向 14.4 千米。涧头集镇辖自然村。人口 600。明洪武年间，彭姓建村，村前有河，故名彭河村。彭姓绝，霍氏继居，并建楼房，改名霍家楼。后讹传为郝家楼，简称郝楼。聚落呈团块状分布。有文化大院 1 个。经济以种植业为主，主要农作物有小麦、玉米。

核桃园 370405-B01-H09
[hétaoyuán]

在区驻地运河街道西南方向 13.2 千米。涧头集镇辖自然村。人口 900。清乾隆年间，李姓从李庄迁此建村，村内外多植核桃树，遂名核桃园。聚落呈散状分布。有文化大院 1 个。经济以种植业为主，主要农作物有小麦、玉米。

贺窑 370405-B01-H10
[Hèyáo]

在区驻地运河街道西南方向 9.5 千米。涧头集镇辖自然村。人口 1 700。苏姓立村建楼，村名苏楼。后贺姓以泥土炼制罐盆发家，村遂更名为贺窑。聚落呈团块状分布。有文化大院 1 个。经济以种植业为主，主要农作物有小麦、玉米。有公路经此。

刘庄 370405-B01-H11
[Liúzhuāng]

在区驻地运河街道西南方向 15.2 千米。涧头集镇辖自然村。人口 1 200。明万历年间，刘姓立村，名刘家庄。1968 年于村前伊家河上修一船闸，村更名刘庄闸，后称刘庄。聚落呈团块状分布。有文化书屋 1 个。经济以种植业为主，主要农作物有小麦、玉米。有公路经此。

楼子 370405-B01-H12
[Lóuzi]

在区驻地运河街道西南方向 13.4 千米。涧头集镇辖自然村。人口 300。清康熙年间，为守护万年闸，官府曾在此建楼驻兵，立村后，村名楼子。聚落呈团块状分布。有文化大院 1 个。经济以种植业为主，主要农作物有小麦、玉米。

毛楼 370405-B01-H13
[Máolóu]

在区驻地运河街道西南方向 14.5 千米。涧头集镇辖自然村。人口 400。据传，明正德年间，毛氏迁此落户后家业兴盛，建楼而居，故村名改为毛家楼。后毛家破落，村名未变，后简称毛楼。聚落呈散状分布。有文化大院1个。有教堂等古迹。经济以种植业为主，主要农作物有小麦、玉米、花生、地瓜。

太平桥 370405-B01-H14
［Tàipíngqiáo］

在区驻地运河街道西南方向8.4千米。涧头集镇辖自然村。人口900。因村西有古石桥一座，名太平桥，以桥名村。聚落呈团块状分布。有文化大院1个。经济以种植业为主，主要农作物有小麦、玉米。

新河涯 370405-B01-H15
［Xīnhéyá］

在区驻地运河街道西南方向11.8千米。涧头集镇辖自然村。人口1 000。清乾隆二十二年（1757），朝廷命新开伊家河（又称新河）。新河开成后，附近有两小村常受河水之患，为此，两村移居新河堤岸并为一村，村名新河涯。聚落呈团块状分布。有文化大院1个。经济以种植业为主，主要农作物有小麦、玉米。

谢庄 370405-B01-H16
［Xièzhuāng］

在区驻地运河街道西南方向18.5千米。涧头集镇辖自然村。人口300。相传，明朝初期，谢氏居此，曾建楼数座，故村名谢庄。聚落呈团块状分布。有文化大院1个。经济以种植业为主，主要农作物有小麦、玉米、花生、地瓜。

薛庄 370405-B01-H17
［Xuēzhuāng］

在区驻地运河街道西南方向8.4千米。涧头集镇辖自然村。人口3 600。据《刘氏族谱序》载："族本徐人，该村之建当为北宋年间，确切年代待考，索、薛谐音而误，今为薛庄。"聚落呈团块状分布。有文化大院1个。经济以种植业、工商业为主，主要农作物有小麦、玉米。有公路经此。

颜庄 370405-B01-H18
［Yánzhuāng］

在区驻地运河街道西南方向16.3千米。涧头集镇辖自然村。人口1 100。依姓名村颜家庄，简称颜庄。聚落呈团块状分布。有文化大院1个。经济以种植业为主，主要农作物有小麦、玉米。206国道经此。

演武庄 370405-B01-H19
［Yǎnwǔzhuāng］

在区驻地运河街道西南方向12.6千米。涧头集镇辖自然村。人口1 000。明成化年间，小山子王氏初在此建立仓屋，随后分支落户。王氏父子在此教练武艺，因而村得名演武庄。聚落呈团块状分布。有文化大院1个。经济以种植业为主，主要农作物有小麦、玉米、地瓜。有公路经此。

周庄 370405-B01-H20
［Zhōuzhuāng］

在区驻地运河街道西南方向18.4千米。涧头集镇辖自然村。人口1 000。周氏迁此立村，并建有楼房8栋，定村名周楼。至清初，周家家势败落，楼房倒塌，村名改为周家庄，简称周庄。聚落呈团块状分布。有文化大院1个。经济以种植业为主，主要农作物有小麦、玉米。有公路经此。

黄庄 370405-B01-H21
［Huángzhuāng］

在区驻地运河街道西南方向15.5千米。涧头集镇辖自然村。人口800。清乾隆初年，马兰屯坝子黄氏在此设仓屋，因地属黄姓所有，故名黄家庄，简称黄庄。聚落呈团块状分布。有文化大院1个。经济以种植业、商贸业为主，主要农作物有小麦、玉米。

邳庄 370405-B02-H01
[Pīzhuāng]

邳庄镇人民政府驻地。在区驻地运河街道东北方向 3.0 千米。人口 700。因位于邳县最西北部，为靠近峄县境的村庄，故称邳庄。有幼儿园 2 所。经济以种植业为主，主要农作物有小麦、玉米、水稻、黄豆、青椒、红薯、西兰花、香瓜、山药等。有公路经此。

陈塘 370405-B02-H02
[Chéntáng]

在区驻地运河街道东北方向 1.7 千米。邳庄镇辖自然村。人口 4 200。汉代时期，陈、季两姓居此，并建造家庙多个，取村名陈季堂。后两姓家业败落外迁，此地更名为陈塘。聚落呈散状分布。有文化大院 1 个、高中 1 所。古迹有汉代古墓群。经济以种植业为主，主要农作物有小麦、玉米。有公路经此。

大黄庄 370405-B02-H03
[Dàhuángzhuāng]

在区驻地运河街道东北方向 7.9 千米。邳庄镇辖自然村。人口 1 100。清顺治年间，黄姓从邳县黄楼迁来立村，村名黄庄，后黄氏分支在原村另立新村小黄庄，该村遂称大黄庄。聚落呈带状分布。有文化大院 1 个。经济以种植业为主，主要农作物有小麦、玉米、豆子等。有公路经此。

后石佛 370405-B02-H04
[Hòushífó]

在区驻地运河街道东北方向 6.2 千米。邳庄镇辖自然村。人口 600。据传，唐元和、长庆年间佛教盛行，此处建有寺庙，名石佛寺。后因村民多居此寺后方，故村名后石佛。聚落呈团块状分布。有文化大院 1 个。经济以种植业为主，主要农作物有小麦、玉米、大豆。有公路经此。

黄林庄 370405-B02-H05
[Huánglínzhuāng]

在区驻地运河街道东北方向 5.7 千米。邳庄镇辖自然村。人口 600。明建文年间，邳县秦姓给黄姓看林种地，在此立村，故名黄林庄。聚落呈团块状分布。有文化大院 1 个。经济以种植业为主，主要农作物有小麦、玉米、水稻等作物。有公路经此。

季庄 370405-B02-H06
[Jìzhuāng]

在区驻地运河街道东北方向 4.4 千米。邳庄镇辖自然村。人口 700。明崇祯末年，有季姓夫妻逃难到此建房成家，村称东季家，人口增多后改名季家庄，后又改为季庄。聚落呈团块状分布。有文化大院 1 个。经济以种植业为主，主要农作物有小麦、玉米、水稻。有公路经此。

夹道 370405-B02-H07
[Jiádào]

在区驻地运河街道东北方向 6.1 千米。邳庄镇辖自然村。人口 500。明清时此处多洪水，河道常淤塞，村民过路皆从村中弯环通过，故村称夹河套，后演变成夹道。聚落呈带状分布。有文化大院 1 个。经济以种植业为主，主要农作物有小麦、水稻、玉米等。270 国道经此。

柳树园 370405-B02-H08
[Liǔshùyuán]

在区驻地运河街道东北方向 5.6 千米。邳庄镇辖自然村。人口 800。清顺治年间，因为村东有大片柳树，故得名柳树园。聚落呈带状分布。有文化大院 1 个。经济以种植业为主，主要农作物有小麦、玉米、水稻等。有公路经此。

涛沟桥 370405-B02-H09
[Tāogōuqiáo]

在区驻地运河街道东北方向 4.6 千米。邳庄镇辖自然村。人口 1 400。明朝时为桃花桥村，后来江苏人士申报维修涛沟桥，因上报地方官员，村遂被改为涛沟桥。聚落呈散状分布。有文化大院 1 个。经济以种植业为主，主要农作物有小麦、水稻、"红提"葡萄。有公路经此。

小李庄回族村 370405-B02-H10
[Xiǎolǐzhuānghuízúcūn]

在区驻地运河街道东北方向 4.7 千米。邳庄镇辖自然村。人口 300。有回、汉两族。村庄以姓氏命名，因村为李姓所建且村又小，故名小李庄回族村。聚落呈团块状分布。有文化大院 1 个、小学 1 所。经济以种植业为主，主要农作物有水稻。有公路经此。

燕子井 370405-B02-H11
[Yànzǐjǐng]

在区驻地运河街道东北方向 6.0 千米。邳庄镇辖自然村。人口 800。此处建有颜子庙，且于新沟河畔挖井一眼，供僧人吃水，村遂名颜子井，后演变为燕子井。聚落呈团块状分布。有文化大院 1 个、小学 1 所。经济以种植业为主，主要农作物有甜瓜、小麦、玉米等。有公路经此。

泥沟 370405-B03-H01
[Nígōu]

泥沟镇人民政府驻地。在区驻地运河街道北方向 14.0 千米。人口 2 900。因西靠沙河，沟河交错，河水泛滥，道路泥泞得名。有幼儿园 2 所、小学 1 所。村中有古迹泥沟大槐树。经济以种植业为主，主要

农作物有小麦、玉米、苹果、韭菜花、茅菜。有公路经此。

堡子 370405-B03-H02
[Pùzi]

在区驻地运河街道北方向 10.3 千米。泥沟镇辖自然村。人口 1 100。据贾氏族谱载，清朝中期，兵部侍郎贾三近八世子孙从朱村迁此定居，并建一土楼，人称村贾堡，后演变为堡子。聚落呈团块状分布。有文化大院 1 个、小学 1 所。经济以种植业为主，主要农作物有小麦、玉米。有公路经此。

北大庄子 370405-B03-H03
[Běidàzhuāngzi]

在区驻地运河街道北方向 14.1 千米。泥沟镇辖自然村。人口 1 000。明初，贾氏从山西喜鹊窝迁居峄阳后湖，随后分支到此落户。因贾姓居多，曾名贾大庄子，后称北大庄子。聚落呈团块状分布。有文化大院 1 个。经济以种植业为主，主要农作物有小麦、玉米。有公路经此。

岔河 370405-B03-H04
[Chàhé]

在区驻地运河街道北方向 13.6 千米。泥沟镇辖自然村。人口 900。明万历年间建村，当时村东有大沙河，村后有一河岔，因村置两水之间，故名岔河。聚落呈团块状分布。有文化大院 1 个、小学 1 所。经济以种植业为主，主要农作物有小麦、玉米。有公路经此。

大北洛 370405-B03-H05
[Dàběiluò]

在区驻地运河街道北方向 9.2 千米。泥沟镇辖自然村。人口 2 400。因南北朝时梁王战蜂北飞降此，故村得名北落，后演变为北洛。后村一分为二，路东村大，称大

北洛。聚落呈团块状分布。有文化大院 1 个、小学 1 所。经济以种植业为主，主要农作物有小麦、玉米。有公路经此。

大郝湖 370405-B03-H06
[Dàhǎohú]

在区驻地运河街道北方向 14.9 千米。泥沟镇辖自然村。人口 700。郝姓迁此建村，因地势低洼长期积水，遂名村郝家湖。后村西另建一新村，称小郝家湖，原郝家湖村遂改称大郝家湖，简称大郝湖。聚落呈团块状分布。有文化大院 1 个。经济以种植业为主，主要农作物有小麦、玉米。有公路经此。

坊上 370405-B03-H07
[Fāngshàng]

在区驻地运河街道北方向 10.7 千米。泥沟镇辖自然村。人口 900。相传，明初建村，因村立高滩垅子之旁，西有坊前村，故称东坊，后改称坊上。聚落呈团块状分布。有文化大院 1 个。经济以种植业为主，主要农作物有小麦、玉米。有公路经此。

冯湖 370405-B03-H08
[Fénghú]

在区驻地运河街道北方向 11.9 千米。泥沟镇辖自然村。人口 1 700。该地原名八里湖，意为方园八里无村，为一片湖泊地。明永乐年间，冯、李两姓迁此落户，因冯姓发展较快，遂定村名冯家湖，简称冯湖。聚落呈散状分布。有文化大院 1 个。经济以种植业为主，主要农作物有小麦、玉米。有公路经此。

贺庄 370405-B03-H09
[Hèzhuāng]

在区驻地运河街道北方向 16.8 千米。泥沟镇辖自然村。人口 500。明万历年间，贺姓从贺窑迁此，并经营窑业，每年去峄城纳粮，为中途方便休息，于此买地 103 亩，建房歇宿。后迁一户于此立村，故名贺家庄，简称贺庄村。聚落呈团块状分布。有文化大院 1 个。经济以种植业为主，主要农作物有小麦、玉米。有公路经此。

后廖 370405-B03-H10
[Hòuliào]

在区驻地运河街道北方向 20.8 千米，泥沟镇辖自然村。人口 500。明永乐年间，此处有驻军屯垦，上赐红瓦建房，故称红瓦屋屯，廖氏迁此后，因大队驻红瓦屋屯最后端，故村得名后廖。聚落呈散状分布。有文化大院 1 个。经济以种植业为主，主要农作物有小麦、玉米。有公路经此。

湖洼 370405-B03-H11
[Húwā]

在区驻地运河街道西北方向 12.8 千米。泥沟镇辖自然村。人口 1 100。清咸丰年间，夹坊村胡氏于此购田立村，因地势低洼，名村胡家洼，简称湖洼。聚落呈团块状分布。有文化大院 1 个。经济以种植业为主，主要农作物有小麦、玉米。有公路经此。

欢墩 370405-B03-H12
[Huāndūn]

在区驻地运河街道北方向 10.3 千米。泥沟镇辖自然村。人口 1 400。南北朝时，梁王养战蜂，其女放出，取以为欢，蜂曾停于土墩之上，故有"欢墩"之称。聚落呈团块状分布。有文化大院 1 个。经济以种植业为主，主要农作物有小麦、玉米。有公路经此。

贾庄 370405-B03-H13
[Jiǎzhuāng]

在区驻地运河街道北方向 12.3 千米。

泥沟镇辖自然村。人口 300。明万历年间，兵部侍郎贾三近的三叔来此建村，故村名贾家庄，后简称贾庄。聚落呈团块状分布。有文化大院 1 个、小学 1 所。经济以种植业为主，主要农作物有小麦、玉米。有公路经此。

邵里 370405-B03-H14

[Shàolǐ]

在区驻地运河街道北方向 15.6 千米。泥沟镇辖自然村。人口 1 200。相传，明燕王朱棣北征，在此驻军，设哨所，起名哨里。后"哨"演化成"邵"，故名。聚落呈团块状分布。有文化大院 1 个、小学 1 所。经济以种植业为主，主要农作物有小麦、玉米。有公路经此。

柿树园 370405-B03-H15

[Shìshùyuán]

在区驻地运河街道北方向 13.7 千米。泥沟镇辖自然村。人口 1 200。明万历年间，贾氏三近在山西做官，移来数棵无核柿树，栽于村东北角，以作纪念。后每年嫁接，发展成园，故村得名柿树园。聚落呈团块状分布。有文化大院 1 个、小学 1 所。经济以种植业为主，主要农作物有小麦、玉米。有公路经此。

新河庄 370405-B03-H16

[Xīnhézhuāng]

在区驻地运河街道北方向 12.8 千米。泥沟镇辖自然村。人口 1 400。清嘉庆年间，黄奉清从马兰屯新楼迁来，此地处大沙河西，因开新河接承水西股古道经此南区，故名新河庄。聚落呈团块状分布。有文化大院 1 个。经济以种植业为主，主要农作物有小麦、玉米。有公路经此。

杨庙 370405-B03-H17

[Yángmiào]

在区驻地运河街道北方向 8.3 千米。泥沟镇辖自然村。人口 1 500。据村民刘德明讲，1968 年在庙东角挖出的一块石碑上刻有"唐贞观十二年立"字样。原庙内建有玉皇神像、铁奶奶像，因杨姓为庙主，故村得名杨庙。聚落呈团块状分布。有文化大院 1 个。经济以种植业为主，主要农作物有小麦、玉米。有公路经此。

腰里徐 370405-B03-H18

[Yāolǐxú]

在区驻地运河街道北方向 15.2 千米。泥沟镇辖自然村。人口 2 200。明永乐年间，徐姓从山西移民到河湾村定居，村名曾叫根里徐。后万历年间，徐姓从河湾村分支迁此建村，该村居中，故称腰里徐村。聚落呈团块状分布。有文化大院 1 个。经济以种植业为主，主要农作物有小麦、玉米。有公路经此。

左王房 370405-B03-H19

[Zuǒwángfáng]

在区驻地运河街道西北方向 11.8 千米。泥沟镇辖自然村。人口 700。因村后的古路地势高，故俗称坊垄子。村居坊垄子之前，故称坊前。后以左庄、王庄、坊前三村组成，均取村之首字，简称左王房。聚落呈散状分布。有文化大院 1 个。经济以种植业为主，主要农作物有小麦、玉米。有公路经此。

西兰城 370405-B03-H20

[Xīlánchéng]

在区驻地运河街道北方向 10.5 千米。泥沟镇辖自然村。人口 1 300。西汉置兰祺县，昭帝封刘临朝为兰祺侯，故称兰祺城，后称兰城。清代，官府曾在此设铺，演称兰城店，为有区别，路西村称西兰城。聚落呈散状分布。有文化大院1个、小学1所。经济以种植业为主，主要农作物有小麦、玉米。有公路经此。

大官庄 370405-B03-H21
[Dàguānzhuāng]

在区驻地运河街道北方向12.7千米。泥沟镇辖自然村。人口1 100。相传，明初，毕姓在此立村，村名毕家官庄，后毕姓全家被贼杀害，村名改为官庄。后因官庄系官办之村，故称大官庄。聚落呈团块状分布。有文化大院1个。经济以种植业为主，主要农作物有小麦、玉米。有公路经此。

张山子 370405-B04-H01
[Zhāngshānzi]

张山子镇人民政府驻地。在区驻地运河街道西南方向40.0千米。人口1 000。张姓依山定居，称小山为张山，后定村名为张家营，渐演变为张山子。聚落呈团块状分布。有幼儿园1所。经济以种植业为主，主要农作物有小麦、玉米、杏、马铃薯、香瓜、茄子。有公路经此。

菜园 370405-B04-H02
[Càiyuán]

在区驻地运河街道西方向19.6千米。张山子镇辖自然村。人口500。明万历年间，此处原为侯氏菜园，后为村庄，故名。聚落呈团块状分布。有文化大院1个。经济以种植业为主，主要农作物有小麦、玉米。有公路经此。

城西 370405-B04-H03
[Chéngxī]

在区驻地运河街道西方向19.8千米。张山子镇辖自然村。人口1 000。明成化年间，后城西王姓迁此立村，因村位于傅阳西侧，

又自称后城西，后来庄逐年扩大，遂称城西。聚落呈团块状分布。有文化大院1个。经济以种植业为主，主要农作物有小麦、玉米等。有公路经此。

德胜庄 370405-B04-H04
[Déshèngzhuāng]

在区驻地运河街道西南方向25.9千米。张山子镇辖自然村。人口600。明永乐年间，元明两军曾交战于此，明军大胜，杜姓慕名，建村并命名为得胜庄，后演变为德胜庄。聚落呈团块状分布。有文化大院1个、小学1所。经济以种植业为主，主要农作物有小麦、玉米、棉花、花生等。

丁庄 370405-B04-H05
[Dīngzhuāng]

在区驻地运河街道西南方向18.9千米。张山子镇辖自然村。人口600。明代，因生活所迫，丁姓由原邹县老虎港迁来建村，故名。聚落呈团块状分布。有文化大院1个、小学1所、幼儿园1所。经济以种植业为主，主要农作物有小麦、玉米、地瓜等。有公路经此。

耿山子 370405-B04-H06
[Gěngshānzi]

在区驻地运河街道西南方向23.9千米。张山子镇辖自然村。人口1 800。明清时耿氏迁此，于小山前立村，取名耿山村。后村渐扩大，民国初，村名演变成耿山子。聚落呈团块状分布。有文化大院1个。经济以种植业为主，主要农作物有小麦、玉米等。有公路经此。

官牧 370405-B04-H07
[Guānmù]

在区驻地运河街道西南方向29.7千米。张山子镇辖自然村。人口1 000。明洪武年

间，村西北角有一官墓，后有郑氏在此定居，村名官墓，后逐渐演变为官牧。聚落呈团块状分布。有文化大院1个。经济以种植业为主，主要农作物有小麦、玉米、花生等。有公路经此。

郭洼 370405-B04-H08
[Guōwā]

在区驻地运河街道西南方向27.3千米。张山子镇辖自然村，人口200。清康熙末年，郭姓由江苏省徐州市贾汪区大泉镇固县迁入，因此处地势低洼，故名郭洼。聚落呈团块状分布。有文化大院1个。经济以种植业为主，主要农作物有小麦、玉米。有公路经此。

黑山西村 370405-B04-H09
[Hēishānxīcūn]

在区驻地运河街道西南方向23.6千米。张山子镇辖自然村。人口200。据传，清乾隆年间建村，因在黑山西麓而得名。聚落呈散状分布。有文化大院1个。有省级文物保护单位明清建筑群。经济以种植业为主，主要农作物有小麦、玉米、桃。

黄邱 370405-B04-H10
[Huángqiū]

在区驻地运河街道西南方向20.7千米。张山子镇辖自然村。人口1 500。最早黄姓和邱姓来此安家落户，故名。聚落呈散状分布。有文化大院1个、小学1所。经济以种植业为主，主要农作物有小麦、玉米、花生、地瓜。有公路经此。

阚庄 370405-B04-H11
[kànzhuāng]

在区驻地运河街道西南方向25.5千米。张山子镇辖自然村。人口700。清顺治年间，阚姓始居于此，称阚家庄，后简称阚庄。

聚落呈团块状分布。有阅览室1个。经济以种植业为主，主要农作物有玉米、小麦等。206国道经此。

李官庄 370405-B04-H12
[Lǐguānzhuāng]

在区驻地运河街道西南方向26.2千米。张山子镇辖自然村。人口1 200。清康熙年间，名"官庄"的村落众多，为避免重名，且因村中李姓居多，更名为李官庄。聚落呈团块状分布。有文化大院1个。经济以种植业为主，主要农作物有小麦、玉米、大豆等。

梁庄 370405-B04-H13
[Liángzhuāng]

在区驻地运河街道西南方向28.3千米。张山子镇辖自然村。人口800。相传，清乾隆年间，梁氏利用要道抢"皇粮"被抄家，为避祸，村改名为东梁家庄，后演变为梁家，1969年称梁庄。聚落呈团块状分布。有文化大院1个。经济以种植业为主，主要农作物有小麦、玉米、花生、地瓜。

鹿荒 370405-B04-H14
[Lùhuāng]

在区驻地运河街道西南方向23.5千米。张山子镇辖自然村。人口400。清朝，鹿姓来此居住，村坐落在一片荒坡之上，故名鹿家荒，简称鹿荒。聚落呈团块状分布。有文化大院1个。古迹有黑山西茅草房居落遗址。经济以种植业为主，主要农作物有玉米、桃等。有公路经此。

泉源 370405-B04-H15
[Quányuán]

在区驻地运河街道西南方向20.6千米。张山子镇辖自然村。人口2 200。因村后有山泉一眼，泉水极旺，一年四季源源不断，故名。聚落呈团块状分布。有文化大院 1 个。经济以种植业为主，主要农作物有小麦、玉米。

尤沃子 370405-B04-H16

[Yóuwòzi]

在区驻地运河街道西南方向 20.6 千米。张山子镇辖自然村。人口 400。尤姓迁此建村，村名尤宅子。后尤姓犯罪外迁，村改名尤窝子。1979 年更名为尤沃子。聚落呈团块状分布。有文化大院 1 个。经济以种植业为主，主要农作物有小麦、玉米、花生等。有公路经此。

赵圩子 370405-B04-H17

[Zhàowéizi]

在区驻地运河街道西南方向 19.2 千米。张山子镇辖自然村。人口 500。因四面环水，故得名赵围子。后因抗日战争时期八路军的战地医院及学校设在本村，村内用土坯构筑围墙，所以改名为赵圩子。聚落呈团块状分布。有文化大院 1 个。经济以种植业为主，主要农作物有小麦、玉米等。

马兰屯 370405-B05-H01

[Mǎlántún]

马兰屯镇人民政府驻地。在区驻地运河街道西北方向 9.5 千米。人口 3 000。因汉朝时曹操在此屯兵牧马而得名，先称栏马屯，后逐渐演变改称马兰屯。有幼儿园 1 所、小学 1 所、初中 1 所。经济以种植业为主，主要农作物有小麦、玉米、大豆。有公路经此。

新楼 370405-B05-H02

[Xīnlóu]

在区驻地运河街道西北方向 9.0 千米。马兰屯镇辖自然村。人口 900。清乾隆年间，南楼坝子黄考德出嗣官宅，于长春庄增建

瓦舍立居，因与南楼相对，故村称北楼，后改称新楼。有文化大院 1 个、幼儿园 1 所。经济以种植业为主，主要农作物有小麦、玉米、香菜、哈密瓜、韭菜花、西葫芦、绿苹果、角瓜、小青南瓜等。有翔宇淀粉有限公司等企业。有公路经此。

坝子 370405-B05-H03

[Bàzi]

在区驻地运河街道西北方向 8.6 千米。马兰屯镇辖自然村。人口 1 100。明万历年间，村西北芦沟湖与大运河沟通，官立土坝障之。黄氏立村于坝旁，村遂依坝得名。因芦沟湖北有一座石坝，南有土坝，此处又称南坝子，简称坝子。聚落呈散状分布。有文化大院 1 个。经济以种植业为主，主要农作物有小麦、玉米等。有公路经此。

陈庄 370405-B05-H04

[Chénzhuāng]

在区驻地运河街道西南方向 3.9 千米。马兰屯镇辖自然村。人口 1 600。明万历初年，陈姓在此建村，村名陈家庄，简称陈庄。聚落呈散状分布。有文化大院 1 个。经济以工商业为主。

大龚庄 370405-B05-H05

[Dàgōngzhuāng]

在区驻地运河街道西北方向 6.8 千米。马兰屯镇辖自然村。人口 900。明永乐二年（1404），闽人军籍龚姓随燕王朱棣征北，初在马兰屯居住屯垦，后于明成化年间分支到此落户立村，村名龚家庄。明嘉靖年间，自然形成两村，此村居河东，且大，故名大龚庄。聚落呈带状分布。有文化大院 1 个。经济以种植业为主，主要农作物有小麦、玉米等。有公路经此。

道庄 370405-B05-H06
[Dàozhuāng]

在区驻地运河街道西北方向 11.2 千米。马兰屯镇辖自然村。人口 1 400。因处古汴京通沂州之官道旁，故名道庄。聚落呈团块状分布。有文化大院 1 个、小学 1 所。经济以种植业为主，主要农作物有小麦、玉米、大豆等。有公路经此。

墩上 370405-B05-H07
[Dūnshàng]

在区驻地运河街道西北方向 3.3 千米。马兰屯镇辖自然村。人口 400。清顺治年间，姜、艾、马三姓最早定居于此，因村四周低洼，村立高台之上，故名墩上。聚落呈团块状分布。有文化大院 1 个、中专 1 所。经济以种植业为主，主要农作物有小麦、玉米，种植果树。有公路经此。

顿庄 370405-B05-H08
[Dùnzhuāng]

在区驻地运河街道西北方向 23.5 千米。马兰屯镇辖自然村。人口 800。明永乐年间，顿、田两姓由山西洪洞县喜鹊窝移民来此落户，顿氏人口居多，故名。聚落呈散状分布。有文化大院 1 个、小学 1 所。经济以种植业为主，主要农作物有小麦、玉米等。有公路经此。

官宅 370405-B05-H09
[Guānzhái]

在区驻地运河街道西北方向 23.6 千米。马兰屯镇辖自然村。人口 600。据《黄氏族谱》载，始居马兰屯者军籍黄福六世孙黄和任陕西临洮府知府，其子图昌授山西路中府泽州知县，因父子居官，人称其居为官宅。聚落呈团块状分布。有文化大院 1 个。经济以种植业为主，主要农作物有小麦、玉米等。有公路经此。

后于里 370405-B05-H10
[Hòuyúlǐ]

在区驻地运河街道西北方向 5.3 千米。马兰屯镇辖自然村。人口 1 200。相传，南北朝时梁武帝之女私放战蜂于此村上空，蜂群状若鱼鳞，故村名鱼鳞。后村内建石桥一座，名榆林村桥。因读音演变，村遂称于里村，后一分为二，此村居后，名后于里。聚落呈散状分布。有文化大院 1 个。经济以种植业为主，主要农作物有小麦、玉米等。有公路经此。

棠棣树 370405-B05-H11
[Tángdìshù]

在区驻地运河街道西北方向 15.1 千米。马兰屯镇辖自然村。人口 200。清乾隆初年，牛山孙氏十一世孙邦杰由纸房迁此定居，祖林上植棠棣树一株，以作纪念，因而村名棠棣树。聚落呈团块状分布。有文化大院 1 个。经济以种植业为主，主要农作物有小麦、玉米等。有公路经此。

土楼 370405-B05-H12
[Tǔlóu]

在区驻地运河街道西北方向 13.5 千米。马兰屯镇辖自然村。人口 800。因村坐落在一土丘上且多树木，故称土林庄。村西有一小村建土楼一座，称西楼。二村合称土楼。聚落呈散状分布。有文化大院 1 个。经济以种植业为主，主要农作物有小麦、玉米、花生。有公路经此。

西李庄 370405-B05-H13
[Xīlǐzhuāng]

在区驻地运河街道西北方向 14.9 千米。马兰屯镇辖自然村。人口 600。清乾隆二年（1737），滕县李氏继居于此，村称李庄。后以大队驻地命名为西李庄大队，又改为西李庄村。聚落呈团块状分布。有文化大院1个。经济以种植业为主，主要农作物有小麦、玉米。有公路经此。

姚楼 370405-B05-H14
[Yáolóu]

在区驻地运河街道西北方向7.8千米。马兰屯镇辖自然村。人口500。明永乐年间，姚氏迁此立村，曾建一楼，故村名姚家楼，简称姚楼。聚落呈团块状分布。有文化大院1个。经济以种植业、养殖业为主，主要农作物有小麦、玉米等。有公路经此。

榆树子 370405-B05-H15
[Yúshùzǐ]

在区驻地运河街道西北方向14.6千米。马兰屯镇辖自然村。人口500。该地初名田庄，后因村内有大榆树一棵，故得村名榆树子。聚落呈散状分布。有文化大院1个。经济以种植业为主，主要农作物有小麦、玉米等。有公路经此。

月河坝 370405-B05-H16
[Yuèhébà]

在区驻地运河街道西北方向11.2千米。马兰屯镇辖自然村。人口500。明万历三十一年（1603），运河开成又建节制闸，挖有月河，一部分人于月河坝附近安家，故村名月河坝。聚落呈团块状分布。有文化大院1个、小学1所。经济以种植业、养殖业为主，主要农作物有小麦、玉米等。有公路经此。

张庄 370405-B05-H17
[Zhāngzhuāng]

在区驻地运河街道西北方向11.7千米。马兰屯镇辖自然村。人口1000。明洪武年间，田氏最早迁此建村，依姓命名为田庄。后有张氏迁入，遂名张家庄，简称张庄。

聚落呈带状分布。有文化大院1个。经济以种植业为主，主要农作物有小麦、玉米等。有公路经此。

周庄 370405-B05-H18
[Zhōuzhuāng]

在区驻地运河街道西北方向11.7千米。马兰屯镇辖自然村。人口600。周氏迁此立村，建有楼房8座，定村名为周楼。后周家败落，楼房倒塌，村内众姓云集，遂改村名为周家庄，简称周庄。聚落呈团块状分布。有文化大院1个。经济以种植业为主，主要农作物有小麦、玉米等。有公路经此。

彭庄 370405-B05-H19
[Péngzhuāng]

在区驻地运河街道西北方向14.8千米。马兰屯镇辖自然村。人口300。清乾隆年间，彭楼彭姓在此建佃户村，故名彭庄。聚落呈团块状分布。有文化大院1个。经济以种植业为主，主要农作物有小麦、玉米等。有公路经此。

后枣庄 370405-B05-H20
[Hòuzǎozhuāng]

在区驻地运河街道西北方向5.9千米。马兰屯镇辖自然村。人口900。因村前有一片野生枣树，故名枣庄。后村南立一新村名前枣庄，此村遂改名为后枣庄。聚落呈团块状分布。有文化大院1个、文化广场1个。经济以种植业为主，主要农作物有小麦、玉米等。有公路经此。

高庄 370405-B05-H21
[Gāozhuāng]

在区驻地运河街道西北方向13.3千米。马兰屯镇辖自然村。人口500。明崇祯年间建村，当时只有朱姓一户，后有高姓从滕县东鲁寨迁到此处居住，高氏人多，故名高家庄，简称高庄。聚落呈团块状分布。有文化大院 1 个。经济以种植业为主，主要农作物有小麦、玉米、地瓜、草莓等。有公路经此。

后大河 370405-B05-H22
[Hòudàhé]

在区驻地运河街道西北方向 10.4 千米。马兰屯镇辖自然村。人口 500。王姓首居于此，村立大沙河岸边，取名大河涯，因前村改名前大河涯，该村遂改称后大河。聚落呈团块状分布。有文化大院 1 个。经济以种植业为主，主要农作物有小麦、玉米、花生等。有银河化工厂等企业。有公路经此。

山亭区

城市居民点

樱花园小区 370406-I01
[Yīnghuāyuán Xiǎoqū]

在区境中部。人口 4 500。总面积 12 公顷。因山亭区樱花多，故定名为樱花园。2007 年始建，2011 年正式使用。建筑总面积 123 500 平方米，住宅楼 29 栋，其中高层 2 栋、多层 27 栋，现代建筑风格，绿化率 38%，有活动中心、便民超市、卫生所等配套设施。通公交车。

欧亚城小区 370406-I02
[Ōuyàchéng Xiǎoqū]

在区境西部。368 户。总面积 3.7 公顷。因小区住宅全部按照欧式建筑风格建设，故名欧亚城。2013 年始建，2014 年正式使用。建筑总面积 48 910.5 平方米，多层住宅楼 15 栋，欧式建筑风格，绿化率 35%，有活动中心、便民超市、卫生所等配套设施。通公交车。

苹果花苑小区 370406-I03
[Píngguǒhuāyuàn Xiǎoqū]

在区境南部。人口 800。总面积 2.8 公顷。2011 年始建，2014 年正式使用。建筑总面积 28 525.7 平方米，多层住宅楼 8 栋，欧式建筑风格，绿化率 35.45%，有活动中心、便民超市、卫生所等配套设施。通公交车。

桂花园小区 370406-I04
[Guìhuāyuán Xiǎoqū]

在区境西南部。人口 2 156。总面积 8 公顷。根据山亭区城市规划打造花园式小区，故取名桂花园。2008 年始建，2009 年正式使用。建筑总面积 120 000 平方米，多层住宅楼 29 栋，现代建筑风格，绿化率 40%，有便民超市、卫生所、儿童乐园等配套设施。通公交车。

欧情豪庭小区 370406-I05
[Ōuqíngháotíng Xiǎoqū]

在区境中部。人口 1 600。总面积 8 公顷。欧情豪庭小区旨在打造一处具有欧式风格的高档小区，故名。2009 年始建，2011 年正式使用。建筑总面积 120 000 平方米，住宅楼 22 栋，其中高层 4 栋、多层 18 栋，欧式建筑风格，绿化率 40%，有便民超市、卫生所、儿童乐园等配套设施。通公交车。

农村居民点

兴隆庄 370406-A01-H01
[Xīnglóngzhuāng]

在区驻地山城街道东北方向 5.0 千米。山城街道辖自然村。人口 400。清乾隆年间，陈姓自官庄迁此定居，以兴隆昌盛寓意命名。聚落呈散状。经济以旅游业为主，以本村遗存的明代石板房民居和传统文化相结合，建有民俗博物馆、纪念馆、翼云石头部落旅游度假区等。有公路经此。

西山亭 370406-A01-H02
［Xīshāntíng］

在区驻地山城街道西方向 0.5 千米。山城街道辖自然村。人口 1 300。因位于山亭村西而得名。聚落呈团块状分布。有文化大院 1 个、农家书屋 1 个。有马趟子、老围子、稍门、观音庙等遗迹。经济以种植业为主，主要种植玉米、大豆等。有公路经此。

河南 370406-A01-H03
［Hénán］

在区驻地山城街道南方向 1.0 千米。山城街道辖自然村。人口 500。因位于薛河南岸而得名。聚落呈带状分布。经济以种植业为主，主要种植小麦、玉米、地瓜、花椒等。244 省道经此。

老牛口 370406-A01-H04
［Lǎoniúkǒu］

在区驻地山城街道西南方向 5.0 千米。山城街道辖自然村。人口 200。因乾隆皇帝私访从此经过，随口说道"老牛口"而得名。聚落呈团块状分布。有古槐 1 棵、古炮楼 1 座。经济以种植业为主，主要种植小麦、玉米、地瓜、花椒、核桃等。245 省道经此。

南洼 370406-A01-H05
［Nánwā］

在区驻地山城街道西南方向 4.0 千米。山城街道辖自然村。人口 500。该村以大村东鲁为坐标，在其南面，且地处低洼地带，故名南洼。聚落呈带状分布。经济以种植业为主，主要种植小麦、玉米、油菜、花椒、核桃、桃等。245 省道经此。

孙沃 370406-A01-H06
［Sūnwò］

在区驻地山城街道西南方向 3.0 千米。山城街道辖自然村。人口 500。因位于薛河南岸的山窝之中，孙姓来此山窝占业，故名孙窝，后写成孙沃。聚落呈带状分布。经济以种植业为主，主要种植小麦、玉米、花生、花椒。有公路经此。

大荒 370406-A01-H07
［Dàhuāng］

在区驻地山城街道西南方向 3.2 千米。山城街道辖自然村。人口 800。因开荒立村而得名。聚落呈团块状分布。经济以种植业为主，主要种植小麦、玉米，果树主要种植李子、花椒、核桃、杏、桃等。有公路经此。

洪山 370406-A01-H08
［Hóngshān］

在区驻地山城街道西北方向 4.0 千米。山城街道辖自然村。人口 1 200。该村东面是洪山，因村子位于洪山脚下，遂以山命名。聚落呈带状分布。经济以种植业为主，主要种植花生、玉米、花椒等。245 省道经此。

东鲁 370406-A01-H09
［Dōnglǔ］

在区驻地山城街道西北方向 2.0 千米。山城街道辖自然村。人口 2 100。因村民有红炉锻打翻砂铸造手艺，故取名东炉，谐音东鲁。聚落呈团块状分布。有小学 1 所、农家书屋 1 个、文化大院 1 个。经济以种植业为主，主要种植小麦、玉米、地瓜等农作物。245 省道经此。

北郭庄 370406-A01-H10
［Běiguōzhuāng］

在区驻地山城街道西北方向 5.0 千米。

山城街道辖自然村。人口 300。郭姓最早在此占业，故名郭庄。由于南面还有个郭庄，故更名为北郭庄。聚落呈团块状分布。经济以种植业为主，主要种植地瓜、花生、玉米、花椒、桃树、杏、山楂等。245 省道经此。

中水峪 370406-A01-H11
[Zhōngshuǐyù]

在区驻地山城街道西北方向 5.0 千米。山城街道辖自然村。人口 600。因水沟常年流水，村子又处在两山的山峪之中，故取名水峪。该村处在中间，名中水峪。聚落呈团块状分布。有文化大院 1 个、小学 1 所、农家书屋 1 个。经济以种植业为主，种植小麦、玉米、大豆、花椒、核桃、冬桃、大樱桃等。245 省道经此。

兴盛庄 370406-A01-H12
[Xīngshèngzhuāng]

在区驻地山城街道西北方向 6.0 千米。山城街道辖自然村。人口 400。王姓最早迁来居住，原名王庄。后因重名，更名为兴盛庄。聚落呈团块状分布。村西有唐王寨。经济以种植业为主，农作物主要种植小麦、玉米、花生、地瓜、花椒、樱桃、核桃等。有公路经此。

满港 370406-A01-H13
[Mǎngǎng]

在区驻地山城街道西北方向 6.0 千米。山城街道辖自然村。人口 300。因修建水库，该村搬到山冈上，称满冈。为盼水库有水，又将"冈"换成"港"。聚落呈团块状分布。经济以种植业为主，种植地瓜、花生、花椒、大樱桃等。有公路经此。

前官庄 370406-A01-H14
[Qiánguānzhuāng]

在区驻地山城街道北方向 3.0 千米。山城街道辖自然村。人口 2 000。该村因姓得名。聚落呈团块状分布。有农家书屋 1 个、文化大院 1 个。经济以种植业为主，主要种植花椒、核桃、桃、杏等。244 省道、343 省道经此。

店子 370406-B01-H01
[Diànzi]

店子镇人民政府驻地。在区驻地山城街道西北方向 25.6 千米。人口 4 200。明初，有山西人迁此立村，在路旁开店营生，曾名山西店，清末改称店子。聚落呈散状分布。有农家书屋 1 个、文化大院 1 个、幼儿园 2 所、小学 2 所、中学 1 所。经济以种植业为主，主产花生、地瓜、桃。有食品、面粉加工企业。241 省道、245 省道经此。

罗营 370406-B01-H02
[Luóyíng]

在区驻地山城街道西北方向 24.3 千米。店子镇辖自然村。人口 2 400。因村中罗氏人口众多，故称罗营。聚落呈团块状分布。有文化大院 1 个、农家书屋 1 个、小学 1 所。有莲青山省级森林公园。有一片古梨园，有数百年的树龄。经济以种植花生、地瓜为主。有公路经此。

老猫洞 370406-B01-H03
[Lǎomāodòng]

在区驻地山城街道西北方向 21.7 千米。店子镇辖自然村。人口 500。该村最初建在莲青山老猫洞旁，故名老猫洞。聚落呈团块状分布。经济以种植花生、地瓜为主。有公路经此。

平子 370406-B01-H04
[Píngzi]

在区驻地山城街道西北方向21.0千米。店子镇辖自然村。人口1 500。据传，最初一平姓来此居住，故村称平子。聚落呈团块状分布。有农家书屋1个、文化大院1个、小学1所。经济以种植花生、地瓜为主，盛产优质石材。有公路经此。

下王河 370406-B01-H05
[Xiàwánghé]

在区驻地山城街道西北方向21.2千米。店子镇辖自然村。人口700。最初，王氏先人迁来在河边定居，故村名王河。后河上游又有王姓建村，为区别，该村称下王河。聚落呈带状分布。经济以种植花生、地瓜为主。245省道经此。

东剪子山 370406-B01-H06
[Dōngjiǎnzishān]

在区驻地山城街道西北方向25.8千米。店子镇辖自然村。人口1 100。该村位于剪子山东面，形成村落后，取名东剪子山。聚落呈带状分布。有农家书屋1个、文化大院1个。经济以种植业、观光旅游业为主，特产大枣，已形成集采摘、观光、休闲于一体的旅游产业。有公路经此。

安岭 370406-B01-H07
[Ānlǐng]

在区驻地山城街道西北方向25.8千米。店子镇辖自然村。人口1 500。该村初名安陵，后因修建岩马水库，实施就地搬迁，在北面1千米的沙岭上建村定居，取名安岭。聚落呈团块状分布。有农家书屋1个、文化大院1个。经济以种植苹果、桃等为主。241省道经此。

西集 370406-B02-H01
[Xījí]

西集镇人民政府驻地。在区驻地山城街道西南方向16.5千米。人口5 000。商代此处为暨国，后世传称其为蒐国。因蒐国分支东迁至君山东麓，另建一国东蒐，故此地称西蒐，后误称西集。聚落呈散状分布。有农家书屋1个、文化大院1个、幼儿园1所、小学1所。经济以运输业、种植业、加工制造业为主，种植小麦、玉米、花生，有酱醋厂等。245省道、345省道经此。

姜庄 370406-B02-H02
[Jiāngzhuāng]

在区驻地山城街道西南方向16.5千米。西集镇辖自然村。人口1 100。清乾隆年间，姜姓迁此立村，取名姜庄。聚落呈带状分布。经济以运输业为主。345省道经此。

刘庄 370406-B02-H03
[Liúzhuāng]

在区驻地山城街道西南方向17.9千米。西集镇辖自然村。人口1 200。因刘姓建村居住得名。聚落呈团块状分布。有农家书屋1个、文化大院1个、小学1所。有区级文物保护单位刘庄遗址、马鞍山汉墓群。经济以种植业、运输业为主，种植小麦、玉米、花生，有交通运输、汽配、锁具加工等产业。245省道经此。

姚庄 370406-B02-H04
[Yáozhuāng]

在区驻地山城街道西南方向17.7千米。西集镇辖自然村。人口300。明洪武年间，姚姓由山西洪洞县来此定居，取名姚庄。聚落呈团块状分布。有姚庄古墓群、200余年树龄古槐树。经济以种植小麦、玉米为主，有交通运输、粮食加工等产业。245省道经此。

吴庄 370406-B02-H05
[Wúzhuāng]

在区驻地山城街道西南方向18.0千米。西集镇辖自然村。人口700。因吴姓迁此定居而得名。聚落呈团块状分布。经济以种植业为主，种植林果、苗木、蔬菜，成立了金农果蔬种植专业合作社。有公路经此。

新河 370406-B02-H06
[Xīnhé]

在区驻地山城街道西南方向14.8千米。西集镇辖自然村。人口900。聚落呈团块状分布。明末，因王姓立村，取名王庄。后因村东紧靠火山，更名火山头。该村历来有"吃水贵如油"的说法，为解决吃水难问题，人工开挖水渠，通水后，村更名为新河。经济以种植业为主，种植玉米、小麦、花椒、核桃等。245省道经此。

肖半山 370406-B02-H07
[Xiāobànshān]

在区驻地山城街道西南方向9.8千米。西集镇辖自然村。人口400。因肖氏迁此定居，且肖氏人口居多，村坐落在半山半湖处，遂名肖半山。聚落呈团块状分布。经济以种植业为主，主要种植玉米、小麦、大豆、花生等作物。245省道经此。

冯庄 370406-B02-H08
[Féngzhuāng]

在区驻地山城街道西南方向9.8千米。西集镇辖自然村。人口1 100。冯姓建村，故名。聚落呈带状分布。有农家书屋1个、文化大院1个、小学1所。有区级文物保护单位冯庄墓群。经济以种植业为主，种植小麦、玉米、杂粮，盛产苹果、桃等。345省道经此。

东集 370406-B02-H09
[Dōngjí]

在区驻地山城街道西南方向13.2千米。西集镇辖自然村。人口1 700。清乾隆年间称东暨，后改为东集。聚落呈团块状分布。有农家书屋1个、文化大院1个、小学2所。有省级文物保护单位梁王城遗址。经济以种植蔬菜为主，有家庭农场4个，盛产草莓、土豆等。有公路经此。

毛山 370406-B02-H10
[Máoshān]

在区驻地山城街道西南方向13.2千米。西集镇辖自然村。人口800。因村庄坐落在毛山（九顶莲花山）下，故名。聚落呈团块状分布。有区级文物保护单位毛山墓群。经济以种植小麦、玉米为主。有公路经此。

伏里 370406-B02-H11
[Fúlǐ]

在区驻地山城街道西南方向19.0千米。西集镇辖自然村。人口3 800。因村西伏山得名。有小学1所、农家书屋1个、文化大院1个。聚落呈团块状分布。有国家级文物保护单位建新遗址、省级文物保护单位龟山寨遗址。有省级非物质文化遗产伏里土陶。经济以种植业为主。245省道、京台高速经此。

老古泉 370406-B02-H12
[Lǎogǔquán]

在区驻地山城街道西南方向20.9千米。西集镇辖自然村。人口300。因彭家瓜田有泉，故称老古泉。聚落呈带状分布。有省级文物保护单位苏鲁豫皖边区特委扩大会议旧址。经济以种植业为主。有公路经此。

桑村 370406-B03-H01
[Sāngcūn]

桑村镇人民政府驻地。在区驻地山城街道西方向 11.4 千米。人口 9 000。清朝末年，因此地大兴养蚕业，遍地植桑，故称桑村。聚落呈带状分布。有农家书屋 1 个、文化大院 1 个、幼儿园 4 所、小学 4 所、中学 1 所。经济以种植业、加工制造业为主，主产小麦、玉米、花生、大豆等，盛产土豆、黄绿苹果、绿豆芽，有银丝加工、彩玉石料、塑料编织等业，有扁钢厂。343 省道经此。

小郭 370406-B03-H02
[Xiǎoguō]

在区驻地山城街道西方向 11.3 千米。桑村镇辖自然村。人口 500。该村因卖小锅出名，又与郭村距离较近，故更名为小郭。聚落呈团块状分布。经济以种植小麦、玉米、花生、土豆等为主。343 省道经此。

小马庄 370406-B03-H03
[Xiǎomǎzhuāng]

在区驻地山城街道西方向 12.7 千米。桑村镇辖自然村。人口 400。该村原为城头镇伍庄的外庄子，因西面已有一马庄，故称小马庄。聚落呈带状分布。经济以种植小麦、玉米、花生、大豆等为主。有公路经此。

西户口 370406-B03-H04
[Xīhùkǒu]

在区驻地山城街道西方向 12.5 千米。桑村镇辖自然村。人口 1 100。战国时期，此地系灵丘城征收钱粮、管理户籍之所，立村后即称户口。因位河西，故称西户口。聚落呈团块状分布。经济以种植业为主，主要农作物有小麦、玉米、花生、土豆等。有公路经此。

苗旺 370406-B03-H05
[Miáowàng]

在区驻地山城街道西方向 13.1 千米。桑村镇辖自然村。人口 1 200。苗氏来此定居，后为避重名，更村名为苗旺。聚落呈团块状分布。经济以种植业为主，主要农作物有小麦、玉米、土豆等。343 省道经此。

盘石沟 370406-B03-H06
[Pánshígōu]

在区驻地山城街道西北方向 6.9 千米。桑村镇辖自然村。人口 1 200。取"安如磐石"之意命名。聚落呈团块状分布。经济以种植业为主，主要农作物有小麦、玉米、花生、地瓜等。有塑料编织厂。有公路经此。

张宝庄 370406-B03-H07
[Zhāngbǎozhuāng]

在区驻地山城街道西北方向 7.2 千米。桑村镇辖自然村。人口 1 300。明崇祯年间，有一叫张宝的人在此立村，故名。聚落呈团块状分布。有山地古梨园，距今已有 300 年历史。有区级文物保护单位张宝庄炮楼、张宝庄碑刻。经济以种植业为主，主要农作物有小麦、玉米、花生、地瓜等。245 省道经此。

艾湖 370406-B03-H08
[Àihú]

在区驻地山城街道西北方向 7.2 千米。桑村镇辖自然村。人口 5 300。因地处洼地，每到雨季就起涝，俨然如湖，且里面野艾丛生，故名艾湖。聚落呈团块状分布。有农家书屋 1 个、文化大院 1 个、小学 1 所。有区级文物保护单位艾湖井、艾湖门楼。经济以种植业为主，主要农作物有小麦、玉米、花生、桃等。343 省道经此。

西罗山 370406-B03-H09
[Xīluóshān]

在区驻地山城街道西方向 8.2 千米。桑村镇辖自然村。人口 1 100。因北面的山呈圆形，很像罗面的"罗"而得名。聚落呈团块状分布。经济以种植业为主，主要农作物有小麦、玉米、花生等。有公路经此。

于庄 370406-B03-H10
[Yúzhuāng]

在区驻地山城街道西方向 10.5 千米。桑村镇辖自然村。人口 1 200。因于姓最早在此居住，故称于庄。聚落呈团块状分布。有市级文物保护单位于庄遗址。经济以种植业为主，主要农作物有小麦、玉米、花生、土豆、杂粮等。有公路经此。

任庄 370406-B03-H11
[Rénzhuāng]

在区驻地山城街道西方向 10.5 千米。桑村镇辖自然村。人口 900。因任姓迁居于此，故名。聚落呈团块状分布。经济以种植业为主，主要农作物有小麦、玉米、花生、土豆、杂粮等。343 省道经此。

后葛庄 370406-B03-H12
[Hòugězhuāng]

在区驻地山城街道西北方向 9.9 千米。桑村镇辖自然村。人口 1 200。因葛氏在此居住而得名。聚落呈团块状分布。有市级非物质文化遗产后葛庄席编。经济以种植业为主，主要农作物有小麦、玉米、花生、地瓜等。343 省道经此。

芹沃 370406-B03-H13
[Qínwò]

在区驻地山城街道西方向 10.7 千米。桑村镇辖自然村。人口 5 000。因盛产芹菜、莴苣等蔬菜，称芹沃。聚落呈团块状分布。有农家书屋 1 个、文化大院 1 个、小学 1 所。有古梨园。有区级文物保护单位芹沃遗址。经济以种植业为主，主要农作物有小麦、玉米、花生、地瓜、杂粮等。有公路经此。

中斗城 370406-B03-H14
[Zhōngdǒuchéng]

在区驻地山城街道西方向 13.9 千米。桑村镇辖自然村。人口 1 200。因该村地势陡峻，且"斗"与"陡"字同音，为便于书写，同时寓意"五谷丰登"，故称斗城。又根据地理位置，名中斗城。聚落呈团块状分布。有农家书屋 1 个、文化大院 1 个、小学 1 所。经济以种植业为主，主要农作物有小麦、玉米、花生、棉花等。有公路经此。

蒋沟 370406-B03-H15
[Jiǎnggōu]

在区驻地山城街道西方向 13.9 千米。桑村镇辖自然村。人口 2 800。因立村于沟旁，故名蒋沟。聚落呈团块状分布。有农家书屋 1 个、文化大院 1 个、小学 1 所。经济以种植业、加工业为主，主要农作物有小麦、玉米、花生、地瓜、棉花、大豆，传统的粉条加工已有 100 多年的历史。有公路经此。

北庄 370406-B04-H01
[Běizhuāng]

北庄镇人民政府驻地。在区驻地山城街道东南方向 24.8 千米。人口 3 900。姚氏于唐末迁此立村，因位于朱山寺北，故名北庄。聚落呈带状分布。有文化大院 1 个、幼儿园 9 所、小学 1 所、中学 1 所。经济以种植业、加工制造业为主，主要种植樱桃、冬桃、板栗、花椒、葡萄，加工制造业有高氧水厂、家具店等。240 省道、343 省道经此。

朱山寺 370406-B04-H02
［Zhūshānsì］

在区驻地山城街道东南方向21.9千米。北庄镇辖自然村。人口400。因刘秀驻扎过的山为主山，主山西侧建一寺庙，为主山寺。村在寺旁，以寺名村，后讹为朱山寺。聚落呈团块状分布。经济以种植业为主，主要有蔬菜、花椒、板栗等。240省道经此。

上东庄 370406-B04-H03
［Shàngdōngzhuāng］

在区驻地山城街道东南方向22.9千米。北庄镇辖自然村。人口1 500。该村位于朱山寺村东面，称东庄，后改称上东庄。聚落呈团块状分布。有农家书屋1个、文化大院1个、小学1所。有古槐1棵。经济以种植业为主，主要种植花椒、樱桃，板栗等。有公路经此。

后大西庄 370406-B04-H04
［Hòudàxīzhuāng］

在区驻地山城街道东南方向21.2千米。北庄镇辖自然村。人口1 000。该村因在朱山寺村西，且较东面小西庄大，故称大西庄。后改为后大西庄。聚落呈团块状分布。经济以种植业为主，主要种植花椒、黄姜。有公路经此。

大北庄 370406-B04-H05
［Dàběizhuāng］

在区驻地山城街道东南方向20.7千米。北庄镇辖自然村。人口1 100。因位于朱山寺村北，故名北庄，后改称大北庄。聚落呈带状分布。有文化大院1个、幼儿园2所、小学1所、中学1所。有市级文物保护单位天德堂药店。经济以种植业为主，主要种植葡萄、板栗、花椒。240省道、343省道经此。

毛宅 370406-B04-H06
［Máozhái］

在区驻地山城街道东南方向18.3千米。北庄镇辖自然村。人口700。毛姓最早定居，故名毛宅。聚落呈带状分布。有农家书屋1个、文化大院1个、小学1所。有熊耳山国家地质公园。经济以种植业、旅游业为主，主要农产品有黄姜、花椒、栗子、核桃、桃等。有近20家农家乐及农家小院。有公路经此。

南泉 370406-B04-H07
［Nánquán］

在区驻地山城街道东南方向22.1千米。北庄镇辖自然村。人口400。因村南沟边有泉，故名南泉。聚落呈带状分布。有市级文物保护单位中国共产党抗日人民峄县政府办公旧址。经济以种植业为主，种植小麦、玉米、花生、黄姜、桃、板栗、花椒。240省道经此。

马窝 370406-B04-H08
［Mǎwō］

在区驻地山城街道东南方向22.4千米。北庄镇辖自然村。人口500。传说原是一个养马场，养的马很多，故名。聚落呈带状分布。经济以种植业为主，种植桃、柿子、花椒、四季金银花、小麦、玉米、花生、豆类等。240省道经此。

三道峪 370406-B04-H09
［Sāndàoyù］

在区驻地山城街道东南方向16.6千米。北庄镇辖自然村。人口800。因村南有3个山峪，故名三道峪。聚落呈带状分布。经济以种植业为主，种植小麦、玉米、花椒、核桃。有公路经此。

十道峪 370406-B04-H10
[Shídàoyù]

在区驻地山城街道东南方向16.6千米。北庄镇辖自然村。人口900。因村周围有大小不等的10个山峪，故名十道峪。聚落呈带状分布。经济以种植业为主，主要种植小麦、玉米、花椒、核桃，盛产桔梗茶、金楸树。有公路经此。

西洋泉 370406-B04-H11
[XīYángquán]

在区驻地山城街道东南方向18.4千米。北庄镇辖自然村。人口500。因建村时村东有杨泉村，故名西杨泉，后演变为西洋泉。聚落呈团块状分布。经济以种植业为主，主要种植小麦、玉米、花生、花椒、核桃等，有佳香源核桃种植合作社，生产佳香源核桃油。有公路经此。

东洋泉 370406-B04-H12
[Dōngyángquán]

在区驻地山城街道东南方向21.1千米。北庄镇辖自然村。人口600。村东北有一眼泉，因西有西杨泉，故更名为东杨泉，后写作东洋泉。聚落呈团块状分布。有农家书屋1个、文化大院1个。经济以种植业为主，主要种植小麦、玉米、花生、花椒、核桃等。有公路经此。

双山涧 370406-B04-H13
[Shuāngshānjiàn]

在区驻地山城街道东南方向25.0千米。北庄镇辖自然村。人口1 100。因村子建在烂山和双山之间的山涧地带，故名双山涧。聚落呈带状分布。有农家书屋1个、文化大院1个。经济以种植业、旅游业为主，主要农作物有玉米、花生、地瓜等，旅游业以农家乐为主。有公路经此。

侯宅 370406-B04-H14
[Hóuzhái]

在区驻地山城街道东南方向26.1千米。北庄镇辖自然村。人口600。明嘉靖年间，尤家来此占业，故名尤宅，后讹称为侯宅。聚落呈团块状分布。经济以种植业、旅游业为主，主要农作物有玉米、花生、地瓜、花椒、柿子、栗子、桃等，旅游业以农家乐为主。有公路经此。

曹庄 370406-B04-H15
[Cáozhuāng]

在区驻地山城街道东南方向26.3千米。北庄镇辖自然村。人口500。曹姓最早迁来定居，故名。聚落呈带状分布。抱犊崮国家森林公园坐落境内。经济以种植业、旅游业为主，主要农作物有玉米、花生、地瓜，旅游业以农家乐为主。有公路经此。

西城头 370406-B05-H01
[Xīchéngtóu]

城头镇人民政府驻地。在区驻地山城街道西北方向14.8千米。人口5 200。唐初建村，古称城头城。明永乐年间，人口渐增，遂分为东、西二村，该村名西城头。聚落呈散状分布。有农家书屋1个、文化大院1个、幼儿园4所、小学1所、中学1所。经济以种植业、机械制造为主，主产小麦、玉米，盛产无花果、橘子、猕猴桃等，有农机制造厂、机械厂、豆制品企业等。有公路经此。

神长巷 370406-B05-H02
[Shénchángxiàng]

在区驻地山城街道西北方向16.9千米。城头镇辖自然村。人口600。因村庄街巷很长，神姓迁此定居，故名神长巷。聚落呈团块状分布。有农家书屋1个、文化大院1

个。村北有城（漷）河月亮湾湿地公园。经济以屠宰业为主。有公路经此。

江时 370406-B05-H03
［Jiāngshí］

在区驻地山城街道西北方向18.3千米。城头镇辖自然村。人口500。因该村多为江姓，故称江时。聚落呈团块状分布。经济以种植业为主，主产小麦、玉米、脱毒土豆等农作物。有公路经此。

幸福 370406-B05-H04
［Xìngfú］

在区驻地山城街道西北方向15.9千米。城头镇辖自然村。人口400。因人民群众过上了幸福的生活，故名。聚落呈团块状分布。经济以种植业为主，主产土豆、玉米。该村脱毒土豆申请注册了"城头"牌商标，并获得了国家级绿色无公害产品认证。有公路经此。

西寨子 370406-B05-H05
［Xīzhàizi］

在区驻地山城街道西北方向15.4千米。城头镇辖自然村。人口400。最初，该村多数住户为东寨子村大地主雇工，为了方便耕种，就在寨子西边住下，后形成村落，称西寨子。聚落呈团块状分布。经济以种植"城头"牌绿色土豆为主。有公路经此。

涝泉 370406-B05-H06
［Làoquán］

在区驻地山城街道西北方向13.1千米。城头镇辖自然村。人口1 500。该村地势较低，一到雨季，地面会出现大量小泉眼，故取名涝泉。聚落呈团块状分布。经济以种植业为主。有公路经此。

夏庄 370406-B05-H07
［Xiàzhuāng］

在区驻地山城街道西北方向14.0千米。城头镇辖自然村。人口900。夏姓最早立村，故名。聚落呈团块状分布。经济以种植"城头"牌绿色土豆为主。有公路经此。

路庄 370406-B05-H08
［Lùzhuāng］

在区驻地山城街道西北方向13.0千米。城头镇辖自然村。人口1 000。因路姓一族在此地定居，故名。聚落呈团块状分布。经济以种植业为主，主产大葱、韭菜，并注册了"城头"牌绿色标志。有公路经此。

马山头 370406-B05-H09
［MǎShāntóu］

在区驻地山城街道西北方向10.8千米。城头镇辖自然村。人口600。明崇祯年间，刘、梁、杨三姓先后迁至马山西首定居，取名马山头。聚落呈团块状分布。经济以种植业为主。245省道经此。

东岭 370406-B05-H10
［Dōnglǐng］

在区驻地山城街道西北方向12.5千米。城头镇辖自然村。人口700。该村位于石沟村东山岭处，故名东岭。聚落呈团块状分布。有树龄200余年的古梨树。经济以种植业为主。有公路经此。

满牛 370406-B05-H11
［Mǎnniú］

在区驻地山城街道西北方向12.2千米。城头镇辖自然村。人口300。因有几位牛姓女嫁给满姓青年为妻，故名满牛。聚落呈团块状分布。经济以种植业为主，主产桃、枣、杏、山楂、"19号"地瓜。有公路经此。

徐庄 370406-B06-H01
[Xúzhuāng]

徐庄镇人民政府驻地。在区驻地山城街道东方向 12.9 千米。人口 1 500。原名穴庄，徐姓来此后更改为徐庄。聚落呈散状分布。有文化广场 1 个、农家书屋 1 个、文化大院 1 个、幼儿园 1 所、小学 1 所。经济以种植业为主，主产小麦、玉米、花生，有食品加工业。343 省道经此。

南山头 370406-B06-H02
[Nánshāntóu]

在区驻地山城街道东方向 12.4 千米。徐庄镇辖自然村。人口 300。因坐落在徐庄之南，故被徐庄人称为南山头。聚落呈带状分布。经济以种植业为主，主产小麦、玉米、地瓜、花生、花椒、柿子等。有公路经此。

米山顶 370406-B06-H03
[Mǐshāndǐng]

在区驻地山城街道东北方向 13.9 千米。徐庄镇辖自然村。人口 200。以回族为主。因米姓在山顶建村，故名米山顶。聚落呈团块状分布。经济以养殖业、种植业为主，主产花椒、栗子、地瓜、花生等。有皮革制造业。有公路经此。

彭庄 370406-B06-H04
[Péngzhuāng]

在区驻地山城街道东方向 12.5 千米。徐庄镇辖自然村。人口 600。因彭姓最早迁来建村而得名。聚落呈带状分布。有农家书屋 1 个、文化大院 1 个。经济以种植业为主。有公路经此。

乔山 370406-B06-H05
[Qiáoshān]

在区驻地山城街道东方向 11.5 千米。徐庄镇辖自然村。人口 300。因村后的山像桥一样，故以乔山命名。聚落呈团块状分布。有农家书屋 1 个、文化大院 1 个、中学 1 所。有区级文物保护单位汉墓群。经济以种植业为主，主产小麦、花生、黄姜、玉米、桃、花椒等。343 省道经此。

尚庄 370406-B06-H06
[Shàngzhuāng]

在区驻地山城街道东方向 13.2 千米。徐庄镇辖自然村。人口 300。该村因尚姓迁来居住而得名。聚落呈团块状分布。经济以种植业为主，主产小麦、花生、黄姜、地瓜、花椒、栗子等。有公路经此。

石门 370406-B06-H07
[Shímén]

在区驻地山城街道东方向 13.0 千米。徐庄镇辖自然村。人口 400。该村原址位于村西，因村前有两块石头酷似大门，故名石门。聚落呈团块状分布。有小学 1 所。经济以种植业为主，主产小麦、玉米、花生、栗子、樱桃、花椒。有公路经此。

后峪 370406-B06-H08
[Hòuyù]

在区驻地山城街道东方向 10.7 千米。徐庄镇辖自然村。人口 600。该村原名河头峪，后因"河头"谐音"核桃"，加之该村盛产核桃，遂改名为核桃峪。2001 年 3 月更名为后峪。聚落呈团块状分布。有农家书屋 1 个、文化大院 1 个。经济以种植业为主，主产小麦、花生、地瓜、桃、杏、栗子、核桃等。有公路经此。

南水门口 370406-B06-H09
[Nánshuǐménkǒu]

在区驻地山城街道东方向 8.8 千米。徐庄镇辖自然村。人口 400。该村原名水门口，后刘姓支系在村北新建一村，为区别，故名南水门口。聚落呈带状分布。经济以种植业为主，主产花椒、小麦、玉米、地瓜、花生等。有公路经此。

前安 370406-B06-H10
[Qián'ān]

在区驻地山城街道东北方向 5.9 千米。徐庄镇辖自然村。人口 800。因村建在尼姑庵前，故名前庵，后改"庵"为"安"，为前安。聚落呈团块状分布。有中学 1 所。经济以种植业为主，主产小麦、玉米、花生、地瓜、桃、核桃等，有栗子加工厂、服装厂、制药厂等。有公路经此。

东良子口 370406-B06-H11
[Dōngliángzikǒu]

在区驻地山城街道东北方向 7.8 千米。徐庄镇辖自然村。人口 1 100。因村西北处的河沟里有一梁子石挡在分水口，且位于东岸，故称东梁子口，后写成东良子口。聚落呈团块状分布。有农家书屋 1 个、文化大院 1 个。经济以种植业为主，主产玉米、地瓜、花生、大樱桃、山楂、核桃等。注册"红樱桃"商标，被认证为无公害农产品。有公路经此。

西良子口 370406-B06-H12
[Xīliángzikǒu]

在区驻地山城街道东北方向 6.5 千米。徐庄镇辖自然村。人口 400。因石嘴子水库入口处的河沟里有一梁子石挡在分水口，且村位于西岸，故称西梁子口，后写成西良子口。聚落呈团块状分布。经济以种植业为主，主产小麦、地瓜、花生、栗子、樱桃、核桃等。有公路经此。

张山湾 370406-B06-H13
[Zhāngshānwān]

在区驻地山城街道东北方向 6.8 千米。徐庄镇辖自然村。人口 400。该村坐落在张山的山湾处，故名张山湾。聚落呈团块状分布。有市级文物保护单位张锦湖祖茔、区级文物保护单位张锦湖祖居地。经济以种植业为主，主产小麦、花生、地瓜、花椒、柿子等。有公路经此。

李庄 370406-B07-H01
[Lǐzhuāng]

水泉镇人民政府驻地。在区驻地山城街道北方向 10.0 千米。人口 800。清康熙年间立村，因李姓迁来定居于有常年流水的沟边，取村名沟沟涧。后因村小人少，村民又全为李姓，故改名为李庄。聚落呈散状分布。有幼儿园 2 所。经济以种植业为主，主产花生、地瓜、樱桃、山楂、花椒、核桃等。有织造公司。244 省道经此。

东岭 370406-B07-H02
[Dōnglǐng]

在区驻地山城街道北方向 9.3 千米。水泉镇辖自然村。人口 500。因居板上村东岭上而得名。聚落呈团块状分布。经济以种植业为主，主产小麦、玉米、地瓜、花生、桃、杏、樱桃、花椒等。有公路经此。

西岭 370406-B07-H03
[Xīlǐng]

在区驻地山城街道北方向 9.0 千米。水泉镇辖自然村。人口 200。因村坐落于板上村西岭上而得名。聚落呈团块状分布。经济以种植业为主，主产地瓜、花生、樱桃、花椒、核桃。有公路经此。

东河 370406-B07-H04

[Dōnghé]

在区驻地山城街道北方向 9.3 千米。水泉镇辖自然村。人口 200。因地处上团山北河边，故名小北河。又因与大北河村名接近，后改名为东河。聚落呈团块状分布。经济以种植业为主，主产樱桃、山楂、花椒。有公路经此。

下团山 370406-B07-H05

[Xiàtuánshān]

在区驻地山城街道北方向 8.3 千米。水泉镇辖自然村。人口 200。因徐姓在此居住，得名徐家岭。抗日战争期间，村民为抵御日寇，绕山筑墙，把整个山围起来，遂改村名为团山。后分为两村，本村因地势较低，得名下团山。聚落呈团块状分布。经济以种植业为主，主产花椒、山楂、核桃。有公路经此。

下湾 370406-B07-H06

[Xiàwān]

在区驻地山城街道北方向 9.9 千米。水泉镇辖自然村。人口 400。聚落呈团块状分布。清康熙年间，闫姓占业立村，因居山湾下游、上湾村下方，故名。经济以种植业为主，主产玉米、地瓜、花生、花椒、山楂、樱桃。有公路经此。

紫泥汪 370406-B07-H07

[Zǐníwāng]

在区驻地山城街道北方向 7.3 千米。水泉镇辖自然村。人口 300。明天启年间，韩姓占业立村，因村西山口处有一泉，常年积水，形成紫泥坑，故名紫泥汪。聚落呈团块状分布。有 200 余年树龄古柿子树 1 棵。经济以种植业为主，主产地瓜、花生、花椒、山楂、樱桃。有公路经此。

下辛庄 370406-B07-H08

[Xiàxīnzhuāng]

在区驻地山城街道北方向 10.9 千米。水泉镇辖自然村。人口 1 500。村北有响泉，故名响水辛庄，简称辛庄。为与库区东侧辛庄区别，且该村居下方，故称下辛庄。聚落呈带状分布。有农家书屋 1 个、文化大院 1 个。有区级文物保护单位关帝庙。经济以种植业为主，主产小麦、玉米、地瓜，盛产大棚樱桃。是奇石盆景加工专业村。有"山亭区十大名吃"大盘鸡。有公路经此。

吉庄 370406-B07-H09

[Jízhuāng]

在区驻地山城街道北方向 12.8 千米。水泉镇辖自然村。人口 1 100。清康熙年间，纪姓占业定居立村，因村前有一巨石形如雏鸡，遂以石和纪姓取名为纪鸡庄。清末，纪姓逃避战乱举族外迁，后村人为求吉祥，更村名为吉庄。聚落呈团块状分布。经济以种植业为主，主产花生、樱桃。有公路经此。

棠棣峪 370406-B07-H10

[Tángdìyù]

在区驻地山城街道西北方向 13.3 千米。水泉镇辖自然村。人口 1 300。因村地处山谷间，周围皆棠梨树，原名棠梨峪，后演变为棠棣峪。聚落呈带状分布。有农家书屋 1 个、文化大院 1 个、小学 1 所。经济以种植业为主，大棚火樱桃、大樱桃种植是龙头产业。有公路经此。

化石岭 370406-B07-H11

[Huàshílǐng]

在区驻地山城街道北方向 10.2 千米。水泉镇辖自然村。人口 1 100。因村居山岭之上，滑石遍地，故名滑石岭。后人认为"滑"

字不祥，遂将"滑"改"化"，名化石岭。聚落呈带状分布。有农家书屋 1 个、文化大院 1 个。有国家一级古树独生银杏 1 棵。经济以种植业为主，主产樱桃、桃、地瓜、花生。有公路经此。

石户峪 370406-B07-H12
[Shíhùyù]

在区驻地山城街道北方向 13.5 千米。水泉镇辖自然村。人口 500。因村立于山峪内，向官府纳粮的人家仅有十户载册，故名十户峪，后更名为石户峪。聚落呈团块状分布。经济以种植业为主，主产地瓜、花生、樱桃、花椒。有公路经此。

围泉 370406-B07-H13
[Wéiquán]

在区驻地山城街道北方向 13.0 千米。水泉镇辖自然村。人口 300。因村北、西、东三面环山，泉水长年不断流，故名围泉。聚落呈带状分布。经济以种植业为主，主产地瓜、花生、冬桃、花椒。有公路经此。

白蒋峪 370406-B07-H14
[Báijiǎngyù]

在区驻地山城街道北方向 14.0 千米。水泉镇辖自然村。人口 700。为纪念明朝燕王征北时在此战死的一位爱穿白袍的少年将军而得名，原名白将峪，后演变为白蒋峪。聚落呈团块状分布。有农家书屋 1 个、文化大院 1 个。经济以种植业为主，主产地瓜、花生、樱桃、油桃、花椒等。244 省道经此。

尚岩 370406-B07-H15
[Shàngyán]

在区驻地山城街道西北方向 11.4 千米。水泉镇辖自然村。人口 3 000。因村处城（潺）河支流北岸，南北两山之间地势低平，为免遭水患，居民逐渐北移至岩石之上，故

取名上岩，后演变为尚岩。聚落呈团块状分布。有农家书屋 1 个、文化大院 1 个、小学 1 所。有尚岩汉墓群。村南龙牙山石崖上有 5 尊摩崖佛雕，有观音庙、观音堂等景点。经济以种植业为主，主产桃、樱桃、苹果、山楂、核桃。有公路经此。

长城 370406-B07-H16
[Chángchéng]

在区驻地山城街道西北方向 7.9 千米。水泉镇辖自然村。人口 2 300。以村北山古长城城墙得名。聚落呈团块状分布。有农家书屋 1 个、文化大院 1 个。经济以种植业为主，主产小麦、玉米、地瓜、桃、山楂、樱桃、花椒等。有公路经此。

田坑 370406-B07-H17
[Tiánkēng]

在区驻地山城街道西北方向 9.2 千米。水泉镇辖自然村。人口 400。清康熙年间，城头村一田姓人给本村大户人家放牛至此，为解决人畜饮水问题，在低洼处挖坑蓄水，为防止他人用水，在坑旁注明"田家坑"，后在坑旁盖房定居，逐渐形成村落，取村名田家坑，简称田坑。聚落呈团块状分布。有农家书屋 1 个、文化大院 1 个。经济以种植冬桃等为主。有公路经此。

前朱庄 370406-B07-H18
[Qiánzhūzhuāng]

在区驻地山城街道西北方向 6.0 千米。水泉镇辖自然村。人口 900。因该村坐落于东朱庄、西朱庄两村前面，故名。聚落呈团块状分布。经济以种植业为主，主产黄桃。245 省道经此。

冯卯 370406-B08-H01
[Féngmǎo]

冯卯镇人民政府驻地。在区驻地山城

街道西北方向 16.9 千米。人口 3 400。相传，古代此地有一名冯卯的纨绔子弟，因爱慕张宅村花大姐，便请媒人去女家提亲，女家未许，冯卯当众许诺："若成婚配，便与人为善，造福乡里。"后两人终成眷属。冯卯也信守承诺，颇受乡人赞许。后人为纪念这段恋情，便用冯卯的名为村名。聚落呈团块状分布。有文化广场 1 个、农家书屋 1 个、文化大院 1 个、幼儿园 1 所、小学 1 所、中学 1 所。有冯卯讲习所和冯卯镇库区移民文化博物馆。经济以种植业为主，主产桃、核桃、葡萄、杏及五谷杂粮。有公路经此。

独孤城 370406-B08-H02
[Dúgūchéng]

在区驻地山城街道西北方向 18.3 千米。冯卯镇辖自然村。人口 1 000。据载，北周柱国大将军独孤信征战时，曾在此地筑城扎寨，故名独孤城。聚落呈团块状分布。有农家书屋 1 个、文化大院 1 个。有汉墓群。经济以种植桃树及五谷杂粮为主。村民历代传承条编手艺。有公路经此。

望母山 370406-B08-H03
[Wàngmǔshān]

在区驻地山城街道西北方向 19.6 千米。冯卯镇辖自然村。人口 900。过去村西砂石山前有座王母庙，庙内塑有王母像，故此村名为王母山。后人为村名好听，改为望母山。聚落呈团块状分布。有农家书屋 1 个、文化大院 1 个。经济以种植桃树、核桃及五谷杂粮为主。村民历代传承条编手艺，还有开碾、制磨手艺。241 省道经此。

黄安岭 370406-B08-H04
[Huáng'ānlǐng]

在区驻地山城街道西北方向 20.9 千米。冯卯镇辖自然村。人口 200。聚落呈团块状分布。据传，唐朝李世民曾在村东北安营扎寨，故名安营，黄氏在安营西南立业，取名黄安营，后改称黄安岭。经济以种植桃树、花生、地瓜等为主。241 省道经此。

对沟 370406-B08-H05
[Duìgōu]

在区驻地山城街道西北方向 18.5 千米。冯卯镇辖自然村。人口 1 300。因有东西两条山溪流经村内，至村南汇合，故名兑头沟，后改称对沟。聚落呈团块状分布。有农家书屋 1 个、文化大院 1 个。经济以种植桃树、花生、五谷杂粮为主。村民历代传承条编手艺。241 省道经此。

东岩下 370406-B08-H06
[Dōngyánxià]

在区驻地山城街道西北方向 13.8 千米。冯卯镇辖自然村。人口 1 500。因村子处于山岩之下，故取名岩下，后分为两村，本村为东岩下。聚落呈团块状分布。有农家书屋 1 个、文化大院 1 个。经济以种植桃树为主，兼种五谷杂粮。有公路经此。

欧峪 370406-B08-H07
[Ōuyù]

在区驻地山城街道西北方向 16.0 千米。冯卯镇辖自然村。人口 4 400。因村位于山坳，且欧阳氏始来建村，故名欧家峪，简称欧峪。聚落呈团块状分布。有农家书屋 1 个、文化大院 1 个、小学 1 所。有国家一级保护树木 600 年树龄古槐 1 棵。经济以种植业为主，主产春雪桃、大樱桃。245 省道经此。

岩马 370406-B08-H08
[Yánmǎ]

在区驻地山城街道西北方向 14.3 千米。冯卯镇辖自然村。人口 2 500。初名演马村，是独孤城演练兵马的演马场，后因闫氏改为闫马庄，后讹为岩马。聚落呈团块状分布。有农家书屋1个、文化大院1个、小学1所。经济以种植大樱桃树、桃树等果树为主，兼种五谷杂粮。245省道经此。

寺沟 370406-B08-H09
[Sìgōu]

在区驻地山城街道西北方向13.9千米。冯卯镇辖自然村。人口1900。该村北依大寨山，山前有涧溪，溪源山泉，泉边古有青龙寺、三教堂，以山寺名村，故称寺沟。聚落呈团块状分布。有农家书屋1个、文化大院1个。有区级文物保护单位青龙寺遗址、三教堂。经济以种植大樱桃为主，兼种地瓜等其他作物。有公路经此。

陈山 370406-B08-H10
[Chénshān]

在区驻地山城街道西北方向19.8千米。冯卯镇辖自然村。人口2000。明末，陈氏先人迁此立业建村，因村南有山，故名陈山。聚落呈团块状分布。有农家书屋1个、文化大院1个。有国家三级保护树木五角枫树。经济以种植业为主，主产地瓜、桃，兼种其他作物。245省道经此。

西凫山 370406-B09-H01
[Xīfúshān]

凫城镇人民政府驻地。在区驻地山城街道南方向16.5千米。人口1900。村在凫山之西，故名。聚落呈带状分布。有文化广场1个、幼儿园1所、小学1所。经济以种植业为主，主产花生、地瓜、樱桃、山楂、花椒、核桃等。244省道经此。

东凫山 370406-B09-H02
[Dōngfúshān]

在区驻地山城街道南方向15.3千米。

凫城镇辖自然村。人口2700。初名东埠山，后因村西北是凫山，故改称东凫山。聚落呈团块状分布。有农家书屋1个、文化大院1个、小学1所、中学1所。经济以种植业为主，主产小麦、玉米、花椒、核桃。244省道经此。

山湾 370406-B09-H03
[Shānwān]

在区驻地山城街道南方向14.3千米。凫城镇辖自然村。人口400。因村子处在喜鹊咀子山坳处，故名山湾。聚落呈带状分布。经济以种植业为主，主产小麦、玉米、花椒、核桃。有公路经此。

马头 370406-B09-H04
[Mǎtóu]

在区驻地山城街道南方向12.9千米。凫城镇辖自然村。人口2800。村东有大山形似马，北首似马头，村子就坐落在马头之西，故名马头。聚落呈团块状分布。有农家书屋1个、文化大院1个、小学1所。经济以种植业为主。244省道经此。

千佛崖 370406-B09-H05
[Qiānfóyá]

在区驻地山城街道南方向16.8千米。凫城镇辖自然村。人口600。古代，村东有灵泉保寿禅院，禅院大殿屋檐上有砖刻千尊佛像，故取村名千佛檐，后讹称千佛崖。聚落呈散状分布。有农家书屋1个、文化大院1个。经济以养殖业、种植业为主。有公路经此。

天喜庄 370406-B09-H06
[Tiānxǐzhuāng]

在区驻地山城街道南方向12.3千米。凫城镇辖自然村。人口400。明崇祯十二年（1639），关王庙碑文记载得名天喜庄。

聚落呈团块状分布。有幼儿园 1 所、小学 1 所。有国家保护树木古槐。经济以种植业为主。有公路经此。

白庄 370406-B09-H07
[Báizhuāng]

在区驻地山城街道东南方向 12.7 千米。凫城镇辖自然村。人口 1 100。传说，此地唐代有白侍郎居住，后渐成村落，故名白家庄，简称白庄。聚落呈团块状分布。有农家书屋 1 个、文化大院 1 个、小学 1 所。有保护性建筑孙家大院的残垣断壁。经济以种植小麦、玉米、花椒、核桃为主。有公路经此。

红山峪 370406-B09-H08
[Hóngshānyù]

在区驻地山城街道东南方向 11.8 千米。凫城镇辖自然村。人口 500。一说因村西山盛产丹参，其中有一棵大丹参被刨走，接着洪水暴发，整个山峪水呈红色，故名。又有说法称，当初村周围全部都是石榴树，每到夏天，漫山遍野开满红花，故名红花峪，后改称红山峪。聚落呈带状分布。为民俗文化村，是山东大学、北京师范大学民俗研究生、博士生研究调查民俗的基地。经济以种植小麦、玉米、花椒、核桃为主。有公路经此。

崔庄 370406-B09-H09
[Cuīzhuāng]

在区驻地山城街道东南方向 15.5 千米。凫城镇辖自然村。人口 1 000。该村崔姓最早占业，以姓名村，称崔庄。聚落呈团块状分布。有农家书屋 1 个、文化大院 1 个、小学 1 所。经济以种植小麦、玉米、花生、花椒、核桃为主。有公路经此。

横岭 370406-B09-H10
[Hénglǐng]

在区驻地山城街道东南方向 10.0 千米。凫城镇辖自然村。人口 500。村东部有一山岭，名横岭子，村子由此得名横岭。聚落呈带状分布。有福神庙、沧浪庙、主席台等景点。经济以种植核桃为主，是国家级核桃种植示范基地。有公路经此。

西王湾 370406-B09-H11
[Xīwángwān]

在区驻地山城街道东南方向 17.0 千米。凫城镇辖自然村。人口 400。相传在唐朝，王朴是西台御史，因不满皇帝沉迷女色、不理朝政，他弃官不做，隐居此地，以姓取村名王家湾，后演变为西王湾。聚落呈团块状分布。有农家书屋 1 个、文化大院 1 个。有省级文物保护单位峄县抗日民主政府办公旧址，有鲁南抗日民主政权建设纪念馆。经济以种植小麦、玉米、花椒、核桃为主。有公路经此。

滕州市

城市居民点

翠湖天地小区 370481-I01
[Cuìhú Tiāndì Xiǎoqū]

在区境北部。人口 4 700。总面积 11.4 公顷。寓意一城一湖一天地，极境极景，春暖翠湖，别有天地而命名。2010 年始建，2013 年正式使用。建筑总面积 232 200 平方米，住宅楼 43 栋，其中高层 36 栋、多层 7 栋，中式现代建筑风格，绿地面积 43 852 平方米，有幼儿园、便民超市、卫生所等配套设施。通公交车。

紫竹怡园小区 370481-I02
[Zǐzhúyíyuán Xiǎoqū]

在区境北部。人口1 100，总面积1.0公顷。因象征吉祥如意，具有书香和悦、花木飘香的宜居花园而命名。2006年始建，2012年正式使用。建筑总面积36 865平方米，住宅楼6栋，其中高层2栋、多层4栋，中式现代建筑风格。绿地面积3 137平方米。有便民超市、卫生所等配套设施。通公交车。

九州清晏小区 370481-I03
[Jiǔzhōuqīngyàn Xiǎoqū]

在区境中部。人口9 400。总面积11.5公顷。寓意九州大地河清海晏，繁荣昌盛，和谐稳定。2010年始建，2014年正式使用。建筑总面积482 834平方米，高层住宅楼17栋，中式建筑风格，绿地面积30 738平方米，有幼儿园、便民超市、卫生所等配套设施。通公交车。

农村居民点

欧庄 370481-A03-H01
[Ōuzhuāng]

在市驻地北辛街道东南方向7.3千米。龙泉街道辖自然村。人口400。明洪武二年（1369），欧氏自山西迁此建村，以姓氏命名。聚落呈团块状分布。经济以种植业为主，主产小麦、玉米，盛产油桃。有公路经此。

东沙河 370481-B01-H01
[Dōngshāhé]

东沙河镇人民政府驻地。在市驻地北辛街道东南方向5.0千米。人口3 700。明代即有此村，名南刁庄，位于郭河西南岸。后因洪水泛滥，全村迁至河东，更名沙河寨。因村居沙河东后，又改称东沙河。聚落呈团块状分布。有学校5所、幼儿园14所。经济以种植业为主，主产小麦、玉米、花生、杂粮等。有手套编织厂、汽车修理厂。有公路经此。

单村 370481-B01-H02
[Shàncūn]

在市驻地北辛街道东南方向5.2千米。东沙河镇辖自然村。人口500。村庄为单氏所建，故名单村。聚落呈团块状分布。经济以种植业为主。有公路经此。

王村 370481-B01-H03
[Wángcūn]

在市驻地北辛街道东南方向6.9千米。东沙河镇辖自然村。人口1 400。明初已有村庄，名安乐村。因村处古烽火台之南，称前堌堆。又因距县城八里，称八里堌堆。清顺治年间，王氏迁入，仍用原名。后王姓族支兴旺，1951年村析为四，本村名王村。聚落呈团块状分布。经济以种植业为主。有公路经此。

千年庄 370481-B01-H04
[Qiānniánzhuāng]

在市驻地北辛街道东南方向8.9千米。东沙河镇辖自然村。人口4 300。乡里相传唐王东征，班师回京时经此，地方官绅聚此"参驾"（当地说法，意同"见驾"），后人称村为参驾庄，渐演为千家庄。1953年更为千年庄。聚落呈团块状分布。经济以种植业为主。有公路经此。

陈岗 370481-B01-H05
[Chén'gǎng]

在市驻地北辛街道东方向9.2千米。东沙河镇辖自然村。人口2 200。元末，曹、满二氏迁此建村，因处沙岗之上，故名岗上。明万历初年（1573），陈氏迁入，仍用原名。1949 年因重名，更名陈岗。有省级文物保护单位岗上遗址。聚落呈团块状分布。经济以种植业为主。有公路经此。

前梁 370481-B01-H06
[Qiánliáng]

在市驻地北辛街道东方向 6.4 千米。东沙河镇辖自然村。人口 1 400。明洪武年间，颜氏迁此建村，继有侯、马等姓迁入，因处梁水之滨，取名梁上。因北有梁上，本村又改称南梁。1950 年更为前梁。聚落呈团块状分布。有市级文物保护单位前梁村北遗址。经济以种植业为主。有公路经此。

万年庄 370481-B01-H07
[Wànniánzhuāng]

在市驻地北辛街道东方向 7.3 千米。东沙河镇辖自然村。人口 800。明代中期，万氏自邹县万村迁来建村，故称万年庄。聚落呈团块状分布。经济以种植业为主。有公路经此。

姜桥 370481-B01-H08
[Jiāngqiáo]

在市驻地北辛街道东南方向 8.2 千米。东沙河镇辖自然村。人口 1 400。明初，姜氏自山西洪洞县迁此建村。明洪武年间，为利南北古道之交通，姜氏在村前郭河支流上修建古桥一座，名姜家桥，村因桥名，称姜桥。聚落呈团块状分布。经济以种植业为主。有公路经此。

江楼 370481-B01-H09
[Jiānglóu]

在市驻地北辛街道东方向 7.9 千米。东沙河镇辖自然村。人口 900。明嘉靖年间，江姓人从安徽迁来居住，因所建土楼较多，故称江楼。聚落呈团块状分布。经济以种植业为主。京沪高铁经此。

向阳山 370481-B01-H10
[Xiàngyángshān]

在市驻地北辛街道东南方向 12.0 千米。东沙河镇辖自然村。人口 1 300。明洪武二年（1369），张氏由大彦村迁此建村，因居狐山西麓之中，太阳被山挡着，故取村名为挡阳山，俗称挡狼山。1970 年更为向阳山。聚落呈团块状分布。有市级文物保护单位向阳墓群。经济以种植业为主。有公路经此。

大养德 370481-B01-H11
[Dàyǎngdé]

在市驻地北辛街道东南方向 10.3 千米。东沙河镇辖自然村。人口 1 600。明末，李、刘两氏迁此定居建村。相传，此处原为战国时灵邱侯所设的第一营地，后"营地"音转为"养德"，故名大养德。聚落呈团块状分布。经济以种植业为主。有公路经此。

郭塪堆 370481-B01-H12
[Guōgùduī]

在市驻地北辛街道东南方向 6.9 千米。东沙河镇辖自然村。人口 900。清顺治年间，张、郭二氏迁来村西南定居，其后嗣因村处古烽火台遗址之南，称村为前塪堆。1951 年村分为四，本村名郭家塪堆，今称郭塪堆。聚落呈团块状分布。经济以种植业为主。有公路经此。

洪绪 370481-B02-H01
[Hóngxù]

洪绪镇人民政府驻地。在市驻地北辛街道西南方向 8.1 千米。人口 3 100。明洪武年间，红姓迁此定居，而后王、李、班等姓相继来此定居，故村名红绪，后演化为洪绪。聚落呈环状分布。有文化广场 1 个、小学 4 所、幼儿园 9 所。经济以种植业为主，主产小麦、花生、大豆等。有泡沫加工厂、洗衣膏厂、印刷厂、塑料制品厂、包装制品厂。有公路经此。

后洪绪 370481-B02-H02
[Hòuhóngxù]

在市驻地北辛街道西南方向 6.9 千米。洪绪镇辖自然村。人口 1 000。明洪武初年，匡氏迁居至被称为赤地的北首，继有宇、韦、孟诸姓迁来共建成村，因居防洪坝之北，故名后洪绪。聚落呈团块状分布。有文化广场 1 个。经济以种植业为主。有公路经此。

金庄 370481-B02-H03
[Jīnzhuāng]

在市驻地北辛街道西南方向 8.9 千米。洪绪镇辖自然村。人口 1 800。1687 年，丁卯科贡生金璨任济阳县训导，故村改称金家庄，后演变为金庄。聚落呈团块状分布。有文化广场 1 个。经济以种植业为主。有公路经此。

玉楼 370481-B02-H04
[Yùlóu]

在市驻地北辛街道西南方向 8.2 千米。洪绪镇辖自然村。人口 900。清乾隆年间，张氏在村西北隅筑土坯楼 1 栋，故村名土楼。因重名，更为玉楼。聚落呈团块状分布。有文化广场 1 个。经济以种植业为主。有公路经此。

杜康 370481-B02-H05
[Dùkāng]

在市驻地北辛街道西南方向 10.0 千米。洪绪镇辖自然村。人口 1 000。明洪武年间，杜氏由王晁村迁此建村，名杜家庄，后更名为杜康。聚落呈团块状分布。有文化广场 1 个。经济以种植业为主。有公路经此。

吕庄 370481-B02-H06
[Lǚzhuāng]

在市驻地北辛街道西南方向 13.2 千米。洪绪镇辖自然村。人口 800。明天启年间，宋姓到此立村，当时这里是吕坡吕家的庄园，宋、王为吕家的佃户，故取名吕庄。聚落呈团块状分布。有文化广场 1 个。经济以种植业为主。有公路经此。

苗桥 370481-B02-H07
[Miáoqiáo]

在市驻地北辛街道西南方向 12.2 千米。洪绪镇辖自然村。人口 1 000。宋末，苗氏来此落户定居，取名苗庄。后因有一姓苗的妈妈还愿在村前的河道上修一石桥，又改村名为苗桥。聚落呈团块状分布。有文化广场 1 个。经济以种植业为主。有公路经此。

大颜楼 370481-B02-H08
[Dàyánlóu]

在市驻地北辛街道西南方向 10.1 千米。洪绪镇辖自然村。人口 1 600。始迁祖智，广西桂林府临桂县人，万历年间，七世祖守耕，命诸子拆居，长子有度得此家产建村，名南颜楼。因重名，1982 年更名为大颜楼。聚落呈团块状分布。有文化广场 1 个。经济以种植业为主。有公路经此。

东侯庄 370481-B02-H09
[Dōnghóuzhuāng]

在市驻地北辛街道西南方向 9.9 千米。洪绪镇辖自然村。人口 1 000。明崇祯年间，侯姓富户在此置田设仓，孔、乔等均为侯的佃户，故称为侯家庄。清末更名为东侯庄。聚落呈团块状分布。有文化广场 1 个。经济以种植业为主。有公路经此。

杨园 370481-B02-H10
[Yángyuán]

在市驻地北辛街道西南方向 9.1 千米。洪绪镇辖自然村。人口 1 300。明洪武年间，杨、马二氏迁至白云庵前定居，以种植蔬菜为生，故名杨园。聚落呈团块状分布。经济以种植业为主。有公路经此。

唐庄 370481-B02-H11
[Tángzhuāng]

在市驻地北辛街道西南方向 6.4 千米。洪绪镇辖自然村。人口 500。明崇祯年间，唐氏来此建村，名唐家庄，今称唐庄。聚落呈团块状分布。经济以种植业为主，有丰尔达金属等企业。有公路经此。

幸福坝 370481-B02-H12
[Xìngfúbà]

在市驻地北辛街道西南方向 6.8 千米。洪绪镇辖自然村。人口 400。原是大彦村孙氏的庄园，清顺治年间，王氏迁此为佃户，后渐成村落，名孙庄。1964 年，政府在此村后荆河筑坝蓄水以便灌溉，坝名幸福坝，村遂改名为幸福坝。聚落呈团块状分布。有文化广场 1 个。经济以种植业为主。有公路经此。

南街 370481-B03-H01
[Nánjiē]

南沙河镇人民政府驻地。在市驻地北辛街道东南方向 11.8 千米。人口 1 000。因漷河经此，以河为界，本村居河南，故称南街。聚落呈团块状分布。经济以种植业为主，主产小麦、玉米、花生、地瓜，有彩印包装厂。104 国道经此。

北街 370481-B03-H02
[Běijiē]

在市驻地北辛街道东南方向 10.8 千米。南沙河镇辖自然村。人口 3 100。明洪武二年（1369），王氏迁此立村，以村中河道为界，析立二村，分为南街、北街，该村为北街。聚落呈团块状分布。有文化广场 1 个。经济以种植业为主。有公路经此。

魏村 370481-B03-H03
[Wèicūn]

在市驻地北辛街道东南方向 10.8 千米。南沙河镇辖自然村。人口 1 500。明正德年间，魏氏从薛河之滨南林迁此立村，故名。聚落呈团块状分布。经济以种植业为主。有公路经此。

后辛章 370481-B03-H04
[Hòuxīnzhāng]

在市驻地北辛街道东南方向 9.7 千米。南沙河镇辖自然村。人口 1 900。元末，辛、章两姓来此建村，取村名辛章。清代中期，因人口增多，分建二村，命名为后辛章。聚落呈团块状分布。经济以种植业为主。有公路经此。

南池 370481-B03-H05
[Nánchí]

在市驻地北辛街道东南方向 8.7 千米。南沙河镇辖自然村。人口 2 400。明永乐年间，村民开染坊，常在村北水池打靛，故村称北池靛。后以村中间的东西河沟为界，该村改称南池。聚落呈团块状分布。经济以种植业为主。有公路经此。

北池 370481-B03-H06
[Běichí]

在市驻地北辛街道东南方向 8.2 千米。南沙河镇辖自然村。人口 1 500。明永乐年间，村民开染坊，常在村北水池打靛，故村称北池靛。后以村中间的东西河沟为界，该村改称北池。聚落呈团块状分布。有文化大院 1 个。经济以种植业为主。有公路经此。

上营 370481-B03-H07
[Shàngyíng]

在市驻地北辛街道东南方向 11.8 千米。南沙河镇辖自然村。人口 2 200。明嘉靖二年（1523），官兵后人聚居成村，名狐山营，1968 年更名为上营。聚落呈团块状分布。有市级文物保护单位鲁庄王陵。经济以种植业为主。有公路经此。

东魏 370481-B03-H08
[Dōngwèi]

在市驻地北辛街道东南方向 12.7 千米。南沙河镇辖自然村。人口 900。明嘉靖年间，魏氏从掌大村迁此立村，以姓取村名魏家庄，因重名，1982 年更为东魏。聚落呈团块状分布。经济以种植业为主。有公路经此。

崔庄 370481-B03-H09
[Cuīzhuāng]

在市驻地北辛街道东南方向 13.1 千米。南沙河镇辖自然村。人口 2 200。明洪武六年（1373），崔氏从江苏沛县崔家寨迁此立村，以姓取村名为崔家庄，后简称崔庄。聚落呈团块状分布。经济以种植业为主。有公路经此。

下徐 370481-B03-H10
[Xiàxú]

在市驻地北辛街道东南方向 13.4 千米。南沙河镇辖自然村。人口 2 300。明永乐年间，徐氏由城前迁此建村，名徐庄。清顺治年间分立二村，该村名下徐。聚落呈团块状分布。经济以种植业为主。有公路经此。

大坞 370481-B04-H01
[Dàwù]

大坞镇人民政府驻地。在市驻地北辛街道西方向 16.1 千米。人口 4 500。明洪武年间，张氏自山西忻州迁此，时村中有泉因水浊，名乌泉，故村名大乌。后因"乌"字不雅，更名为大坞。聚落呈团块状分布。有农家书屋 1 个、小学 1 所。经济以种植业为主，主产小麦、玉米、花生、马铃薯、大葱等。321 省道经此。

小坞 370481-B04-H02
[Xiǎowù]

在市驻地北辛街道西北方向 17.5 千米。大坞镇辖自然村。人口 4 400。元代，该村名小吴，明末改小乌。后因"乌"字不雅，以"坞"取代。聚落呈团块状分布。经济以种植业为主。321 省道经此。

两水泉 370481-B04-H03
[Liǎngshuǐquán]

在市驻地北辛街道西北方向 16.4 千米。大坞镇辖自然村。人口 2 800。明洪武年间，徐氏自山西迁至滕西北凉水泉西侧建村，村以泉名，后村名渐演为两水泉。聚落呈团块状分布。经济以种植业为主。有公路经此。

和福 370481-B04-H04
[Héfú]

在市驻地北辛街道西北方向 15.1 千米。大坞镇辖自然村。人口 5 600。明洪武二年（1369），何、傅二姓来此建村，两姓人家和睦相处，取和睦得福之意，改村名为和福。聚落呈团块状分布。有农家书屋 1 个。经济以种植业为主。有公路经此。

大市庄 370481-B04-H05
[Dàshìzhuāng]

在市驻地北辛街道西北方向 13.0 千米。大坞镇辖自然村。人口 1 700。后周广顺二年（952），特进检校太师兼侍中王公，扶父枢迁葬于此，后建庐守墓发展成村，名大榆村。明万历末年，更名为柿庄。后魏氏迁入，改为市庄。明末称大市庄。聚落呈团块状分布。经济以种植业为主。321 省道经此。

小市庄 370481-B04-H06
[Xiǎoshìzhuāng]

在市驻地北辛街道西北方向 13.6 千米。大坞镇辖自然村。人口 1 600。明万历年间，孙氏由奎子来大市庄西南里许建村，遂称市庄，明末更名为小市庄。1813 年称前市庄，1913 年复名小市庄。聚落呈团块状分布。经济以种植业为主。有公路经此。

战河 370481-B04-H07
[Zhànhé]

在市驻地北辛街道西北方向 11.6 千米。大坞镇辖自然村。人口 1 400。明洪武元年（1368），战氏由山西迁此建村，因村址临近北沙河，故名战河。聚落呈团块状分布。经济以种植业为主。有公路经此。

休城 370481-B04-H08
[Xiūchéng]

在市驻地北辛街道西北方向 13.3 千米。大坞镇辖自然村。人口 4 100。2 100 多年前，此地作为休侯的封邑而名休城，今仍以休城为村名。聚落呈团块状分布。有市级文物保护单位洪福寺。经济以种植业为主。321 省道经此。

马楼 370481-B04-H09
[Mǎlóu]

在市驻地北辛街道西北方向 15.3 千米。大坞镇辖自然村。人口 1 400。明洪武年间，马氏自焦村来此建村，盖有楼房，故名马楼。聚落呈团块状分布。经济以种植业为主。321 省道经此。

大邵庄 370481-B04-H10
[Dàshàozhuāng]

在市驻地北辛街道西北方向 15.5 千米。大坞镇辖自然村。人口 1 700。明崇祯年间，邵氏自望冢邵村来此建村，名邵庄。因重名，1982 年更为大邵庄。聚落呈团块状分布。经济以种植业为主。有公路经此。

吴楼 370481-B04-H11
[Wúlóu]

在市驻地北辛街道西北方向 15.6 千米。大坞镇辖自然村。人口 1 000。原名王家大楼，清顺治年间，吴氏迁此，更为吴家大楼，简称吴楼。聚落呈团块状分布。经济以种植业为主。有公路经此。

东洋汶 370481-B04-H12
[Dōngyángwèn]

在市驻地北辛街道西北方向 17.1 千米。大坞镇辖自然村。人口 1 100。明初，赵氏来滕，居赵家坡。宣德年间，迁居羊温东 2 千米处建村，村遂称羊温。后以方位名东羊温，后更名为东洋汶。聚落呈团块状分布。经济以种植业为主。有公路经此。

尹庄 370481-B04-H13
[Yǐnzhuāng]

在市驻地北辛街道西北方向 16.4 千米。大坞镇辖自然村。人口 500。清康熙初年，尹姓由肥城岩崆迁此建村，故名尹庄。聚落呈团块状分布。经济以种植业为主。有公路经此。

姜庄 370481-B04-H14
[Jiāngzhuāng]

在市驻地北辛街道西北方向16.2千米。大坞镇辖自然村。人口1 200。清康熙年间，姜氏由城关沙窝街经马楼迁此建村，故名姜家庄，后称姜庄。聚落呈团块状分布。经济以种植业为主。有公路经此。

大刘庄 370481-B04-H15
[Dàliúzhuāng]

在市驻地北辛街道西北方向19.0千米。大坞镇辖自然村。人口6 400。明洪武二年（1369），刘氏自山西临汾经单县来滕，初居望冢，再迁无相村居20余年，后在其北二里许处置地而居，村初名刘家洼，后更名为大刘庄。聚落呈团块状分布。经济以种植业为主。有公路经此。

后岗子 370481-B04-H16
[Hòugǎngzi]

在市驻地北辛街道西北方向18.8千米。大坞镇辖自然村。人口1 100。明洪武二年（1369），曹、仲、刘三氏相继来此建村，因村地势较高，名岗上村，俗称岗子。1949年以村中小河为界，分南北二村，本村居北，称后岗子。聚落呈团块状分布。经济以种植业为主。有公路经此。

前岗子 370481-B04-H17
[Qiángǎngzi]

在市驻地北辛街道西北方向18.7千米。大坞镇辖自然村。人口1 700。明洪武二年（1369），曹、仲、刘三氏相继来此建村，因村地势较高，名岗上村，俗称岗子。1949年以村中小河为界，分南北二村，本村居南，称前岗子。聚落呈团块状分布。

有小学1所。经济以种植业为主。有公路经此。

岗头 370481-B05-H01
[Gǎngtóu]

滨湖镇人民政府驻地。在市驻地北辛街道西北方向23.8千米。人口4 300。因地处土岗之西端，故名岗头。聚落呈团块状分布。有中学1所、小学1所。经济以种植业、旅游业为主，主要农作物有玉米、小麦等，名优特产品有松花蛋、咸蛋、藕粉、荷叶茶等，绿色环保农产品有莲子、芡实、菱角、白莲藕等。省道济微路经此。

田桥 370481-B05-H02
[Tiánqiáo]

在市驻地北辛街道西南方向17.8千米。滨湖镇辖自然村。人口5 000。因田姓居住在此处，故名田家桥，后简称田桥。聚落呈团块状分布。经济以种植业为主。有公路经此。

西洋汶 370481-B05-H03
[Xīyángwèn]

在市驻地北辛街道西南方向18.2千米。滨湖镇辖自然村。人口1 500。因村东有温泉，村北有重阳寺，故村名演变为阳温。明宣德年间，赵氏分支移徙至阳温东立村，称东阳温，阳温遂称西阳温。后讹写为西洋汶。聚落呈团块状分布。经济以种植业为主。有公路经此。

邱村 370481-B05-H04
[Qiūcūn]

在市驻地北辛街道西南方向19.1千米。滨湖镇辖自然村。人口2 000。明洪武年间，邱氏自山西迁滕，经湖区邱家坝等地三迁建村于此地，以姓命村名邱家村，今称邱村。聚落呈团块状分布。经济以种植业为主。有公路经此。

望庄 370481-B05-H05
[Wàngzhuāng]

在市驻地北辛街道西南方向20.8千米。滨湖镇辖自然村。人口3 600。相传，光武帝思念故友严子陵，亲临严村探望时，严已病故，又亲吊其坟墓，归途中至此，仍勒马望冢，故村得名望冢，后更名为望庄。聚落呈团块状分布。有学校2所。经济以种植业为主。有公路经此。

严村 370481-B05-H06
[Yáncūn]

在市驻地北辛街道西南方向22.0千米。滨湖镇辖自然村。人口1 200。相传严姓最早居此，因村后有严子陵之墓，明代立有严子陵墓墓碑，故以姓名村。聚落呈团块状分布。经济以种植业为主。有公路经此。

李村 370481-B05-H07
[Lǐcūn]

在市驻地北辛街道西南方向21.3千米。滨湖镇辖自然村。人口1 200。此地在唐代属石井村，后因李氏迁居于此，故以姓更名为李家村，后简称李村。聚落呈团块状分布。经济以种植业为主。有公路经此。

东马 370481-B05-H08
[Dōngmǎ]

在市驻地北辛街道西南方向21.7千米。滨湖镇辖自然村。人口1 600。马氏由山西洪洞县迁入建村，名马村。后分支再迁村东北半里许建新村，名小马，该村遂改称东马。聚落呈团块状分布。经济以种植业为主。有公路经此。

西马 370481-B05-H09
[Xīmǎ]

在市驻地北辛街道西南方向21.9千米。滨湖镇辖自然村。人口1 800。马氏由山西洪洞县迁入建村，名马村。后分支建东马，本村改称西马。聚落呈团块状分布。经济以种植业为主。该村是蛋制品加工专业村，有微山湖运河食品、莲花食品有限公司等企业。有公路经此。

陈宏楼 370481-B05-H10
[ChénhóngLóu]

在市驻地北辛街道西南方向21.0千米。滨湖镇辖自然村。人口2 300。相传，陈氏最早于此建村，村名陈家楼，后因重名，更名为陈宏楼。聚落呈团块状分布。经济以种植业、养殖业为主，养殖貂、猪。有公路经此。

南徐楼 370481-B05-H11
[Nánxúlóu]

在市驻地北辛街道西南方向21.5千米。滨湖镇辖自然村。人口4 000。相传，明代徐、贾二氏最早迁此置田建楼，取村名徐贾楼，后逐渐演化，更名为南徐楼。聚落呈团块状分布。有小学1所、幼儿园1所。经济以种植业为主。有公路经此。

四合 370481-B05-H12
[Sìhé]

在市驻地北辛街道西南方向22.5千米。滨湖镇辖自然村。人口1 700。1966年，微山县留庄公社的马口、尤口、孟口、石口四个村的部分移民迁此，称村名新村。1982年更名为四合。聚落呈团块状分布。经济以种植业为主。有公路经此。

吕堂 370481-B05-H13
[Lǚtáng]

在市驻地北辛街道西南方向22.7千米。滨湖镇辖自然村。人口1 200。因李氏于此建祠堂一座，故村称李家堂。后吕姓迁入，改为吕家堂，后简称吕堂。聚落呈团块状分布。经济以种植业为主，有松花蛋加工厂10余家。有公路经此。

西周 370481-B05-H14
［Xīzhōu］

在市驻地北辛街道西南方向24.0千米。滨湖镇辖自然村。人口1 100。明初，周氏兄弟从齐东县迁滕，兄弟二人分居两处，各立一村，以姓称村名。本村为大周村，居西，后按方位改称西周。聚落呈团块状分布。经济以种植业为主。有公路经此。

西辛安 370481-B05-H15
［Xīxīn 'ān］

在市驻地北辛街道西南方向24.3千米。滨湖镇辖自然村。人口2 000。因辛、安两姓最早建村，故村名辛安里。后一分支迁村西建村，称西辛安。聚落呈团块状分布。经济以种植业为主。有公路经此。

赫村 370481-B05-H16
［Hècūn］

在市驻地北辛街道西南方向21.7千米。滨湖镇辖自然村。人口1 300。因赫氏迁此建村而得名。1967年改名革命村，1982年复名赫村。聚落呈团块状分布。经济以种植业为主。有公路经此。

东盖 370481-B05-H17
［Dōnggài］

在市驻地北辛街道西南方向23.1千米。滨湖镇辖自然村。人口2 000。相传，盖姓最早在此建村，以姓名村。后王氏于明初由晋迁滕，其八支又迁村东定居，称东盖。聚落呈团块状分布。经济以种植业为主。有公路经此。

西盖 370481-B05-H18
［Xīgài］

在市驻地北辛街道西南方向24.7千米。滨湖镇辖自然村。人口1 700。相传，盖姓最早在此建村，以姓名村。后王氏于明初由晋迁滕，五支居此，改称西盖。聚落呈团块状分布。经济以种植业为主。有公路经此。

东焦 370481-B05-H19
［Dōngjiāo］

在市驻地北辛街道西南方向25.3千米。滨湖镇辖自然村。人口2 100。据传，西汉时期为焦花女故居焦村，后马氏由山西洪洞县迁此定居，仍沿用原村名。后经发展，分建三村，本村居东，名东焦。聚落呈团块状分布。经济以种植业为主。有公路经此。

西焦 370481-B05-H20
［Xījiāo］

在市驻地北辛街道西南方向25.6千米。滨湖镇辖自然村。人口1 100。据传，西汉时期为焦花女故居焦村，后马氏由山西洪洞县迁此定居，仍沿用原村名。后经发展，分建三村，本村居西，名西焦。聚落呈团块状分布。经济以种植业、养殖业为主。有公路经此。

北焦 370481-B05-H21
［Běijiāo］

在市驻地北辛街道西北方向25.7千米。滨湖镇辖自然村。人口1 000。据传，西汉时期为焦花女故居焦村，后马氏由山西洪洞县迁此定居，仍沿用村名。后经发展，分建三村，本村居北，称北焦。聚落呈团块状分布。经济以种植业为主。有公路经此。

黄桥 370481-B05-H22
[Huángqiáo]

　　在市驻地北辛街道西方向 23.5 千米。滨湖镇辖自然村。人口 700。清康熙年间，黄氏由望冢迁此地建村，因村北有桥，故名黄家桥，今称黄桥。聚落呈团块状分布。经济以种植业为主。有公路经此。

七所楼 370481-B05-H23
[Qīsuǒlóu]

　　在市驻地北辛街道西南方向 21.8 千米。滨湖镇辖自然村。人口 1 400。清同治年间，因村内建楼房 7 座，故改村名为七所楼。聚落呈团块状分布。有文化大院 1 个、综合文化广场 1 个。经济以种植业为主。有公路经此。

奎子 370481-B05-H24
[Kuízi]

　　在市驻地北辛街道西方向 22.6 千米。滨湖镇辖自然村。人口 1 300。明洪武二年（1369），孙氏迁此建村，且村处奎星河内侧，故名奎子。聚落呈团块状分布。经济以种植业为主。有公路经此。

三山 370481-B05-H25
[Sānshān]

　　在市驻地北辛街道西北方向 26.2 千米。滨湖镇辖自然村。人口 2 700。因村北靠牧山、青山、平山而得名。聚落呈团块状分布。经济以种植业为主。有公路经此。

级索 370481-B06-H01
[Jísuǒ]

　　级索镇人民政府驻地。在市驻地北辛街道西南方向 16.6 千米。人口 7 800。明洪武年间，龙氏由滕州城迁此建村，因地形如梯级，级级蜿蜒如索，故称级索。有幼儿园 2 所、小学 1 所、中学 1 所。经济以种植业为主，主产小麦、玉米等粮食作物。有食品加工、化肥制造、橡胶制造、水泥制造等业。320 省道经此。

千佛阁 370481-B06-H02
[Qiānfógé]

　　在市驻地北辛街道西南方向 13.5 千米。级索镇辖自然村。人口 1 000。明洪武年间，始祖自山西洪洞县迁此建村，因当时有千佛阁，庙中有千尊佛像，故取村名为千佛阁。聚落呈团块状分布。经济以种植业为主。有公路经此。

后杨岗 370481-B06-H03
[Hòuyánggǎng]

　　在市驻地北辛街道西南方向 12.6 千米。级索镇辖自然村。人口 1 800。明洪武年间，始祖自山西洪洞县迁此建村，因村立于岗上，故取村名为杨岗。后有马氏在村前另立一村，取村名为前杨岗，此村遂改称后杨岗。聚落呈团块状分布。经济以种植业为主。有公路经此。

姚庄 370481-B06-H04
[Yáozhuāng]

　　在市驻地北辛街道西南方向 15.0 千米。级索镇辖自然村。人口 1 400。明洪武年间，始祖自山西洪洞县迁此建村，初名复兴庄。后因村西建一座砖瓦窑，众称窑庄，继而演称姚庄。聚落呈团块状分布。经济以种植业为主。有公路经此。

前泉上 370481-B06-H05
[Qiánquánshàng]

　　在市驻地北辛街道西南方向 16.6 千米。级索镇辖自然村。人口 1 400。初名刘先庄，后称绞沟泉。清乾隆年间，碑刻金水泉，简称泉上。后分为两村，更名为前泉上。

1992 年搬迁至新址。聚落呈团块状分布。有学校 1 所。经济以种植业为主。有公路经此。

后泉上 370481-B06-H06
[Hòuquánshàng]

在市驻地北辛街道西南方向 14.4 千米。级索镇辖自然村。人口 1 200。初名刘先庄，后称绞沟泉。清乾隆年间，碑刻金水泉，简称泉上。后分为两村，更为后泉上。1991 年搬迁至新址。聚落呈团块状分布。有图书室 1 个。经济以种植业为主。有公路经此。

郝屯 370481-B06-H07
[Hǎotún]

在市驻地北辛街道西南方向 16.0 千米。级索镇辖自然村。人口 1 300。据传，明洪武年间，郝氏自山西洪洞县迁此定居，取村名为郝屯。聚落呈团块状分布。经济以种植业为主。有公路经此。

前韩庄 370481-B06-H08
[Qiánhánzhuāng]

在市驻地北辛街道西南方向 21.3 千米。级索镇辖自然村。人口 1 800。韩姓最早迁此建村，取村名韩庄，后分为二，本村居前，称前韩庄。聚落呈团块状分布。有幼儿园 1 所。经济以种植业为主。有公路经此。

董庄 370481-B06-H09
[Dǒngzhuāng]

在市驻地北辛街道西南方向 18.5 千米。级索镇辖自然村。人口 1 900。始祖于明洪武年间自山西洪洞县迁此落户，时因董姓兴旺，故取村名董庄。聚落呈团块状分布。有学校 1 所。经济以种植业为主。有公路经此。

水磨庄 370481-B06-H10
[Shuǐmòzhuāng]

在市驻地北辛街道西南方向 19.5 千米。级索镇辖自然村。人口 2 000。因泉水绕村北，河水绕村南，"磨"者绕也，故名水磨庄。聚落呈团块状分布。有文化长廊 1 处、文化娱乐室 1 个。经济以种植业为主。有公路经此。

西韩桥 370481-B06-H11
[Xīhánqiáo]

在市驻地北辛街道西南方向 20.7 千米。级索镇辖自然村。人口 3 600。村前有通利桥，于明万历年间重修，因为韩氏所建，村因桥名，故称韩桥。1982 年更名为西韩桥。聚落呈团块状分布。经济以种植业为主。有公路经此。

淤庄 370481-B06-H12
[Yūzhuāng]

在市驻地北辛街道西南方向 21.8 千米。级索镇辖自然村。人口 2 000。明初，始祖自东南於村迁此建村，取村名为淤庄。聚落呈团块状分布。经济以种植业为主。有公路经此。

大官庄 370481-B06-H13
[Dàguānzhuāng]

在市驻地北辛街道西南方向 17.1 千米。级索镇辖自然村。人口 1 800。因孔氏族人于明、清两代历任大官，且均葬于祖茔，故取村名为大官庄。聚落呈团块状分布。经济以种植业为主。有公路经此。

小官庄 370481-B06-H14
[Xiǎoguānzhuāng]

在市驻地北辛街道西南方向 17.7 千米。级索镇辖自然村。人口 1 300。明天启年间，苏氏由滕迁大官庄之西立村，取村名为小官庄。聚落呈团块状分布。有农家书屋1个。经济以种植业为主。320省道经此。

东龙岗 370481-B06-H15
[Dōnglónggǎng]

在市驻地北辛街道西南方向21.2千米。级索镇辖自然村。人口4 700。因村居龙岗东，故称东龙岗。聚落呈团块状分布。经济以种植业为主。320省道经此。

西龙岗 370481-B06-H16
[Xīlónggǎng]

在市驻地北辛街道西南方向20.6千米。级索镇辖自然村。人口1 600。杜氏二十一世族于宋初迁此建村，因村居龙岗之西，故取村名西龙岗。聚落呈团块状分布。经济以种植业为主。320省道经此。

前寨 370481-B07-H01
[Qiánzhài]

西岗镇人民政府驻地。在市驻地北辛街道西南方向19.1千米。人口2 500。1940年，魏姓绕舍修筑围墙，自立一村，取村名前寨。聚落呈团块状分布。有小学1所。经济以种植业为主，主产小麦、玉米等粮食。有煤矿和炼焦厂。有公路经此。

大王庄 370481-B07-H02
[Dàwángzhuāng]

在市驻地北辛街道西南方向18.5千米。西岗镇辖自然村。人口1 700。明建文年间，钟氏迁此建村，村名钟家楼。清初，王氏迁入，族支兴旺，遂改村名为大王庄。聚落呈团块状分布。有幼儿园1个。经济以种植业为主。313省道经此。

东王庄 370481-B07-H03
[Dōngwángzhuāng]

在市驻地北辛街道西南方向18.1千米。西岗镇辖自然村。人口800。清康熙年间，王氏由山西迁此建村，取村名王庄。后因西邻王庄较大，遂改称小王庄。1982年更称东王庄。聚落呈团块状分布。经济以种植业为主。313省道经此。

北孔庄 370481-B07-H04
[Běikǒngzhuāng]

在市驻地北辛街道西南方向18.9千米，西岗镇辖自然村。人口300。清乾隆年间，孔氏自曲阜林前村迁居于此，以姓氏取村名小孔庄。1958年改称北孔庄。聚落呈团块状分布。经济以种植业为主。313省道经此。

南魏庄 370481-B07-H05
[Nánwèizhuāng]

在市驻地北辛街道西南方向17.9千米。西岗镇辖自然村。人口700。清雍正年间，魏、赵二姓迁此建村，因魏氏人口兴旺，故称村名为南魏庄。聚落呈团块状分布。有文体广场1个。经济以种植业为主，有郭庄煤矿、启源建筑公司等企业。313省道经此。

小花庄 370481-B07-H06
[Xiǎohuāzhuāng]

在市驻地北辛街道西南方向18.4千米，西岗镇辖自然村。人口200。清乾隆年间，孔氏由曲阜迁此建村，称辛庄。后因花姓人口较多，改村名为花庄。因重名，1982年更为小花庄。聚落呈团块状分布。经济以种植业为主，是西岗镇重要的香椿芽和菜种培育基地。313省道经此。

野庄 370481-B07-H07
[Yězhuāng]

在市驻地北辛街道西南方向17.6千米。西岗镇辖自然村。人口 800。清代中期，孔氏由文登县迁此建村，沿用原籍村名野庄。聚落呈团块状分布。经济以种植业为主。313 省道经此。

郭庄 370481-B07-H08
[Guōzhuāng]

在市驻地北辛街道西南方向15.9千米。西岗镇辖自然村。人口 1 400。明崇祯年间，郭氏来此建村，初名东岗，后以姓称郭庄。聚落呈团块状分布。经济以种植业、煤炭运输为主，有郭庄煤矿、盛世公司。313 省道经此。

杈子园 370481-B07-H09
[Chāziyuán]

在市驻地北辛街道西南方向17.1千米。西岗镇辖自然村。人口 1 100。明成化年间，此地为清泉寺村赵姓的菜园，又称后园。因园内种植杈子条较多，村名遂演为杈子园。聚落呈团块状分布。经济以种植业为主。313 省道经此。

清泉寺 370481-B07-H10
[Qīngquánsì]

在市驻地北辛街道西南方向17.8千米。西岗镇辖自然村。人口 1 200。据寺碑载，村东有泉成溪，流水清澈，故名清沟村。后以寺名村清凉寺。民国初期，因绕村修土圩，一度改名清泉寨，后演为清泉寺。聚落呈团块状分布。有学校 1 所。经济以种植业为主。313 省道经此。

大屯 370481-B07-H11
[Dàtún]

在市驻地北辛街道西南方向18.5千米。西岗镇辖自然村。人口 1 400。明万历十年（1582），张氏自文登县迁此建村，以原籍村名称大屯。聚落呈团块状分布。经济以种植业为主。有公路经此。

祝陈 370481-B07-H12
[Zhùchén]

在市驻地北辛街道西南方向18.5千米。西岗镇辖自然村。人口 3 600。其中土家族、布依族占 0.6%。居清泉寺前，又称清泉寺前村，后以祝、陈二姓更名为祝陈。聚落呈团块状分布。有文化广场 1 个。经济以种植业为主。313 省道经此。

南荒 370481-B07-H13
[Nánhuāng]

在市驻地北辛街道西南方向20.2千米。西岗镇辖自然村。人口 1 200。清顺治年间，孔氏迁此建村，因地处荒野，故取村名南荒。聚落呈团块状分布。有文化广场 1 个。经济以种植业为主。有公路经此。

南曹庄 370481-B07-H14
[Náncáozhuāng]

在市驻地北辛街道西南方向20.4千米。西岗镇辖自然村。人口 700。元至元年间，马、曹二姓先后迁来建村，以曹姓取村名曹庄。因重名，1958 年改称南曹庄。聚落呈团块状分布。有市级文物保护单位南曹庄遗址。经济以种植业为主。有公路经此。

东刘仙 370481-B07-H15
[Dōngliúxiān]

在市驻地北辛街道西南方向21.6千米。西岗镇辖自然村。人口 500。清顺治年间，秀才刘轩迁此建村，以其姓名称刘轩庄，后演称刘仙庄。1958 年分两村，本村居东，称东刘仙。聚落呈团块状分布。经济以种植业为主。有公路经此。

南孔庄 370481-B07-H16
[Nánkǒngzhuāng]

在市驻地北辛街道西南方向22.9千米。西岗镇辖自然村。人口1 300。清康熙年间，巩姓迁此立村，名巩庄。清宣统年间，孔氏迁入后改名孔庄。因重名，1958年更为南孔庄。聚落呈团块状分布。经济以种植业为主。有公路经此。

姜屯 370481-B08-H01
[Jiāngtún]

姜屯镇人民政府驻地。在市驻地北辛街道西南方向8.3千米。人口1 600。姜氏迁此建村，名姜家屯。宋末元初，因该村常为官兵碾米，故有"姜碾屯"之称，后称姜屯。有中学2所、小学1所、幼儿园1所。经济以种植业为主，农作物有小麦、玉米、杂粮、蔬菜。有纺织业、印刷业、金属制品加工业等。省道济枣路经此。

万福楼 370481-B08-H02
[Wànfúlóu]

在市驻地北辛街道西方向9.8千米。姜屯镇辖自然村。人口800。明万历年间，王氏由西辛安迁此建村，兴筑楼房，因故中途停建，故村名俗称半截楼。后因名称不雅，改称万福楼。聚落呈团块状分布。有市级文物保护单位万福楼遗址。经济以种植业为主。有公路经此。

营里 370481-B08-H03
[Yínglǐ]

在市驻地北辛街道西方向10.6千米。姜屯镇辖自然村。人口1 000。相传，此地为古时屯兵之所，唐代聚居成村，名南营。其后，胡、孔、陈等姓相继迁入，更名为营里。聚落呈团块状分布。有文化广场1个。经济以种植业为主。有公路经此。

后刘楼 370481-B08-H04
[Hòuliúlóu]

在市驻地北辛街道西方向8.2千米。姜屯镇辖自然村。人口1 200。清嘉庆年间，刘氏一支由滕西刘庄迁此建村，村名刘家楼。清末，张、马氏相继迁入，曾一度分称东、西刘楼，后统称刘楼。1985年更名为后刘楼。聚落呈团块状分布。经济以种植业为主。有公路经此。

西马厂 370481-B08-H05
[Xīmǎchǎng]

在市驻地北辛街道西方向9.1千米。姜屯镇辖自然村。人口900。该村原名小徐庄。明弘治年间，马氏由焦村迁此定居，遂改称小马厂。1982年更名为西马厂。聚落呈团块状分布。有幼儿园1所。经济以种植业为主。有公路经此。

苏屯 370481-B08-H06
[Sūtún]

在市驻地北辛街道西方向8.7千米。姜屯镇辖自然村。人口700。明洪武二十二年（1389），苏氏由直隶任县来此建村，村名苏家屯，今称苏屯。聚落呈团块状分布。经济以种植业为主。有公路经此。

小洪疃 370481-B08-H07
[Xiǎohóngtuǎn]

在市驻地北辛街道西方向7.0千米。姜屯镇辖自然村。人口1 400。唐开元末年，此处因靠北沙河，土壤肥沃，水草丛生，来此垦荒者聚居成村，村名洪疃。后因村西南早有洪疃，遂改称小洪疃。聚落呈团块状分布。经济以种植业为主。有公路经此。

北邢庄 370481-B08-H08
[Běixíngzhuāng]

在市驻地北辛街道西方向 6.2 千米。姜屯镇辖自然村。人口 800。元朝末期，邢氏来此建村，村名邢家庄。1982 年更名为北邢庄。聚落呈团块状分布。经济以种植业为主。104 国道经此。

西党 370481-B08-H09
[Xīdǎng]

在市驻地北辛街道西方向 6.4 千米。姜屯镇辖自然村。人口 1 200。明万历元年（1573）重修三圣祠，庙碑载有党家村之名。1982 年更名为西党。聚落呈团块状分布。有小学 1 所。经济以种植业为主。有公路经此。

张寨 370481-B08-H10
[Zhāngzhài]

在市驻地北辛街道西方向 5.9 千米。姜屯镇辖自然村。人口 600。明代中期，张氏来此建村，为防盗筑土寨，村名张家寨，简称张寨。聚落呈团块状分布。经济以种植业为主。有公路经此。

商村 370481-B08-H11
[Shāngcūn]

在市驻地北辛街道西方向 5.1 千米。姜屯镇辖自然村。人口 1 900。商村原为陈疃村，明末商氏迁入，更名为商家村，简称商村。聚落呈团块状分布。经济以种植业为主。有公路经此。

苏桥 370481-B08-H12
[Sūqiáo]

在市驻地北辛街道西方向 7.6 千米。姜屯镇辖自然村。人口 300。明代中期，苏氏为利乡里交通，倡导建桥，且捐资最多，故桥名苏家桥，村以桥名。聚落呈团块状分布。经济以种植业为主。有公路经此。

大彦 370481-B08-H13
[Dàyàn]

在市驻地北辛街道西方向 6.7 千米。姜屯镇辖自然村。人口 4 400。明洪武二年（1369），孙氏迁此建村，时村前为一漫洼，常年积水，大雁成群栖息于此，故村名大雁村，后演为大彦。聚落呈团块状分布。有文化广场 1 个。有市级文物保护单位大彦遗址。经济以种植业为主。有公路经此。

南俞庄 370481-B08-H14
[Nányúzhuāng]

在市驻地北辛街道西方向 7.0 千米。姜屯镇辖自然村。人口 600。清雍正末年，俞氏来此建村，因村西有堌堆（古烽火台遗址），故名俞堌堆，2002 年更名为南俞庄。聚落呈团块状分布。经济以种植业为主。有公路经此。

宋王楼 370481-B08-H15
[Sòngwánglóu]

在市驻地北辛街道西方向 8.5 千米。姜屯镇辖自然村。人口 1 100。明弘治末年，王氏来此建村，名王家楼。清顺治年间，宋姓迁居该村，1934 年改称宋王楼。聚落呈团块状分布。有幼儿园 1 所。经济以种植业为主。有公路经此。

前徐庄 370481-B08-H16
[Qiánxúzhuāng]

在市驻地北辛街道西方向 8.0 千米。姜屯镇辖自然村。人口 600。相传，明万历年间，赵姓在此建村，名赵家庄。清宣统二年（1910），徐姓迁入后更名为徐庄。后为区别于村北的徐庄，更名为前徐庄。聚落呈团块状分布。经济以种植业为主。有公路经此。

南李楼 370481-B08-H17
[Nánlǐlóu]

在市驻地北辛街道西方向 9.6 千米。姜屯镇辖自然村。人口 700。明万历年间，李氏迁此成村，并建有楼房，故名李楼。因重名，1982 年更名为南李楼。聚落呈团块状分布。有文化广场 1 个。经济以种植业为主。320 省道经此。

西滕城 370481-B08-H18
[Xīténgchéng]

在市驻地北辛街道西方向 11.2 千米。姜屯镇辖自然村。人口 1 100。滕城在城西南十五里，周围二十里，内有子城。此地是古滕国旧址，先后有徐、方等姓氏迁来，在子城西侧定居，名为西滕城。聚落呈团块状分布。经济以种植业为主。320 省道经此。

东滕城 370481-B08-H19
[Dōngténgchéng]

在市驻地北辛街道西方向 10.6 千米。姜屯镇辖自然村。人口 1 400。明万历年间，谷、冯、张、侯等姓迁此，于故滕城子城址定居。清初，何、董等姓相继迁入，以古滕国故城方位，名村东滕城。聚落呈团块状分布。有省级文物保护单位滕文公台。有文化广场 1 个、小学 1 所。经济以种植业为主。320 省道经此。

庄里西 370481-B08-H20
[Zhuānglǐxī]

在市驻地北辛街道西方向 11.3 千米。姜屯镇辖自然村。人口 800。金大定年间即已成村，名阁村，因于此设里正，村名渐演为庄里。1950 年村分为二，因本村居西，

故称庄里西。聚落呈团块状分布。有文化大院 1 个。有滕国点将台、官爷庙 2 处古遗址。经济以种植业为主，有家具厂、新型建筑材料公司。320 省道经此。

前孔庄 370481-B08-H21
[Qiánkǒngzhuāng]

在市驻地北辛街道西方向 10.7 千米。姜屯镇辖自然村。人口 1 500。明中期，孔尚珍、孔尚训兄弟由级索迁此建村，名孔家庄。因重名，1949 年更为南孔庄，今称前孔庄。聚落呈团块状分布。有文化广场 1 个。经济以种植业为主，加工豆制品。有公路经此。

西官庄 370481-B08-H22
[Xīguānzhuāng]

在市驻地北辛街道西方向 11.4 千米。姜屯镇辖自然村。人口 600。相传，明洪武年间大迁民时建村，官方设立的村庄称官庄，此官庄在县城西，故名西官庄。聚落呈团块状分布。有小学 1 所。经济以种植业为主。有公路经此。

鲍沟东村 370481-B09-H01
[Bàogōudōngcūn]

鲍沟镇人民政府驻地。在市驻地北辛街道西南方向 15.3 千米。人口 1 400。初名陈许村，宋代鲍姓居此，以沟渠相间，更为鲍家沟。1949 年与闵楼、街后、倪庄合并，统称鲍沟。1950 年分置四村，本村称鲍沟东村。聚落呈带状分布。经济以种植业为主，主产小麦、玉米。有农机修造厂。104 国道经此。

大杨楼 370481-B09-H02
[Dàyánglóu]

在市驻地北辛街道西南方向 16.0 千米。鲍沟镇辖自然村。人口 1 200。明崇祯年间，

杨氏由阳阿村（今琉璃庙）迁此定居。清乾隆年间改村名为杨家楼。因重名，1982年更名为大杨楼。聚落呈团块状分布。有文化广场1个。经济以种植业为主。104国道经此。

圈里 370481-B09-H03
[Quānlǐ]

在市驻地北辛街道西南方向14.3千米。鲍沟镇辖自然村。人口2 200。原名姬圈里，明宣德年间，陈氏迁入，村改名圈里。聚落呈团块状分布。经济以种植业为主。104国道经此。

华庄 370481-B09-H04
[Huàzhuāng]

在市驻地北辛街道西南方向13.1千米。鲍沟镇辖自然村。人口600。明嘉靖年间建村，因是华姓人聚居的地方，村由华姓人家命名为华家庄，后简称华庄。聚落呈团块状分布。有文化广场1个。经济以种植业为主。104国道经此。

西宁 370481-B09-H05
[Xīníng]

在市驻地北辛街道西南方向12.9千米。鲍沟镇辖自然村。人口800。明洪武年间建村，原名东房前村。清初，宁姓来此定居，且人口较多，故改为宁家。1956年分为两村，本村为西宁。聚落呈团块状分布。经济以种植业为主。有公路经此。

大李楼 370481-B09-H06
[Dàlǐlóu]

在市驻地北辛街道西南方向19.4千米。鲍沟镇辖自然村。人口1 400。元末，邱、王两姓在此建村，取名邱疃。后因洪水及瘟疫等灾害，仅王氏幸存。明洪武年间，李氏由山西洪洞县迁此定居，至清代中期

兴建楼房，遂改村名为大李楼。聚落呈团块状分布。经济以种植业为主。有公路经此。

闵楼 370481-B09-H07
[Mǐnlóu]

在市驻地北辛街道西南方向18.5千米。鲍沟镇辖自然村。人口2 100。闵氏由曲阜迁至滕，在此建楼房居住，故名。聚落呈团块状分布。有小学1所。经济以种植业为主。104国道经此。

西磨庄 370481-B09-H08
[Xīmòzhuāng]

在市驻地北辛街道西南方向16.2千米。鲍沟镇辖自然村。人口1 600。战国时期，薛国曾于此设有石磨市场，俗称磨市。明初，丁氏迁入时已非交易之所，更村名为磨庄。聚落呈团块状分布。经济以种植业为主。有公路经此。

裴楼 370481-B09-H09
[Péilóu]

在市驻地北辛街道西南方向20.0千米。鲍沟镇辖自然村。人口1 300。明洪武年间，裴氏由西辛庄迁此建村，名裴家楼，后称裴楼。聚落呈团块状分布。经济以种植业为主。104国道经此。

东石庙 370481-B09-H10
[Dōngshímiào]

在市驻地北辛街道西南方向13.8千米。鲍沟镇辖自然村。人口900。此处原有村庄名丁存镇，明嘉靖年间，村内用石料建庙宇1座，俗称石庙，村名亦渐演为东石庙。聚落呈团块状分布。有文化广场1个。经济以种植业为主。104国道经此。

吕坡 370481-B09-H11
[Lǔpō]

在市驻地北辛街道西南方向12.7千米。鲍沟镇辖自然村。人口3 400。宋初，原名云家楼。元初，因吕姓族人在此居住，得名吕坡。聚落呈团块状分布。有市级保护文物吕坡遗址。经济以种植业为主。有公路经此。

马庄 370481-B09-H12
[Mǎzhuāng]

在市驻地北辛街道西南方向11.9千米。鲍沟镇辖自然村。人口1 800。明洪武二年（1369），马智、马刚弟兄二人由山亭西故城迁来，在漷河分支河口口处安家。后又迁入郭姓、郑姓，成为一自然村，定为马庄。聚落呈团块状分布。经济以种植业为主。有公路经此。

丛屯 370481-B09-H13
[Cóngtún]

在市驻地北辛街道西南方向14.2千米。鲍沟镇辖自然村。人口1 600。明洪武年间，丛氏由巨野迁此定居，以姓氏立村名为丛屯。聚落呈团块状分布。有文化广场1个。经济以种植业为主。有公路经此。

西宋庄 370481-B09-H14
[Xīsòngzhuāng]

在市驻地北辛街道西南方向14.5千米。鲍沟镇辖自然村。人口3 100。明洪武年间，彭、刘二氏来此垦田，后有宋、贺、米等姓迁来，时因宋氏人口较多，共议村名为宋庄。因重名，1982年更为西宋庄。聚落呈团块状分布。有文化广场1个。有市级文物保护单位西宋庄遗址。经济以种植业为主。313省道经此。

徐庄 370481-B09-H15
[Xúzhuāng]

在市驻地北辛街道西南方向14.2千米。鲍沟镇辖自然村。人口1 100。此处原村庄为李氏所建，名李家庄。后李氏搬迁，孕女生子于此并建仓，村改称马家仓。1951年更为徐家庄，1982年因重名改为徐庄。聚落呈团块状分布。有文化广场1个。经济以种植业为主。313省道经此。

关村 370481-B09-H16
[Guāncūn]

在市驻地北辛街道西南方向17.6千米。鲍沟镇辖自然村。人口300。明初建村，因最早居住在此的为一关姓人家，故名关村。聚落呈团块状分布。有文化广场1个。经济以种植业为主。有公路经此。

赵泉楼 370481-B09-H17
[Zhàoquánlóu]

在市驻地北辛街道西南方向17.1千米。鲍沟镇辖自然村。人口1 400。明嘉靖八年（1529），赵氏由西赵坡迁此建村，村名赵庄。因重名，1982年更名为赵泉楼。聚落呈团块状分布。有小学1所。经济以种植业为主。有公路经此。

夏楼 370481-B10-H01
[Xiàlóu]

张汪镇人民政府驻地。在市驻地北辛街道南方向23.1千米。人口1 200。明初，夏氏迁此建村，因当时建有一座楼房而取名为夏家楼，后改名为夏楼。聚落呈团块状分布。有中学1所、小学1所、幼儿园1所。有市级保护文物汉墓、大汶口文化遗址。经济以种植业为主，主产小麦、玉米、花生、地瓜和杂粮。有食品加工业、酿酒业、纺织业、童车制造业。特产张汪板鸭。104国道、省道木欢公路经此。

小丁庄 370481-B10-H02
[Xiǎodīngzhuāng]

在市驻地北辛街道南方向 22.1 千米。张汪镇辖自然村。人口 400。清雍正年间，始祖由界河丁庄迁此，仍取村名丁庄。后因重名，改称小丁庄。聚落呈团块状分布。经济以种植业为主，有煤电、生物制品、绿色能源、物流运输、生态林业和农产品深加工等业。有公路经此。

葛村 370481-B10-H03
[Gěcūn]

在市驻地北辛街道南方向 19.7 千米。张汪镇辖自然村。人口 2 200。元代，龚氏迁此建村，名龚润村。明洪武年间，葛氏由山西洪洞县迁入此地，改村名为葛家村，今称葛村。聚落呈团块状分布。有文化广场 1 个。经济以种植业为主。有公路经此。

大苏庄 370481-B10-H04
[Dàsūzhuāng]

在市驻地北辛街道南方向 19.6 千米。张汪镇辖自然村。人口 1 700。清中叶，殿昌公于此置田治业，村名苏庄。1982 年更名为大苏庄。聚落呈团块状分布。经济以种植业为主。有公路经此。

太和庄 370481-B10-H05
[Tàihézhuāng]

在市驻地北辛街道南方向 20.7 千米。张汪镇辖自然村。人口 500。明末清初，此处已成村落，因村西南有巨石一块，故村名太虎石庄。后村人常遭病疫，以为太虎不祥，遂改名太和庄。聚落呈团块状分布。有文化广场 1 个。经济以种植业为主。有公路经此。

冯堂 370481-B10-H06
[Féngtáng]

在市驻地北辛街道南方向 20.2 千米。张汪镇辖自然村。人口 500。明中期，冯、龙两姓迁此地五圣堂庙附近建村，名冯龙堂。后有李、宋两姓迁入，更为冯李堂，今称冯堂。有文化广场 1 个。聚落呈团块状分布。经济以种植业为主。有公路经此。

苑庄 370481-B10-H07
[Yuànzhuāng]

在市驻地北辛街道南方向 20.0 千米。张汪镇辖自然村。人口 700。明末，苑、任两姓迁此建村，因苑氏人众，共议村名为苑庄。有文化广场 1 个。聚落呈团块状分布。经济以种植业为主。有公路经此。

北贾庄 370481-B10-H08
[Běijiǎzhuāng]

在市驻地北辛街道南方向 21.1 千米。张汪镇辖自然村。人口 600。元末，贾氏迁此地建村，名贾庄。后贾氏徙出，宗、李、彭、闵等氏迁入，仍称贾庄。因重名，1949 年改称北贾庄。有文化广场 1 个。聚落呈团块状分布。经济以种植业为主。有公路经此。

大宗 370481-B10-H09
[Dàzōng]

在市驻地北辛街道南方向 22.3 千米。张汪镇辖自然村。人口 3 500。明洪武二年（1369），宗氏由浙江义乌县来滕经商，于此定居，村名宗家。因重名，1958 年更名为大宗。聚落呈团块状分布。有市级文物保护单位玉皇阁。经济以种植业为主。有公路经此。

杜道沟 370481-B10-H10
[Dùdàogōu]

在市驻地北辛街道南方向 22.0 千米。张汪镇辖自然村。人口 400。明成化年间，伊让祖由北杜家庄迁此，村后原有沛、滕古道，沿郭河横贯延伸，因洪水冲流，毁道成沟，遂以姓氏取村名为杜道沟。聚落呈团块状分布。经济以种植业为主。有公路经此。

南彭庄 370481-B10-H11
[Nánpéngzhuāng]

在市驻地北辛街道南方向 22.4 千米。张汪镇辖自然村。人口 300。清乾隆中期，彭氏由河南省迁此建村，名彭家庄。后为区别于村北彭家庄，遂改称南彭庄。聚落呈团块状分布。有图书阅览室 1 个。经济以种植业为主。有公路经此。

南郝庄 370481-B10-H12
[Nánhǎozhuāng]

在市驻地北辛街道南方向 21.9 千米。张汪镇辖自然村。人口 700。清咸丰年间，此村为郝寨富户的佃户村，称南郝寨。后郝庄郝氏支族迁入，改名郝庄。因重名，1982 年更名为南郝庄。聚落呈团块状分布。有幼儿园 1 所。经济以种植业为主。有公路经此。

俞河涯 370481-B10-H13
[Yúhéyá]

在市驻地北辛街道南方向 22.2 千米。张汪镇辖自然村。人口 700。明初，俞氏迁此建村，名俞家堂，后改称俞庄。因重名，1982 年更为俞河涯。聚落呈团块状分布。有图书阅览室 1 个。经济以种植业为主。有公路经此。

孙庄 370481-B10-H14
[Sūnzhuāng]

在市驻地北辛街道南方向 22.3 千米。张汪镇辖自然村。人口 200。清雍正年间，孙氏十三世祖永美迁此建村，名孙庄。聚落呈团块状分布。有文化广场 1 个。经济以种植业为主。有公路经此。

西周楼 370481-B10-H15
[Xīzhōulóu]

在市驻地北辛街道南方向 24.6 千米。张汪镇辖自然村。人口 1 700。明洪武年间，周氏迁此建村，名周楼。继有孙、干、杨、赵等姓迁入，仍称周楼。因重名，1982 年更名为西周楼。聚落呈团块状分布。有文化广场 1 个。经济以种植业为主。有公路经此。

后坝桥 370481-B10-H16
[Hòubàqiáo]

在市驻地北辛街道南方向 26.0 千米。张汪镇辖自然村。人口 1 500。此处南有土坝，相传是古薛国君侯之陵墓。坝北有古桥，名坝陵桥，后人于桥北聚居成村庄，村以桥名。因重名，改称后坝桥。聚落呈团块状分布。有学校 1 所。经济以种植业为主。有公路经此。

闫道沟 370481-B10-H17
[Yándàogōu]

在市驻地北辛街道南方向 28.2 千米。张汪镇辖自然村。人口 500。明成化年间，闫氏迁此建村，因滕县至夏镇的古道经此，村南濒薛河，日久年远，古道经雨冲刷，形成深沟，村依姓氏取名为闫道沟。聚落呈团块状分布。经济以种植业为主。有公路经此。

邱仓 370481-B10-H18
[Qiūcāng]

在市驻地北辛街道南方向 28.1 千米。张汪镇辖自然村。人口 300。清乾隆年间，张汪李氏于此设立佃户村，因村中王姓居多，故取名王楼。后县城邱氏迁此置田建仓，村名遂更为邱家仓，今称邱仓。聚落呈团块状分布。有文化活动室 1 个。经济以种植业为主。有公路经此。

杏园 370481-B10-H19
[Xìngyuán]

在市驻地北辛街道南方向 28.2 千米。张汪镇辖自然村。人口 400。明崇祯年间，此处原为坝陵桥富户之佃户村，由于陈姓较多，遂取名陈庄。清康熙年间，张氏由城后张庄迁入，因村周围多植杏树，更村名为杏园。聚落呈团块状分布。有国家一级保护古树文冠果古树。经济以种植业为主。有公路经此。

杨界 370481-B10-H20
[Yángjiè]

在市驻地北辛街道南方向 30.1 千米。张汪镇辖自然村。人口 400。清光绪年间，杨氏由夏镇迁入。后梁氏徙出，遂改村名为杨庄。因重名，1982 年以近滕、微边界，更名杨界。聚落呈团块状分布。经济以种植业为主。有公路经此。

柴楼 370481-B10-H21
[Cháilóu]

在市驻地北辛街道南方向 29.8 千米。张汪镇辖自然村。人口 900。明正德年间，姜、吴二氏来此建村，名姜吴村。清顺治年间，柴氏迁入，因族人中有一武举，兴家起楼，故改村名为柴楼。聚落呈团块状分布。经济以种植业为主。有公路经此。

多庄 370481-B10-H22
[Duōzhuāng]

在市驻地北辛街道南方向 30.6 千米。张汪镇辖自然村。人口 1 300。清同治年间，此地是八里屯富户马家的外庄子，有多个姓氏村民居此为佃，故名多庄，后改多庄为郭庄。1982 年因重名复名多庄。聚落呈团块状分布。经济以种植业为主。有公路经此。

下魏楼 370481-B10-H23
[Xiàwèilóu]

在市驻地北辛街道南方向 30.9 千米。张汪镇辖自然村。人口 500。清嘉庆年间发展为村，因居小魏河西岸，故村名魏庄。后因与上游魏庄重名，遂改为魏楼。1982 年更称下魏楼。聚落呈团块状分布。有文化广场 1 个。经济以种植业为主。有公路经此。

南胡庄 370481-B10-H24
[Nánhúzhuāng]

在市驻地北辛街道南方向 30.7 千米。张汪镇辖自然村。人口 500。明万历年间，此处已有村落。因处圈里村北，故取名后圈里。清乾隆年间，胡姓迁入，因族人繁增，遂改为胡庄。因重名，1982 年改称南胡庄。聚落呈团块状分布。经济以种植业为主。有公路经此。

邓寨 370481-B10-H25
[Dèngzhài]

在市驻地北辛街道南方向 30.3 千米。张汪镇辖自然村。人口 700。元末，陶、杨、邓三姓来此建村，议名为邓庄。清光绪年间，因战乱，居民筑寨护村，遂改村名为邓寨。聚落呈团块状分布。有幼儿园 1 所。经济以种植业为主。有公路经此。

东邵桥 370481-B10-H26
[Dōngshàoqiáo]

在市驻地北辛街道南方向 29.5 千米。张汪镇辖自然村。人口 500。唐显庆年间，邵氏迁此建村，因处小魏河东岸，故名东邵。后小魏河上架一石桥，村名又演称东邵桥。聚落呈团块状分布。有文化广场 1 个。经济以种植业为主。有公路经此。

官桥 370481-B11-H01
[Guānqiáo]

官桥镇人民政府驻地。在市驻地北辛街道东南方向 21.4 千米。人口 4 000。隋开皇八年（588），在南北驿道上修桥一座，名官桥，村以桥名。聚落呈团块状分布。有学校 3 所、幼儿园 1 所。经济以种植业为主，主产小麦、玉米、花生。有化工、食品加工、金属制造等业。省道木欢公路、滕官公路、山官公路经此。

良里 370481-B11-H02
[Liánglǐ]

在市驻地北辛街道东南方向 22.8 千米。官桥镇辖自然村。人口 700。清雍正年间，李姓两户由西公桥迁此建村，因居薛河北岸，河底筑有许多捕鱼之石围子，俗称梁子，故取村名为梁子，后演为梁里。1982 年更称良里。聚落呈团块状分布。经济以种植业为主。有公路经此。

前掌大 370481-B11-H03
[Qiánzhǎngdà]

在市驻地北辛街道东南方向 24.1 千米。官桥镇辖自然村。人口 2 700。该村建于唐代，原名安乐村，后村民以"吾村一掌之地，连年灾荒，衣食无着"为由求免税，被批准，遂更村名为掌戴，明末演为掌大。1949 年分为前、后两村，此村居南，故名前掌大。聚落呈团块状分布。有文化广场 1 个。经济以种植业为主。有公路经此。

后掌大 370481-B11-H04
[Hòuzhǎngdà]

在市驻地北辛街道东南方向 23.4 千米。官桥镇辖自然村。人口 1 000。该村建于唐代，原名安乐村，后村民以"吾村一掌之地，连年灾荒，衣食无着"为由求免税，被批准，遂更村名为掌戴，明末演为掌大。1949 年分为前、后两村，此村居北，故名后掌大。聚落呈团块状分布。有市级文物保护单位后掌大墓群。有文化广场 1 个。经济以种植业为主。有公路经此。

史庄 370481-B11-H05
[Shǐzhuāng]

在市驻地北辛街道东南方向 23.0 千米。官桥镇辖自然村。人口 1 200。明洪武二年（1369），史姓自山西洪洞县迁此建村，名史家庄，今称史庄。聚落呈团块状分布。经济以种植业为主。有公路经此。

前管庄 370481-B11-H06
[Qiánguǎnzhuāng]

在市驻地北辛街道东南方向 19.2 千米。官桥镇辖自然村。人口 1 000。南宋末年，管氏一家来此定居，以摆渡为生，村名管家河口，后称管家庄，亦称管庄。明中期，因村北又建一管庄，本村改称前管庄。聚落呈团块状分布。有文化广场 1 个。经济以种植业为主。有公路经此。

大康留 370481-B11-H07
[Dàkāngliú]

在市驻地北辛街道东南方向 22.4 千米。官桥镇辖自然村。人口 1 400。战国时期，奚仲后裔任氏分支来此地建村，名仓留坝，唐代末毁于战乱。后任氏返故里重建，名康留。明初，村西建小康村，本村改称大康留。聚落呈团块状分布。有文化广场1个。现存唐槐1棵。经济以种植业为主。有公路经此。

轩辕庄 370481-B11-H08

[Xuānyuánzhuāng]

在市驻地北辛街道东南方向22.0千米。官桥镇辖自然村。人口2 000。明成化年间，轩辕氏由河南迁此建村，名轩辕庄。弘治年间，张氏由河北省河间府迁入，仍沿用原名，后一度称轩庄。1982年复名轩辕庄。聚落呈团块状分布。经济以种植业为主。有公路经此。

北辛 370481-B11-H09

[Běixīn]

在市驻地北辛街道东南方向23.3千米。官桥镇辖自然村。人口2 300。唐代，辛氏兄弟二人来此定居，于薛河南北两岸各建一村，本村居北，取名北辛。聚落呈团块状分布。有市级文物保护单位北辛文化遗址。经济以种植业为主。有公路经此。

坝上 370481-B11-H10

[Bàshàng]

在市驻地北辛街道东南方向22.6千米。官桥镇辖自然村。人口2 100。明洪武二年（1369），周氏迁来，于薛河故道坝上建村，取名康留坝。1956年殷家河口村和禄村并入，统称坝上。1973年因煤炭开采，向东北移1.5千米，仍沿用"坝上"之名。聚落呈团块状分布。有小学1所。经济以种植业为主。有公路经此。

后莱 370481-B11-H11

[Hòulái]

在市驻地北辛街道东南方向20.2千米。官桥镇辖自然村。人口1 300。明成化年间，张、周、时等姓来此建村，取村名为蓬莱村，简称莱村。后经发展，分为三村，本村居后，称后莱。1968年因煤炭开采西迁，仍名后莱。聚落呈团块状分布。经济以种植业为主。有公路经此。

柴胡店 370481-B12-H01

[Cháihúdiàn]

柴胡店镇人民政府驻地。在市驻地北辛街道南方向26.3千米。人口2 300。据村内四圣庙御碑记载，此处为古薛国属地，相传为孟尝君柴草囤积处，时名柴胡园。因村址在南北官道之侧，过往车马行人较多，村民多设店房，故取名柴胡店。聚落呈团块状分布。有学校1所、幼儿园1所。经济以种植业为主，主产小麦、玉米、大豆、棉花。有防火板厂、水泥厂、油厂、面粉厂。省道山官公路经此。

钟辛 370481-B12-H02

[Zhōngxīn]

在市驻地北辛街道东南方向26.2千米。柴胡店镇辖自然村。人口1 100。元末，辛氏先祖受封千户侯，于此建村，名辛庄。清乾隆年间，钟氏自坦山迁入，仍用原名。后因重名，1982年更为钟辛。聚落呈团块状分布。经济以种植业为主。京沪铁路经此。

高桥 370481-B12-H03

[Gāoqiáo]

在市驻地北辛街道东南方向25.8千米。柴胡店镇辖自然村。人口1 400。明末，高姓迁此建村，村名高家庄。清初，阎、李、宗、叶等姓迁入，沿用原名，简称高庄。因重名，1982年与高桥村合并，名高桥。聚落呈团块状分布。经济以种植业为主。京沪铁路经此。

贾楼 370481-B12-H04
［Jiǎlóu］

在市驻地北辛街道东南方向27.5千米。柴胡店镇辖自然村。人口800。明末，贾氏由河南商丘贾家楼迁入，因贾氏称富并建造楼房，故村名贾家楼，今称贾楼。聚落呈团块状分布。经济以种植业为主。有公路经此。

王官庄 370481-B12-H05
［Wángguānzhuāng］

在市驻地北辛街道东南方向28.0千米。柴胡店镇辖自然村。人口1 200。明崇祯年间，方氏迁此定居，继有小马庄、石碾子庄村民迁来兴建成村，众人议取村名为官庄，1962年改称西官庄。因重名，1982年更为王官庄。聚落呈团块状分布。经济以种植业为主。有公路经此。

大王楼 370481-B12-H06
［Dàwánglóu］

在市驻地北辛街道东南方向28.0千米。柴胡店镇辖自然村。人口1 100。王氏自山西迁滕定居。隆庆四年（1570）秋，淫雨为患，河伯肆虐，故村民迁居坦山之阳，立村大王楼。聚落呈团块状分布。经济以种植业为主。有公路经此。

沙岗 370481-B12-H07
［Shāgǎng］

在市驻地北辛街道东南方向28.1千米。柴胡店镇辖自然村。人口1 600。明初，朱氏由山西洪洞县迁此建村，因村处沙岗之巅，故取名岗头。因重名，1982年更为沙岗。聚落呈团块状分布。有文化广场1个。经济以种植业为主。京沪铁路经此。

振兴庄 370481-B12-H08
［Zhènxīngzhuāng］

在市驻地北辛街道东南方向28.0千米。柴胡店镇辖自然村。人口800。清道光二十七年（1847），杨氏由沙沟迁此地建村，村名杨庄。因重名，1982年改称振兴庄。聚落呈团块状分布。有市级文物保护单位振兴庄遗址。经济以种植业为主。有公路经此。

前黄庄 370481-B12-H09
［Qiánhuángzhuāng］

在市驻地北辛街道东南方向27.4千米。柴胡店镇辖自然村。人口600。明初，黄氏迁此建村，村名黄庄。继有张氏迁入，黄氏衰落，仍用原名。后因村北亦建有黄庄，故改称前黄庄。聚落呈团块状分布。有省级文物保护单位商周遗址。经济以种植业为主。京沪高速公路经此。

前阎 370481-B12-H10
［Qiányán］

在市驻地北辛街道东南方向27.0千米。柴胡店镇辖自然村。人口800。明洪武年间，阎氏由山西洪洞县迁此建村，取名阎村。清乾隆年间，村北又建一村，本村遂称前阎。聚落呈团块状分布。有图书阅览室1个。经济以种植业为主。京沪高速公路经此。

刘村 370481-B12-H11
［Liúcūn］

在市驻地北辛街道东南方向25.7千米。柴胡店镇辖自然村。人口4 900。相传，元末此处已有村落，名王村。明洪武五年（1372），刘氏由河北武邑县迁入，改村名为刘家村，今称刘村。聚落呈团块状分布。有学校1所。有旅游景点梨园风景区。经济以种植业为主。有公路经此。

龙山头 370481-B12-H12

［Lóngshāntóu］

在市驻地北辛街道东南方向24.1千米。柴胡店镇辖自然村。人口1 700。明初，周、曹、彭、张等姓先后来此定居，因地处龙山之首，故名龙山头。聚落呈团块状分布。经济以种植业为主。有公路经此。

前大官庄 370481-B12-H13

［Qiándàguānzhuāng］

在市驻地北辛街道东南方向24.0千米。柴胡店镇辖自然村。人口1 700。明初，曹氏迁此定居，继有张、王、孙、马、郭、苗、胡、杨、朱等姓迁入，共议村名为大官庄。1949年以沟为界，析立二村，本村居南，称前大官庄。聚落呈团块状分布。经济以种植业为主。有公路经此。

羊庄东村 370481-B13-H01

［Yángzhuāngdōngcūn］

羊庄镇人民政府驻地。在市驻地北辛街道东南方向22.4千米。人口2 100。传说，战国时范蠡隐居陶山，见此地草肥水美，于此养羊，村遂得羊桩之名，后演变为羊庄。后分东西两村，此村为东，故称羊庄东村。聚落呈团块状分布。有幼儿园2所、小学1所。经济以种植业为主，主产玉米、小麦、土豆。有磨料磨具厂、镰刀厂。有公路经此。

东辛庄 370481-B13-H02

［Dōngxīnzhuāng］

在市驻地北辛街道东南方向28.5千米。羊庄镇辖自然村。人口700。清康熙初年，刘氏迁入，与人联亲定居，故称亲庄，后逐渐演变为辛庄。清末改称上辛庄，后更名为东辛庄。聚落呈团块状分布。经济以种植业为主，主产小麦、玉米。有罐头厂、家具厂。有公路经此。

土城 370481-B13-H03

［Tǔchéng］

在市驻地北辛街道东南方向25.2千米。羊庄镇辖自然村。人口1 400。因城为土筑，故名土城。聚落呈团块状分布。有大汶口、龙山、殷周古文化遗址，有范蠡庙、昌虑故城。经济以种植业为主。有公路经此。交通方便。

大峪庙 370481-B13-H04

［Dàyùmiào］

在市驻地北辛街道东北方向18.8千米。羊庄镇辖自然村。人口300。明万历四年（1576），四方施主集资建玉皇庙，因庙处大山峪，故村称大峪庙。聚落呈团块状分布。经济以种植业为主。有公路经此。

沈井 370481-B13-H05

［Shěnjǐng］

在市驻地北辛街道东北方向19.0千米。羊庄镇辖自然村。人口1 300。明洪武三年（1370），沈氏来此建村，因村西北有一泉，泉水绕村东南流，沿溪多水井，故取村名为沈井。聚落呈团块状分布。有图书室1个。有市级非物质文化遗产"沈井聚宝盆的传说"。经济以种植业为主。有公路经此。

上邱庄 370481-B13-H06

［Shàngqiūzhuāng］

在市驻地北辛街道东北方向18.3千米。羊庄镇辖自然村。人口400。元代初期，邱氏自山西迁此建村，名邱庄。明万历年间，另一邱姓自大王公村迁入，仍沿称邱庄。因重名，1982年更名为上邱庄。聚落呈团块状分布。经济以种植业为主。有公路经此。

三姓庄 370481-B13-H07
[Sānxìngzhuāng]

在市驻地北辛街道东北方向 18.5 千米。羊庄镇辖自然村。人口 500。清道光年间，段、史、宋三姓相继迁此定居，因近王家林，取名王庄，1958 年称北王庄。因重名，1982 年更名为三姓庄。聚落呈团块状分布。有 500 余年古树 1 棵。经济以种植业为主。有公路经此。

尤山子 370481-B13-H08
[Yóushānzi]

在市驻地北辛街道东北方向 18.9 千米。羊庄镇辖自然村。人口 500。明永乐二年（1404），牛氏来此山前建村，村名牛山。后尤氏迁入，改称尤山。清康熙、乾隆年间，徐、邵等姓相继迁来，仍用原名。1917 年更为尤山子。聚落呈团块状分布。有图书室 1 个。经济以种植业为主。有公路经此。

钓鱼台 370481-B13-H09
[Diàoyútái]

在市驻地北辛街道东南方向 27.8 千米。羊庄镇辖自然村。人口 300。薛河中有钓鱼台，高一丈五尺，历代为大水冲刷而不损，据传是范蠡钓鱼处。明末，朱姓迁此建村，取名钓鱼台。聚落呈团块状分布。经济以种植业为主。有公路经此。

宋屯 370481-B13-H10
[Sòngtún]

在市驻地北辛街道东北方向 20.7 千米。羊庄镇辖自然村。人口 1 600。汉代建村，明代村设集市，更名屯里。1912 年称宋家屯，今称宋屯。聚落呈团块状分布。有图书室 1 个、小学 1 所。经济以种植业为主。有公路经此。

官兴庄 370481-B13-H11
[Guānxīngzhuāng]

在市驻地北辛街道东北方向 19.5 千米。羊庄镇辖自然村。人口 300。该村原名官山峪，在今址西北约 0.5 千米处。据孟家林碑载，系康熙三年（1664）建村，村因山名。因村坐落山腰，村民吃水困难，于 1987 年春迁至今址，更名为官兴庄。聚落呈团块状分布。经济以种植业为主。有公路经此。

中黄沟 370481-B13-H12
[Zhōnghuánggōu]

在市驻地北辛街道东北方向 20.0 千米。羊庄镇辖自然村。人口 1 400。明洪武五年（1372）建村，因村立于黄土大沟中段，故称中黄沟。聚落呈团块状分布。经济以种植业为主。有公路经此。

洪山前 370481-B13-H13
[Hóngshānqián]

在市驻地北辛街道东北方向 21.5 千米。羊庄镇辖自然村。人口 400。清康熙四年（1665），吕氏自微山县西万村迁此建村，因村位于洪山山口，故称洪山口。因重名，1982 年更为洪山前。聚落呈团块状分布。有图书室 1 个。经济以种植业为主。有公路经此。

北台 370481-B13-H14
[Běitái]

在市驻地北辛街道东北方向 23.8 千米。羊庄镇辖自然村。人口 1 100。北宋开宝年间建村，后村内建有阁老府，设花园、筑高台，村名遂渐演变为台上，后改称北台。聚落呈团块状分布。有龙山、西周、东周等古文化遗址。经济以种植业为主。有公路经此。

庄里 370481-B13-H15
［Zhuānglǐ］

在市驻地北辛街道东北方向23.6千米。羊庄镇辖自然村。人口1 800。北宋建隆元年（960），庄、李二姓来此建村，取名庄李，后演为庄里。聚落呈团块状分布。有图书室1个、小学1所。经济以种植业为主。有公路经此。

沂南 370481-B14-H01
［Yínán］

木石镇人民政府驻地。在市驻地北辛街道东南方向17.3千米。人口2 100。因位于沂河以南而得名。聚落呈带状分布。有幼儿园2所、小学1所。经济以种植业为主，主要农作物有小麦、玉米、土豆。建有省级高科技化工园区，有兖矿鲁南化工、新能凤凰、联想控股化工、山东拓博等化工企业，水煤浆气化和煤化工国家工程研究中心。有公路经此。

后木石 370481-B14-H02
［Hòumùshí］

在市驻地北辛街道东南方向17.1千米。木石镇辖自然村。人口2 100。元大德年间，孙、石、刘、朱、唐五姓居此成村。明末，因居目夷亭侧，故称木时。清乾隆年间改称后木石。聚落呈团块状分布。经济以种植业为主。有公路经此。

西沂河 370481-B14-H03
［Xīyíhé］

在市驻地北辛街道东南方向17.4千米。木石镇辖自然村。人口1 100。明万历年间，刘氏自山西刘杭迁入，村称沂河。后为区别于村东的沂河村，本村更名为西沂河。聚落呈团块状分布。经济以种植业为主。有公路经此。

东峭 370481-B14-H04
［Dōngqiào］

在市驻地北辛街道东南方向15.4千米。木石镇辖自然村。人口2 400。明永乐年间，峭村部分居民迁此建村，因居峭村之东，故名东峭。聚落呈团块状分布。经济以种植业为主。有公路经此。

亚庄 370481-B14-H05
［Yàzhuāng］

在市驻地北辛街道东南方向16.5千米。木石镇辖自然村。人口1 300。相传，此处早有村落，因处两山之间，村名磨石空。明崇祯年间，亚姓迁此定居，村名改为亚家庄，今称亚庄。聚落呈团块状分布。经济以种植业为主。有公路经此。

独座山 370481-B14-H06
［Dúzuòshān］

在市驻地北辛街道东南方向13.1千米。木石镇辖自然村。人口1 500。明嘉靖年间，严氏兄弟由微山严庄来此建村，因居独座山下，村以山名。聚落呈团块状分布。有学校1所。经济以种植业为主。有公路经此。

卓庄 370481-B14-H07
［Zhuózhuāng］

在市驻地北辛街道东南方向14.2千米。木石镇辖自然村。人口1 200。据传，明嘉靖年间，卓姓迁此建村，名卓庄。聚落呈团块状分布。经济以种植业为主。有公路经此。

前连水 370481-B14-H08
［Qiánliánshuǐ］

在市驻地北辛街道东南方向15.5千米。木石镇辖自然村。人口1 700。因刘、冯、胡三氏相继来此共建成村，和睦相处，故取村名连里，后改为连水。1958 年村一分为二，此村居南，故名前连水。聚落呈团块状分布。经济以种植业为主。有公路经此。

西荒 370481-B14-H09
[Xīhuāng]

在市驻地北辛街道东南方向 14.1 千米。木石镇辖自然村。人口 1 100。相传，明代中期，杨、王二姓来此建村，因处山峪荒野之中，东有大荒村，故名西大荒，今称西荒。聚落呈团块状分布。有文化广场 1 个。经济以种植业为主。有公路经此。

化石沟 370481-B14-H10
[Huàshígōu]

在市驻地北辛街道东南方向 16.3 千米。木石镇辖自然村。人口 2 400。明崇祯年间，苏、郑二姓迁此建村，村东侧山峪中有一山泉，水甘甜，患瘿脖病人常饮此泉水，日久即愈，故取村名化瘿沟。清嘉庆年间改称化石沟。聚落呈团块状分布。有市级文物保护单位化石沟玄帝庙。经济以种植业为主。有公路经此。

南界河 370481-B15-H01
[Nánjièhé]

界河镇人民政府驻地。在市驻地北辛街道西北方向 14.1 千米。人口 3 600。明万历二十八年（1600），滕县县令赵邦清在白水南岸立石碑一块，河始称界河。因该村在河南岸，故称南界河。聚落呈团块状分布。有南界河遗址。经济以种植业、畜牧业为主，农作物有土豆、玉米、大葱，饲养猪、羊、家禽。有化工、铸造、机械加工、塑料制品、建筑材料等行业。104 国道经此。

北界河 370481-B15-H02
[Běijièhé]

在市驻地北辛街道西北方向 14.7 千米。界河镇辖自然村。人口 2 400。明万历年间建村，因居界河之北，故名北界河。聚落呈团块状分布。有鲁班堤遗址。经济以种植业为主。104 国道经此。

西万院 370481-B15-H03
[Xīwànyuàn]

在市驻地北辛街道西北方向 13.1 千米。界河镇辖自然村。人口 2 100。明万历年间，刘氏由山西迁此立村，继之万姓、陈姓、李姓、许姓亦迁此，共议村名为万家院，后分东、西两村，该村为西万院。聚落呈团块状分布。有小学 1 所。经济以种植业为主。有公路经此。

东万院 370481-B15-H04
[Dōngwànyuàn]

在市驻地北辛街道西北方向 12.7 千米。界河镇辖自然村。人口 1 400。明万历年间，刘氏由山西迁此立村，继之万姓、陈姓、李姓、许姓亦迁此，共议村名为万家院，后分东、西两村，该村为东万院。聚落呈团块状分布。经济以种植业为主。有公路经此。

于元 370481-B15-H05
[Yúyuán]

在市驻地北辛街道西北方向 13.0 千米。界河镇辖自然村。人口 1 600。明万历三年（1575）建村，因此处盛长榆树，故名榆园，后渐演变为于元。聚落呈团块状分布。经济以种植业为主。有公路经此。

后枣 370481-B15-H06
[Hòuzǎo]

在市驻地北辛街道西北方向 12.1 千米。

界河镇辖自然村。人口 3 200。明万历年间，赵氏迁此建村，时因近处枣树成林，故取村名为枣庄。后为与村前枣庄区分，遂改称后枣庄，今称后枣。聚落呈团块状分布。有灵泉山省级森林公园。经济以种植业为主。京福高速公路经此。

前枣 370481-B15-H07
[Qiánzǎo]

在市驻地北辛街道西北方向 11.1 千米。界河镇辖自然村。人口 1 600。明万历年间，许氏自山西迁此建村，时因近处枣树成林，故取村名为枣庄。后为区别于村北枣庄，遂改称前枣。聚落呈团块状分布。经济以种植业为主。京福高速公路经此。

东柳泉 370481-B15-H08
[Dōngliǔquán]

在市驻地北辛街道西北方向 9.4 千米。界河镇辖自然村。人口 1 500。明代初期，孔氏由曲阜齐王坡迁此建村，因此地有泉且柳树成荫，故取名柳泉庄。1909 年修津浦铁路时，村被冲为东西两段，此村因处铁路东，故称东柳泉。聚落呈团块状分布。有文化广场 1 个。经济以种植业为主。京沪铁路、104 国道经此。

东曹东村 370481-B15-H09
[Dōngcáodōngcūn]

在市驻地北辛街道西北方向 9.3 千米。界河镇辖自然村。人口 900。明初建村，因居山前槽形洼地之东，故名东槽，后演变为东曹。1958 年村分为二，本村居东，称东曹东村。聚落呈团块状分布。有东曹东文化遗址。经济以种植业为主。有公路经此。

北沙河 370481-B15-H10
[Běishāhé]

在市驻地北辛街道西北方向 6.3 千米。

界河镇辖自然村。人口 1 500。唐代中期，陈、邱二氏来此建村，名东陈店。明嘉靖四十五年（1566），村前之河始称北沙河，村亦随河名改称北沙河。聚落呈团块状分布。有北沙河惨案纪念馆。经济以种植业为主。有公路经此。

赵辛街 370481-B15-H11
[Zhàoxīnjiē]

在市驻地北辛街道西北方向 7.3 千米。界河镇辖自然村。人口 1 900。元至正年间，此处已建成村，名万安铺。清嘉庆年间改称赵辛街。聚落呈团块状分布。经济以种植业为主。有公路经此。

化里 370481-B15-H12
[Huàlǐ]

在市驻地北辛街道西北方向 8.4 千米。界河镇辖自然村。人口 1 800。明洪武年间，此处已建成村。因地势低洼，取村名为洼里。后"洼"音谐为"化"，村名遂演为化里。聚落呈团块状分布。经济以种植业为主。104 国道经此。

彭庄 370481-B15-H13
[Péngzhuāng]

在市驻地北辛街道西北方向 12.9 千米。界河镇辖自然村。人口 1 400。明万历年间，彭姓由庄里迁此立村，名慈孝村。清初以姓氏更名为彭庄。聚落呈团块状分布。经济以种植业为主。有公路经此。

西李庄 370481-B15-H14
[Xīlǐzhuāng]

在市驻地北辛街道西北方向 15.0 千米。界河镇辖自然村。人口 1 100。明朝初期，李、刘二姓迁此定居，两姓共议，定村名为李庄。1982 年更名为西李庄。聚落呈团块状分布。经济以种植业为主。有公路经此。

唐楼 370481-B15-H15
[Tánglóu]

在市驻地北辛街道西北方向16.3千米。界河镇辖自然村。人口1 000。明洪武年间，唐氏由山西迁此建村，名唐楼。聚落呈团块状分布。经济以种植业为主。有鲁南中联集团。有公路经此。

龙阳 370481-B16-H01
[Lóngyáng]

龙阳镇人民政府驻地。在市驻地北辛街道北方向5.5千米。人口5 100。明洪武年间，刘氏自山西洪洞县迁此建村，因居龙山之南，故称龙阳店，今称龙阳。聚落呈带状分布。经济以种植业为主，农作物有小麦、玉米、马铃薯、花生和杂粮等。有脱水菜厂、铸造厂、木材加工厂。京沪铁路、京沪高速铁路、京福高速公路、104国道经此。

史村 370481-B16-H02
[Shǐcūn]

在市驻地北辛街道西南方向5.2千米。龙阳镇辖自然村。人口1 800。明万历年间，史宣、史元兄弟携家人由济南迁滕县龙阳店西建村，名史村。聚落呈团块状分布。经济以种植业为主。有公路经此。

双河 370481-B16-H03
[Shuānghé]

在市驻地北辛街道东北方向7.1千米。龙阳镇辖自然村。人口500。赵氏从山西洪洞县先迁滕东北赵坡，清顺治年间再迁此，村名赵庄。后因村前村西有两条河流过，又称双河。聚落呈团块状分布。经济以种植业为主。有公路经此。

闫庄 370481-B16-H04
[Yánzhuāng]

在市驻地北辛街道东北方向6.1千米。龙阳镇辖自然村。人口600。明万历年间，闫姓由滕县城北关迁此建村，名闫庄。聚落呈团块状分布。有文化广场1个。经济以种植业为主。有公路经此。

大寨 370481-B16-H05
[Dàzhài]

在市驻地北辛街道东北方向6.4千米。龙阳镇辖自然村。人口600。相传，明万历年间，魏姓来此建村，为防盗患，村周筑围墙，故称大寨。聚落呈团块状分布。经济以种植业为主。有公路经此。

杜沙土 370481-B16-H06
[Dùshātǔ]

在市驻地北辛街道东北方向5.4千米。龙阳镇辖自然村。人口700。相传，明万历年间，杜姓自峄县伯乐村迁滕，在董沙土之东建村，名杜家沙头。1949年简称杜沙土。聚落呈团块状分布。经济以种植业为主。有公路经此。

董沙土 370481-B16-H07
[Dǒngshātǔ]

在市驻地北辛街道东北方向4.9千米。龙阳镇辖自然村。人口2 400。因地处南北沙岗南端，故名沙头。明初，此村有董氏在京做督堂，改村名为董家沙头。1949年简称董沙土。聚落呈团块状分布。经济以种植业为主。有公路经此。

尚河圈 370481-B16-H08
[Shànghéquān]

在市驻地北辛街道东北方向3.9千米。龙阳镇辖自然村。人口1 000。明初，王姓自山西洪洞县迁滕，在城北建村，因村周有小河环绕，故名小河圈。1985 年更名为尚河圈。聚落呈团块状分布。经济以种植业为主。有公路经此。

从条 370481–B16–H09
[Cóngtiáo]

在市驻地北辛街道西北方向 4.7 千米。龙阳镇辖自然村。人口 1 900。相传，薛礼征东路经此地，曾一箭射中双雕，故村名重雕。后神姓一支由欧家峪迁来，以居住之域改村名为神家重刁，后因"刁"字不雅，以"条"代替，更名为从条。聚落呈团块状分布。经济以种植业为主。有公路经此。

苗庄 370481–B16–H10
[Miáozhuāng]

在市驻地北辛街道西北方向 4.8 千米。龙阳镇辖自然村。人口 1 200。明初，苗天绪自费县迁滕之北建村，名苗庄。聚落呈团块状分布。经济以种植业为主。有公路经此。

下司堂 370481–B16–H11
[Xiàsītáng]

在市驻地北辛街道西北方向 4.2 千米。龙阳镇辖自然村。人口 2 000。司氏率四子迁龙山前定居，次子居此建村，名司家堂，四子在次子北 4 千米处建村，也称司家堂。因本村居南，遂改称下司堂。聚落呈团块状分布。经济以种植业为主。有公路经此。

郗庄 370481–B16–H12
[Xīzhuāng]

在市驻地北辛街道西北方向 4.5 千米。龙阳镇辖自然村。人口 300。相传，明崇祯年间，郗姓一家自平邑朱圈迁居曾楼，在村东置地种菜为生，后部分郗姓迁居菜地旁定居，人丁兴旺，发展成村，村名郗家庄，今称郗庄。聚落呈团块状分布。经济以种植业为主。有公路经此。

河南张庄 370481–B16–H13
[Hénánzhāngzhuāng]

在市驻地北辛街道西北方向 5.8 千米。龙阳镇辖自然村。人口 2 300。清乾隆年间，张姓迁入此地后发展为旺族，改村名为张庄。1982 年更名为河南张庄。聚落呈团块状分布。经济以种植业为主。104 国道经此。

庄头 370481–B16–H14
[Zhuāngtóu]

在市驻地北辛街道西北方向 5.6 千米。龙阳镇辖自然村。人口 1 000。清顺治年间，该村遭水灾，村民外逃，只余刘氏二户坚守田园抗洪自救，后复聚众成村，改村名为庄头。聚落呈团块状分布。有文化广场 1 个。经济以种植业为主。有公路经此。

冯营 370481–B16–H15
[Féngyíng]

在市驻地北辛街道西北方向 6.6 千米。龙阳镇辖自然村。人口 2 500。相传，明代初期，冯姓最早迁此建村，继有姜姓迁入，取村名冯姜迎。后取谐音称冯家营，简称冯营。聚落呈团块状分布。经济以种植业为主。有公路经此。

魏寺 370481–B16–H16
[Wèisì]

在市驻地北辛街道西北方向 6.3 千米。龙阳镇辖自然村。人口 1 400。相传，明洪武年间，魏姓由山西洪洞县来龙阳之西建村，因临近兴国寺，故名魏家寺，今简称魏寺。聚落呈团块状分布。经济以种植业为主。有公路经此。

龙山 370481-B16-H17
[Lóngshān]

在市驻地北辛街道西北方向 9.4 千米。龙阳镇辖自然村。人口 4 400。明洪武年间，苑氏来此建村，因北靠龙山并设有集市和店，故名龙山店。1958 年改称龙山。聚落呈团块状分布。经济以种植业为主。有公路经此。

大陈庄 370481-B16-H18
[Dàchénzhuāng]

在市驻地北辛街道西北方向 9.0 千米。龙阳镇辖自然村。人口 1 200。王姓最早迁此建村，名柿园。清初，陈姓迁入并成为该村望族，村遂改称陈家庄。1982 年更名为大陈庄。聚落呈团块状分布。经济以种植业为主。有公路经此。

望龙庄 370481-B16-H19
[Wànglóngzhuāng]

在市驻地北辛街道西北方向 10.6 千米。龙阳镇辖自然村。人口 700。清顺治年间，郭姓来此建村，名郭庄。1912 年，杨姓迁入，改称兴龙庄。后杨姓外迁，仍用郭庄之名。因"郭""扬"谐音犯忌，遂改称兴龙庄，后又复名郭家庄，1982 年因重名改为望龙庄。聚落呈团块状分布。经济以种植业为主。有公路经此。

糜庄 370481-B16-H20
[Mízhuāng]

在市驻地北辛街道西北方向 8.0 千米。龙阳镇辖自然村。人口 600。明嘉靖十一年（1532），糜氏由冯营迁此建村，村名糜家庄，今称糜庄。聚落呈团块状分布。经济以种植业为主。有公路经此。

东郭中 370481-B17-H01
[Dōngguōzhōng]

东郭镇人民政府驻地。在市驻地北辛街道东北方向 11.9 千米。人口 3 900。战国末期，齐国官员东郭武雁携家眷来此建村，以姓得名。聚落呈团块状分布。有莲青山风景区。经济以种植业为主，农作物有小麦、玉米、马铃薯、花生和杂粮。有养鸡场、丝厂、电子仪表厂、石材料厂。313 省道经此。

龙王庄 370481-B17-H02
[Lóngwángzhuāng]

在市驻地北辛街道东南方向 4.9 千米。东郭镇辖自然村。人口 600。清乾隆年间，王氏迁此建村，于村前沟上架石桥一座，取村名干石桥。后因久旱无雨，村民认为"干"字不祥，遂改为王庄。又因重名，更名为龙王庄。聚落呈团块状分布。经济以种植业为主。有公路经此。

瓦峪 370481-B17-H03
[Wǎyù]

在市驻地北辛街道东北方向 20.7 千米。东郭镇辖自然村。人口 2 300。相传，有李氏来此建村，名瓦家狱。嗣后因"狱"字不吉，以三面环山改称瓦家峪，后称瓦峪。聚落呈团块状分布。经济以种植业为主。有公路经此。

上黄庄 370481-B17-H04
[Shànghuángzhuāng]

在市驻地北辛街道东北方向 20.5 千米。东郭镇辖自然村。人口 2 200。北宋时期，黄氏迁此建村，名黄家庄。因重名，1982 年更称上黄庄。聚落呈团块状分布。经济以种植业为主。有公路经此。

王李庄 370481-B17-H05
[Wánglǐzhuāng]

在市驻地北辛街道东北方向19.7千米。东郭镇辖自然村。人口1 000。明洪武三年（1370），王氏由西辛安迁此地建村，名王庄。因重名，1982年更名为王李庄。聚落呈团块状分布。经济以种植业为主。有公路经此。

北马庄 370481-B17-H06
[Běimǎzhuāng]

在市驻地北辛街道东北方向18.7千米。东郭镇辖自然村。人口500。明初，马氏由西马庄迁此地建村，取名马庄。因重名，1982年更名为北马庄。聚落呈团块状分布。经济以种植业为主。有公路经此。

北丁庄 370481-B17-H07
[Běidīngzhuāng]

在市驻地北辛街道东北方向18.5千米。东郭镇辖自然村。人口1 100。明景泰年间，丁氏由微山县田陈迁此地建村，名丁庄。因重名，1982年更名为北丁庄。聚落呈团块状分布。经济以种植业为主。有公路经此。

丛庄 370481-B17-H08
[Cóngzhuāng]

在市驻地北辛街道东北方向19.2千米。东郭镇辖自然村。人口1 000。明宣德年间，丛氏由登州迁此建村，名丛家庄。1958年修建户主水库，全村北移，仍用原名，今称丛庄。聚落呈团块状分布。经济以种植业为主。有公路经此。

石羊山 370481-B17-H09
[Shíyángshān]

在市驻地北辛街道东北方向19.7千米。东郭镇辖自然村。人口1 400。明嘉靖年间，张氏由东郭村迁此建村，因居鳌子山南麓，村周卧石遍地，状似羊群，故取村名为石羊山。聚落呈团块状分布。有龙凤山庄绿色生态庄园。经济以种植业为主。有公路经此。

安上 370481-B17-H10
[Ānshàng]

在市驻地北辛街道东北方向17.3千米。东郭镇辖自然村。人口1 100。相传，战国时期，纪王为其女在莲青山建造女王城，于此之南设有护城兵营，故村名安上。1958年修建户主水库时，全村迁此，仍名安上。聚落呈团块状分布。经济以种植业为主。有公路经此。

夏庄 370481-B17-H11
[Xiàzhuāng]

在市驻地北辛街道东北方向16.5千米。东郭镇辖自然村。人口2 500。明洪武年间，夏氏从山西省迁此建村，名夏家庄，今称夏庄。聚落呈团块状分布。经济以种植业为主。有公路经此。

小党山 370481-B17-H12
[Xiǎodǎngshān]

在市驻地北辛街道东北方向15.7千米。东郭镇辖自然村。人口400。清乾隆年间，贺氏从东郭来此建村，因西邻党郎山村，故称小党郎山。1949年改为小党山。聚落呈团块状分布。经济以种植业为主。有有机葡萄园。有公路经此。

大党山 370481-B17-H13
[Dàdǎngshān]

在市驻地北辛街道东北方向15.0千米。东郭镇辖自然村。人口1 800。明代中期，党氏从东郭迁此建村，名党郎山。1949年改称大党山。聚落呈团块状分布。经济以种植业为主。有公路经此。

谷山庄 370481-B17-H14
[Gǔshānzhuāng]

在市驻地北辛街道东北方向 17.0 千米。东郭镇辖自然村。人口 1 300。明代中期，李氏由城西大李庄迁来谷山脚下建村，名谷山庄。聚落呈团块状分布。经济以种植业为主。有公路经此。

磨石山 370481-B17-H15
[Mòshíshān]

在市驻地北辛街道东北方向 15.4 千米。东郭镇辖自然村。人口 1 400。明代中期，王氏自邹县两下店迁此建村，因村前山岭出产磨石，故名磨石山。聚落呈团块状分布。经济以种植业为主。有公路经此。

后李岭 370481-B17-H16
[Hòulǐlǐng]

在市驻地北辛街道东北方向 15.3 千米。东郭镇辖自然村。人口 300。明洪武年间，李氏由滕西大刘庄迁此地定居，因山岭起伏，取名李家岭。后人口渐增，村分为二，因本村居北，故名后李家岭，今称后李岭。聚落呈团块状分布。有学校 1 所。经济以种植业为主。有公路经此。

郭林沟 370481-B17-H17
[Guōlíngōu]

在市驻地北辛街道东北方向 16.4 千米。东郭镇辖自然村。人口 600。明末，郭氏来此建村，因祖族葬村前，故取村名郭家林。清顺治年间，王姓从邹县迁入，依村大沟旁安居，遂称郭林沟。聚落呈团块状分布。经济以种植业为主。有公路经此。

张任庄 370481-B17-H18
[Zhāngrénzhuāng]

在市驻地北辛街道东北方向 14.9 千米。东郭镇辖自然村。人口 700。明洪武年间，任姓来此建村，名任庄。清雍正八年（1730），张姓由东郭迁入，更为张任庄。聚落呈团块状分布。经济以种植业为主。有公路经此。

新田 370481-B17-H19
[Xīntián]

在市驻地北辛街道东北方向 13.7 千米。东郭镇辖自然村。人口 500。明洪武年间，张氏迁此建村，名后高庄。1959 年修马河水库，大部分居民东迁至此，名新村。1982 年改称新田。聚落呈团块状分布。经济以种植业为主。有公路经此。

前高庄 370481-B17-H20
[Qiángāozhuāng]

在市驻地北辛街道东北方向 12.9 千米。东郭镇辖自然村。人口 300。明初，高姓建村后相继来此共居。明崇德年间，分前、后、东三村，该村为前高庄。1959 年修马河水库搬迁至现址，沿用原名。聚落呈团块状分布。经济以种植业为主。有公路经此。

前明 370481-B17-H21
[Qiánmíng]

在市驻地北辛街道东北方向 8.9 千米。东郭镇辖自然村。人口 1 000。明中期，刘氏由山西来此定居，后段、徐等姓相继迁入，共建成村。此前村北有明理村，本村遂称南明理村。因村民分片居住，1949 年以方位分三村，本村居前，名前明。聚落呈团块状分布。经济以种植业为主。有公路经此。

东朱仇 370481-B17-H22
[Dōngzhūqiú]

在市驻地北辛街道东北方向 8.0 千米。东郭镇辖自然村。人口 1 800。清康熙年间，朱氏由山西迁入，改称朱仇。后人旺户增，村分为二，本村居河东，称东朱仇。聚落呈团块状分布。经济以种植业为主。有公路经此。

大绪庄 370481-B17-H23
[Dàxùzhuāng]

在市驻地北辛街道东北方向 7.4 千米。东郭镇辖自然村。人口 3 200。明中期，褚姓来此建村，取名大褚庄。后赵、李等姓相继迁入，取立业之始之意，加之褚、绪字形相近，故更村名为大绪庄。聚落呈团块状分布。经济以种植业为主。有公路经此。

小堂门 370481-B17-H24
[Xiǎotángmén]

在市驻地北辛街道东北方向 8.6 千米。东郭镇辖自然村。人口 1 100。此处随近村之名称堂门。明后期，公氏、周氏迁来分片定居，曾一度称公家堂门、周家堂门，后统称小堂门。聚落呈团块状分布。经济以种植业为主。有公路经此。

三 交通运输

枣庄市

城市道路

光明大道 370400-K01
[Guāngmíng Dàdào]

在市境中部。东起西昌路，西至天山路。沿线与衡山路、谷山路、店韩路、长白山路、祁连山路、泰山路、永福路相交。长 26.9 千米，宽 100 米。沥青路面。2002 年始建，2004 年建成。因美好寓意而得名。东段通过市中区部分单位、住宅区群；中段通过市政府政务中心群，为市驻地商业、经济、文化中心；西段通过薛城区城区。两侧有枣庄市委、枣庄市政府、枣庄市公安局、嘉汇大厦、枣庄国际大厦等。是贯通市中区与薛城区的主要交通干道。通公交车。

铁路

京沪高速铁路 370400-30-A-a01
[Jīnghù Gāosù Tiělù]

高铁。起点北京南站，终点上海虹桥站。长 1 318.0 千米，枣庄市内长 86.77 千米。在枣庄站与枣临铁路相交。2008 年 4 月 18 日正式开工，2011 年 6 月 30 日通车。设计时速 380 千米 / 小时，最高运营时速 350 千米 / 小时。线路状况为复线。沿线有新薛河大桥、蟠龙河大桥。京沪高速铁路是中华人民共和国成立以来一条建设里程长、投资大、标准高的高速铁路。

京沪铁路 370400-30-A-b01
[Jīnghù Tiělù]

国有铁路。起点北京市，终点上海市。全长 1 453.8 千米，枣庄市内长 41.1 千米。在枣庄东站与枣临铁路相交。京沪铁路由原平山铁路平津段、津浦铁路和原京沪铁路共同组成。1908 年动工，1912 年建成。京沪铁路客货共线，是 I 级双线电气化铁路。线路呈南北走向，设计速度 200 千米 / 小时，运营速度 160 千米 / 小时。沿线有新薛河大桥、蟠龙河大桥。是枣庄境内南北走向的交通要道。

枣临铁路 370400-30-A-b02
[Zǎolín Tiělù]

国有铁路。西起京沪线的枣庄市井亭站，经税郭、兰陵县，东至临沂朱保站与兖石铁路相连。长 118 千米。2010 年 5 月 18 日开工建设，2012 年 11 月 29 日正式通车。为国家 II 级普通线单线铁路。对当地经济发展有较强的带动作用。

公路

京台高速公路 370400-30-B-a01
[Jīngtái Gāosù Gōnglù]

高速。枣庄段起于滕州市界河镇，止于台儿庄区张山子镇鲁苏交界处。枣庄段 84.2 千米。1997 年 11 月开工建设，2000 年 12 月建成通车。双向高速公路，设计时速

120 千米 / 小时。沥青路面,路面宽度 28 米。沿线经过郭河大桥、新薛河大桥、蟠龙河大桥,跨过北沙河、荆河、郭河、新薛河、蟠龙河、京杭运河。京台高速山东段是国道主干线北京至福州高速公路的一段,也是山东省"五纵四横一环"综合交通网中的"一纵",是山东省南部南北向交通主动脉。

枣庄连接线高速公路 370400-30-B-a02
[Zǎozhuāng Liánjiēxiàn gāosù Gōnglù]

高速。起于枣庄市市中区齐村镇,止于滕州市木石镇。路线横贯市中区、薛城区、山亭区、滕州市。长 27.9 千米。1994 年 6 月始建,2000 年进行高速化改造,2010 年 8 月并入山东省高速公路网。沥青混凝土路面,路面宽 23 米。与店韩公路立体相交,直通京台高速,是枣庄东城与京台高速的主要连接线。

烟汕公路 370400-30-B-b01
[Yānshàn Gōnglù]

国道。枣庄境内起于台儿庄张山子镇,止于峄城区峨山镇。途经榴园镇、阴平镇、古邵镇。枣庄段长 60.6 千米。1958 年始建,1959 年建成,1984 年、1996 年、2007 年、2010 年分段改建。枣庄段为国家一级公路,路宽 21~24.5 米不等,均为沥青路面。与郯薛公路、枣徐公路、岚曹高速相交。是横穿枣庄东南部的交通要道,是枣庄市煤炭向外运输的主要道路。

店韩公路 370400-30-B-c01
[Diànhán Gōnglù]

省道。起于山亭区店子镇平滕路交叉口,止于济宁市微山县韩庄。途经山亭区、薛城区。长 84.6 千米,南北走向。山亭段 1987 年始建,1996 年改建为二级公路;薛城段 1995 年 1 月始建,1995 年 12 月建成,

二级水泥路面,2000 年 3 月被列为省道。2006 年山亭区常山至薛城区岩湖段改造为一级公路,路面宽度 23.0 米,双向四车道。2012 年 12 月薛城区岩湖至微山界段被加宽改造为沥青路面,二级公路,路面宽度 13.5 米。沿线经过后院山桥、杏峪立交桥,有黑风山口、黄风山口。沿途与北留公路、枣济公路、枣木高速、347 省道、348 省道、904 省道、352 省道、岚曹高速相交。是山东省南部南北向交通主动脉之一。

山官公路 370400-30-B-c02
[Shānguān Gōnglù]

省道。起于陶庄镇东部店韩公路交叉口,止于滕州市官桥镇木曲公路交叉口。长 20.2 千米。1958 年修建陶庄至官桥段,1959 年修建山家林至陶庄段。1965 年铺筑粒料路面,1973 年进行沥青表面处理,2002 年全线改造并对部分路段改建,2013 年起点至胡庄段改造。一级公路,双向四车道。沿线经过薛河大桥。与店韩公路、木曲公路相接。是山东省南部东西向交通主动脉之一。

枣曹公路 370400-30-B-c03
[Zǎocáo Gōnglù]

省道。起于市中区西王庄镇石羊,止于薛城区洛房桥。境内长 44.169 千米。薛城段 1958 年始建,1974 年对张桥至洛房桥段进行沥青表面处理,三级公路。市中区段 1963 年始建,1964 年建成。1983 年、1987 年,山家林至张桥和市中区至山家林段改建为二级公路,路面宽度 12.0 米。1992 年、2001 年、2005 年、2012—2014 年,路域两侧分别设置了 15 米宽的绿化通道。双向四车道,东西走向。沿线经过蟠龙河大桥。与烟汕公路、店韩公路、郯薛公路、枣徐公路相接。是山东省南部东西向交通主动脉之一。

郯薛公路 370400-30-B-c04
[Tánxuē Gōnglù]

省道。起于临沂市郯城县胜利乡，止于枣庄市薛城区常庄镇大辛庄。沿途依次经过峨山镇、吴林街道、榴园镇、古邵镇、周营镇、沙沟镇、常庄街道。长120.3千米。1983年始建，三级公路。2001年改建，对局部线路改线。双向两车道，路面宽12~15米。路面质地为沥青路面，二级公路。沿线经过华众大桥、枣庄南立交。与烟汕公路、枣徐公路、枣济公路相交。是山东省南部东西向交通主动脉之一。

枣薛公路 370400-30-B-c05
[Zǎoxuē Gōnglù]

省道。市中段起于西王庄镇营子村，止于永安镇蔡庄村；薛城段起于张范镇北于村，止于兴城街道来泉庄。长35.04千米。1992年12月始建，水泥路面，属于汽车专用道。2000年改造为一级公路，沥青混凝土路面，双向四车道。2004年路面加宽至50米，沥青路面，双向六车道。2010年开通了BRT快速公交通道。2014年实施中修工程。与烟汕公路、店韩公路、枣曹公路、枣徐公路相接。是山东省南部东西向交通主动脉之一。

新枣公路 370400-30-B-c06
[Xīnzǎo Gōnglù]

省道。起于泰安市新泰，止于枣庄市。长151.435千米。1963年始建，路面宽8米。经1981年、2003年多次技术改造，为二级公路，均为沥青路面，路面宽12米，两车道。经过抱犊崮、熊耳山大裂谷、龙床水库等景区。是主要的交通运输道路之一。

枣济公路 370400-30-B-c07
[Zǎojǐ Gōnglù]

省道。起于峄城区吴林街道，止于滕州市大坞镇。枣庄市境内长40.14千米。1966年始建，1990年、1999年、2004年、2010年均有改建。沥青路面，路面宽度21~24米，双向四车道。与枣徐公路、店韩公路相交。是主要的交通运输道路之一。

枣徐公路 370400-30-B-c08
[Zǎoxú Gōnglù]

省道。起点济南市枣园，止点江苏省徐州市。枣庄境内沿途依次经过山亭区、市中区、峄城区。市境内长61.5千米。1969年5月始建，1970年3月建成，1989年、1995年、1999年、2003年、2008年、2014年多次进行技术改造。沥青混凝土路面，路面宽9~23米不等，一、二级公路。不同路段有双向四车道、两车道。与烟汕公路、枣济公路、郯薛公路、北留公路、岚曹高速相交。是主要的交通运输道路之一。

沂台公路 370400-30-B-c09
[Yítái Gōnglù]

省道。起点临沂蒙阴，终点枣庄市台儿庄。枣庄境内总长21.1千米。1986年始建。双向两车道，路面宽12米。沥青路面，二级公路。与枣徐公路相接。是贯穿枣庄南北的交通要道，是枣庄市煤炭向外运输的主要道路。

平滕公路 370400-30-B-c10
[Píngténg Gōnglù]

省道。起点临沂市平邑，终点枣庄市滕州。枣庄境内长30.1千米。1950年始建，2004年改建。二级公路，沥青混凝土路面，路面宽12米。有石竹大桥。与北留公路相交。是主要的交通运输道路之一。

北留公路 370400-30-B-c11
[Běiliú Gōnglù]

省道。起点枣庄市山亭区北庄镇，终点济宁市微山县留庄村。枣庄境内途经北庄镇、徐庄镇、山城街道、桑村镇。市境内长 53.443 千米。1965 年 2 月始建，1967 年 7 月建成，1999 年枣树岭至陈岗段、2008 年北庄至枣树岭段升级改造。枣庄段道路等级为二级，路面宽 12 米，沥青混凝土路面。途经熊耳山大裂谷景区。与京福公路、店韩公路、济微公路、新枣公路相交。是主要的交通运输道路之一。

市中区

城市道路

文化东路 370402-K01
[Wénhuà Dōnglù]

在区境东部。东起东外环路，西至解放北路。沿线与东盛路、建设路相交。长 2 千米，宽 31 米。沥青路面。1974 年始建，1983 年建成，1992 年、2011 年扩建。原名文化路，因行政和文教单位集中得名，2003 年更此名。两侧有田屯小学、枣庄市第十五中学、枣庄市实验幼儿园、枣庄市妇幼保健院等。是城区东西走向主干道，通公交车。

文化中路 370402-K02
[Wénhuà Zhōnglù]

在区境中部。东起解放北路，西至青檀北路。沿线与振兴路相交。长 1.6 千米，宽 31 米。沥青路面。1974 年始建，1983 年建成，1992 年、2011 年改扩建。原名文化路，因行政和文教单位集中得名，2003 年更此名。道路两侧为行政机关和文化娱乐集中地，有枣庄市群众艺术馆、枣庄市体育馆、中原财富大厦、枣庄市工人文化宫等。是城区东西走向主干道，通公交车。

文化西路 370402-K03
[Wénhuà Xīlù]

在区境西部。东起青檀北路，西至衡山路。沿线与华山路、西昌路相交。长 3 千米，宽 31 米。沥青路面。1974 年始建，1983 年建成，1992 年、2011 年改扩建。原名文化路，因行政和文教单位集中得名，2003 年更此名。道路两侧以行政机关、文化娱乐集中地和住宅区为主，有民政大厦、枣庄市图书馆、枣庄市第四十一中学、枣庄市城乡规划设计研究院、枣庄市工商局、市中区法院、东湖公园等。是城区东西走向主干道，通公交车。

光明东路 370402-K04
[Guāngmíng Dōnglù]

在区境东南部。东起东外环路，西至解放中路。沿线与东盛路、建设路相交。长 2.1 千米，宽 32 米。沥青路面。1974 年修建，1981 年至 1985 年铺设成水泥路面，2011 年改扩建。1983 年市政府以吉言命今名。道路两侧以机关、学校和住宅区为主，有枣庄市客运中心、枣庄市第十六中学、市中区区委党校、鲁南人才市场等。是连接西部薛城区、进出光明广场的东西主干道之一，通公交车。

光明中路 370402-K05
[Guāngmíng Zhōnglù]

在区境中部。东起解放中路，西至青檀中路。沿线与龙庭路、振兴路相交。长 1.6 千米，宽 32 米。沥青路面。1974 年修建，1981 年至 1985 年铺设成水泥路面，2011 年改扩建。1983 年市政府以吉言命今名。是商业文化聚集地，两侧有枣庄市热力总公司、市立医院、市中区交通局、枣庄市第十五中学等。是连接西部薛城区、进出光明广场的东西主干道之一，通公交车。

光明西路 370402-K06
[Guāngmíng Xīlù]

在区境西部。东起青檀中路，西至西昌路。沿线与华山路相交。长1.5千米，宽32米。沥青路面。1974年修建，1981年至1985年铺设成水泥路面，2011年改扩建。1983年市政府以吉言命今名。道路两侧以机关、学校和住宅区为主，有东升写字楼、枣庄广播电视台、枣庄市银行监督管理局、黄庄小学等。是连接西部薛城区、进出光明广场的东西主干道之一，通公交车。

青檀北路 370402-K07
[Qīngtán Běilù]

在区境北部。北起北安路，南至文化中路。沿线与胜利路、君山路相交。长4.3千米，宽34米。沥青路面。1974年修建，1996年、2010年改扩建。因此路向南可通峄县八景之一青檀寺命今名。两侧有矿务局医院、市中区卫计局、国网枣庄供电公司、新昌批发市场、吉品街（商业步行街）等。是城区中部南北走向主干道之一，通公交车。

青檀中路 370402-K08
[Qīngtán Zhōnglù]

在区境中部。北起文化中路，南至人民西路。沿线与光明路相交。长2.1千米，宽34米。沥青路面。1974年修建，1996年、2010年改扩建。因此路向南可通峄县八景之一青檀寺命今名。两侧有枣庄市公路局工程处、市中区林业局、枣庄市伊斯兰教协会、亿维数码商场等。是城区中部南北走向主干道之一，通公交车。

青檀南路 370402-K09
[Qīngtán Nánlù]

在区境南部。北起人民西路，南至十里泉路。沿线与胜利路、君山路相交。长4.3千米，宽34米。沥青路面。1974年修建，1996年、2010年改扩建。因此路向南可通峄县八景之一青檀寺命今名。两侧有枣庄市中兴驾校、枣庄市二手车交易市场、枣庄安通机动车检测中心等。是城区中部南北走向主干道之一，通公交车。

解放北路 370402-K10
[Jiěfàng Běilù]

在区境北部。北起北安路，南至文化东路。沿线与北马路、胜利路、君山路、兴安街相交。长4.5千米，宽30米。沥青路面。1958年、1981年两次拓修。1965年命名为解放路。沿途多商业购物中心、居民区，为市区繁华地段。两侧有枣庄民族幼儿园、香港街小商品批发市场、贵诚购物中心、市中区人民医院、人民公园、大观园文化市场、立新小学等。是连接峄城区的南北主干道，通公交车。

解放中路 370402-K11
[Jiěfàng Zhōnglù]

在区境中部。北起文化东路，南至人民路。沿线与龙头路、光明路相交。长2.2千米，宽30米。沥青路面。原为1970年建成的枣庄至峄城公路，1981年拓修，连接为解放路。沿途多商业购物中心、居民区，为市区繁华地段。两侧有亚细亚商务写字楼、文化路小学、枣庄市口腔医院、枣庄海燕驾校等。是连接峄城区的南北主干道，通公交车。

解放南路 370402-K12
[Jiěfàng Nánlù]

在区境南部。北起文化东路，南至市

中峰城界。沿线与汇泉路、清泉路、十里泉路相交。长 3.2 千米，宽 30 米。沥青路面。原为 1970 年建成的枣庄至峰城公路，1981 年拓修。取人民获得解放之意命名。为工业区旧址集中地。两侧有枣庄市第十六中学、枣庄贵泉大酒店等。是连接峰城区的南北主干道，通公交车。

华山北路 370402-K13

[Huàshān Běilù]

在区境北部。北起君山西路，南至文化西路。沿线与建华路、鑫昌路、君山西路相交。长 1.3 千米，宽 60 米。沥青路面。1996 年始建，2010 年建成。因有华山小区，故名。沿途以商业区和住宅区为主。两侧有东润海鲜馆、阳光幼儿园等。通公交车。

华山中路 370402-K14

[Huàshān Zhōnglù]

在区境中部。北起文化西路，南至人民西路。沿线与兴华路、光明路、龙头路、文化路相交。长 2.1 千米，宽 46 米。沥青路面。1996 年始建，2010 年建成。因有华山小区，故名。沿途以商业区和住宅区为主。两侧有华隆超市等。通公交车。

华山南路 370402-K15

[Huàshān Nánlù]

在区境南部。北起光明西路，南至兴华路。沿线与光明路相交。长 0.4 千米，宽 22 米。沥青路面。1996 年始建，2010 年建成。因有华山小区，故名。沿途以商业区和住宅区为主。通公交车。

建设北路 370402-K16

[Jiànshè Běilù]

在区境北部。北起君山东路，南至文化东路。沿线与君山路相交。长 1.4 千米，宽 30 米。沥青路面。1984 年开工，2013 年建成。取建设社会主义之意命名。沿途以商业区为主。通公交车。

建设中路 370402-K17

[Jiànshè Zhōnglù]

在区境中部。北起文化东路，南至人民东路。沿线与光明东路相交。长 2.1 千米，宽 30 米。沥青路面。1984 年开工，2013 年建成。取建设社会主义之意命名。沿途以商业区和住宅区为主。两侧有市中区烟草专卖局专卖稽查分队、建设路小学等。通公交车。

建设南路 370402-K18

[Jiànshè Nánlù]

在区境南部。北起人民东路，南至十里泉东路。沿线与大众路相交。长 2.1 千米，宽 30 米。1984 年开工，2013 年建成。取建设社会主义之意命名。通公交车。

振兴北路 370402-K19

[Zhènxīng Běilù]

在区境北部。北起北马路，南至文化中路。沿线与吉品街相交。长 2.2 千米，宽 30 米。1981 年始建，2011 年建成。取振兴中华之意命名。沿途以商业区和住宅区为主。两侧有力源宾馆、枣庄力源医院、胜利路派出所、文化路小学等。通公交车。

振兴中路 370402-K20

[Zhènxīng Zhōnglù]

在区境中部。北起文化中路，南至人民中路。沿线与龙头中路相交。长 2.1 千米，宽 30 米。1981 年始建，2011 年建成。取振兴中华之意命名。沿途以商业区和住宅区为主。两侧有市中区住建局、枣庄市国土局市中分局、枣安宾馆、武警招待所、海关大厦等。通公交车。

振兴南路 370402-K21

[Zhènxīng Nánlù]

在区境南部。北起人民中路，南至汇泉中路。沿线与大众路相交。长 1.4 千米，宽 30 米。1981 年始建，2011 年建成。取振兴中华之意命名。沿途以商业区和住宅区为主。两侧有丽波大酒店市中区店、枣庄市博爱医院、涝坡社区综合服务中心等。通公交车。

胜利西路 370402-K22

[Shènglì Xīlù]

在区境西部。西起西沙河，东至青檀北路。沿线与青檀北路相交。长 2.4 千米，宽 34 米。1964 年始建，2011 年建成。沿途以商业区和住宅区为主。两侧有枣庄九中、枣庄市宏升医疗器械公司等。通公交车。

胜利中路 370402-K23

[Shènglì Zhōnglù]

在区境中部。西起青檀北路，东至公胜街。沿线与振兴北路相交。长 1.6 千米，宽 28 米。1964 年始建，2011 年建成。沿途以商业区和住宅区为主。两侧有北郊苗圃、山东电力集团枣庄电力设计院等。通公交车。

胜利东路 370402-K24

[Shènglì Dōnglù]

在区境东部。西起公胜街，东至解放北路。沿线与中心街相交。长 0.9 千米，宽 28 米。1964 年始建，2011 年建成。沿途以商业区和住宅区为主。两侧有枣庄影院、大光明眼镜、吴良材眼镜等。通公交车。

君山西路 370402-K25

[Jūnshān Xīlù]

在区境西部。西起西沙河，东至青檀北路。沿线与青檀北路相交。长 2.2 千米，宽 34 米。沥青路面。1970 年始建，2012 年建成。因该条道路上有君山商城，故名。两侧有道南里、君乐坊商务宾馆等。通公交车。

君山中路 370402-K26

[Jūnshān Zhōnglù]

在区境中部。西起青檀北路，东至解放北路。沿线与振兴北路相交。长 2.4 千米，宽 34 米。沥青路面。1970 年始建，2012 年建成。因该条道路上有君山商城，故名。两侧有君山路小学等。通公交车。

君山东路 370402-K27

[Jūnshān Dōnglù]

在区境东部。西起解放北路，东至牛角岭。沿线与建设北路相交。长 3.5 千米，宽 34 米。沥青路面。1970 年始建，2012 年建成。因该条道路上有君山商城，故名。两侧有中原皇冠大酒店、天天好药品超市君山店等。通公交车。

龙头中路 370402-K28

[Lóngtóu Zhōnglù]

在区境中部。西起青檀中路，东至解放中路。沿线与振兴中路、中兴路相交。长 2.4 千米，宽 40 米。1974 年修建。因紧邻龙头村得名。沿途以商业区和住宅区为主。两侧有体育馆、市立医院等。通公交车。

龙头西路 370402-K29

[Lóngtóu Xīlù]

在区境西部。西起西昌中路，东至青檀中路。沿线与振兴中路、中兴路相交。长 1.6 千米，宽 30 米。1992 年修建。因紧邻龙头村得名。沿途以商业区和住宅区为主。两侧有中国工商银行、市中区经济和信息化局、市中区居民监督委员会、永安乡陈湖卫生室、中国石油等。通公交车。

人民东路 370402-K30
[Rénmín Dōnglù]

在区境东部。西起解放中路，东至东盛中路。沿线与建设路相交。长 2.3 千米，宽 40 米。1982 年始建，2009 年建成。取人民拥护社会主义建设之意命名。沿途以商业区和住宅区为主。两侧有芙蓉小镇等。通公交车。

人民中路 370402-K31
[Rénmín Zhōnglù]

在区境中部。西起青檀中路，东至解放中路。沿线与振兴南路相交。长 1.5 千米，宽 40 米。1982 年始建，2009 年建成。取人民拥护社会主义建设之意命名。沿途以商业区和住宅区为主。两侧有巴特尔烧烤、富贵楼等。通公交车。

人民西路 370402-K32
[Rénmín Xīlù]

在区境西部。西起西昌中路，东至青檀中路。沿线与振兴南路相交。长 1.5 千米，宽 40 米。1982 年始建，2009 年建成。取人民拥护社会主义建设之意命名。通公交车。

汇泉西路 370402-K33
[Huìquán Xīlù]

在区境西部。西起西昌南路，东至青檀南路。沿线与西昌南路相交。长 1.6 千米，宽 40 米。1994 年开工。因紧邻十里泉得名。通公交车。

汇泉中路 370402-K34
[Huìquán Zhōnglù]

在区境中部。西起青檀南路，东至解放南路。沿线与振兴路相交。长 1.5 千米，宽 40 米。1994 年开工。因紧邻十里泉得名。通公交车。

汇泉东路 370402-K35
[Huìquán Dōnglù]

在区境东部。西起解放南路，东至西王庄乡政府东。沿线与解放路相交。长 5.0 千米，宽 40 米。1994 年开工。通公交车。

十里泉西路 370402-K36
[Shílǐquán Xīlù]

在区境西部。西起西昌南路，东至青檀南路。沿线与青檀路相交。长 0.8 千米，宽 40 米。1978 年开工。因十里泉村得名。通公交车。

十里泉中路 370402-K37
[Shílǐquán Zhōnglù]

在区境中部。西起青檀南路，东至解放南路。沿线与解放路相交。长 1.5 千米，宽 40 米。1978 年开工。因十里泉村得名。通公交车。

十里泉东路 370402-K38
[Shílǐquán Dōnglù]

在区境东部。西起解放南路，东至东环路。沿线与 206 国道相交。长 3.5 千米，宽 40 米。1978 年开工。因十里泉村得名。通公交车。

清泉东路 370402-K39
[Qīngquán Dōnglù]

在区境东部。西起解放南路，东至东环路。沿线与解放路相交。长 2.4 千米，宽 30 米。因紧邻十里泉得名。通公交车。

清泉中路 370402-K40
[Qīngquán Zhōnglù]

在区境中部。西起青檀南路，东至解放南路。沿线与振兴路相交。长 1.5 千米，宽 30 米。因紧邻十里泉得名。通公交车。

清泉西路 370402-K41
[Qīngquán Xīlù]

在区境西部。西起西昌南路，东至青檀南路。沿线与青檀路相交。长 0.9 千米，宽 30 米。因紧邻十里泉得名。通公交车。

西昌路 370402-K42
[Xīchāng Lù]

在区境西部。北起南园立交桥，南至光明路。沿线与兴华路、龙头路、文化路、鑫昌路、建华路、君山路相交。长 2.4 千米，宽 32 米。1989 年始建，2000 年建成。两侧有中国石油、道德广场等。通公交车。

车站

枣庄东站 370402-R01
[Zǎozhuāng Dōngzhàn]

铁路站。位于市中区龙山路街道。1912 年始建，1945 年毁于战火，1957 年重建。2006 年更名为枣庄东站。现存两座欧式建筑，东边为老票房，西边为老站长室。

薛城区

城市道路

黄河路 370403-K01
[Huánghé Lù]

在区境中部。东起复元三路，西至天山路。沿线与永福路、燕山路、泰山路、祁连山路、长白山路相交。长 9.2 千米，宽 46 米。沥青路面。1986 年开工，1993 年建成，2006 年改扩建。两侧有薛城区司法局、北城批发市场、银座商场、枣庄市实验高中等。为出入城区中心中部要道，也是连接老城区和新城区的主要通道。通公交车。

长江路 370403-K02
[Chángjiāng Lù]

在区境中部。东起民生路，西至京沪铁路。沿线与永福路、泰山路、德仁路、祁连山路相交。长 6 千米，宽 24 米。沥青路面。1996 年开工，1997 年建成，2006 年改扩建。是薛城区的政治文化中心。两侧有薛城区国土资源局、薛城区财政局、舜耕中学、枣庄高铁站等。是横跨城区东西主干道路，也是连接城南新区和新城区的主要通道，通公交车。

泰山路 370403-K03
[Tàishān Lù]

在区境中部。南起枣曹公路，北至郯薛公路。沿线与光明大道、黄河路、永兴路、临山路、长江路、钱江路、珠江路相交。长 7.8 千米，宽 56 米。沥青路面。1989 年始建，1992 年建成，2003 年改扩建；南段 2008 年开工建设，2009 年建成。沿途是区创新中心和经济中心。两侧有薛城区人民法院、薛城区教育局、枣矿集团等。是纵贯城区南北的主干道，也是连接高新区与薛城区的主要通道，通公交车。

永福路 370403-K04
[Yǒngfú Lù]

在区境中部。北起天山路，南至汉江路。沿线与天山路、海河路、黄河路、永兴路、临山路、长江路、珠江路、汉江路相交。长 7.5 千米，宽 52.0 米。沥青路面。1986 年始建，2005 年建成。是城区商业文化中心。两侧有凤凰台建材市场、薛城公路局、中国建设银行、薛国大酒店、北城批发市场、薛城区政府、薛城区邮政局、清泉市场、钱江市场、薛城区水利局、薛城区林业局、中国工商银行薛城区支行等。是城区主干道，通公交车。

长白山路 370403-K05

[Chángbáishān Lù]

在区境东部。南起榴园大道，北至枣曹公路。沿线与枣曹公路、黑龙江路、光明大道、海河东路、黄河东路、榴园大道相交。长 10.0 千米，宽 24.0 米。沥青路面。2009 年始建，2011 年建成。沿途以单位为主，是文化教育中心。两侧有昂立大厦、来泉山庄、枣庄市实验学校（东校）、枣庄市司法局、枣庄国际大厦、枣庄市高新区盈园中学、鲁南大数据中心、薛城区委党校等。是城区主干道，通公交车。

武夷山路 370403-K06

[Wǔyíshān Lù]

在区境东部。南起黄河东路，北至光明大道。沿线与黄河东路、海河东路、光明大道、黑龙江路相交。长 5.5 千米，宽 23.0 米。沥青路面。2002 年始建，2004 年建成。两侧有枣庄市实验学校等。是城区次干道，通公交车。

燕山路 370403-K07

[Yànshān Lù]

在区境中部。北起枣曹公路，南至临山路。沿线与临山路、永兴路、黄河路、海河路、光明大道、枣曹公路相交。长 4.2 千米，宽 50.0 米。沥青路面。1992 年始建，2010 年建成。是城区商业文化中心。两侧有中国银行高新区支行、三星专卖店薛城店、薛城区实验幼儿园、善利园超市、恒丰超市、薛城区人民医院、薛城区奚仲中学等。是城区次干道，通公交车。

天山路 370403-K08

[Tiānshān Lù]

在区境西部。北起泰山北路，南至临山路。沿线与光明西路、枣曹路、黄河路、永兴路、临山路相交。长 5.6 千米，宽 40.0 米。1981 年始建，2012 年建成。沥青路面。两侧有枣庄西站、枣庄市救助站、薛城区新华派出所、薛城区北临城中学等。是城区主干道路，通公交车。

德仁路 370403-K09

[Dérén Lù]

在区境中部。北起光明大道，南至珠江路。沿线与光明大路、沿河路、黄河路、永兴路、矿建路、长江路、中和路、钱江路、珠江路相交。长 6.8 千米，宽 60.0 米。沥青路面。2002 年始建，2004 年建成。两侧有美迪龙建材家居广场、薛城区环保局、万洲第一街等。是城区主干道路，通公交车。

太行山路 370403-K10

[Tàihángshān Lù]

在区境东部。南起榴园大道，北至松花江路。沿线与松花江路、光明大道、海河路、黄河路、淮河路、金沙江路、长江路、榴园大道相交。长 4.5 千米，宽 24.0 米。沥青路面。2010 年始建，2013 年建成。两侧有北京中医药大学枣庄医院、枣庄市住建局等。是城区主干道路，通公交车。

祁连山路 370403-K11

[Qíliánshān Lù]

在区境东部。南起珠江路，北至枣曹路。沿线与枣曹公路、黑龙江路、松花江路、光明大道、海河路、黄河路、金沙江路、长江路、榴园大道、珠江路相交。长 8.3 千米，宽 23.0 米。沥青路面。2010 年始建，2011 年建成。是物流商贸交通中心。两侧有枣庄职业学院、枣庄市委党校、枣矿集团总医院、天衢商贸城、薛城区龙潭实验学校、京沪高铁枣庄站等。是城区主干道路，通公交车。

民生路 370403-K12
[Mínshēng Lù]

在区境东部。南起长江东路，北至光明大道。沿线与光明大道、海河路、黄河路、淮河路、金沙江路相交。长1.5千米，宽28.0米。沥青路面。2003年始建，2006年建成。是行政及商住中心。两侧有枣庄市政府、枣庄市政务服务中心、嘉汇大厦、枣庄市财政局、枣庄供电公司、枣庄市体育中心等。是城区次干道路，通公交车。

和谐路 370403-K13
[Héxié Lù]

在区境东部。南起长江东路，北至光明大道。沿线与光明大道、海河路、黄河路、淮河路、金沙江路相交。长1.5千米，宽29.0米。沥青路面。2003年始建，2006年建成。是行政商住中心。两侧有枣庄市信访局、枣庄市档案局、枣庄会展中心等。是城区次干道，通公交车。

复元三路 370403-K14
[Fùyuán 3 Lù]

在区境东部。北起枣曹公路，南至黄河东路。沿线与枣曹公路、光明大道、深圳路、厦门路相交。长4.8千米，宽24.0米。沥青路面。2010年始建，2011年建成。两侧有枣庄市妇幼保健院、枣庄区交警大队二中队、润恒光能有限公司等。是城区次干道，通公交车。

峨眉山路 370403-K15
[Éméishān Lù]

在区境东部。北起松花江中路，南至榴园大道。沿线与松花江路、光明大道、海河路、黄河路、海河路、金沙江路、长江路、榴园大道相交。长5.0千米，宽12.0米。沥青路面。2009年始建，2011年建成。

两侧有交通银行枣庄分行、互联网小镇等。是城区次干道，通公交车。

榴园大道 370403-K16
[Liúyuán Dàdào]

在区境东部。东起店韩公路，西至祁连山路。沿线与祁连山路、峨眉山隧道、太行山路、和谐路、民生路、长白山路、店韩公路相交。长6.8千米，宽30.0米。沥青路面。2011年始建，2012年建成。两侧有薛城区委党校、枣庄理工学校、枣庄市警察学校等。是城区主干道路和通往高铁的东西大动脉，通公交车。

永兴路 370403-K17
[Yǒngxīng Lù]

在区境中部。东起德仁路，西至天山路。沿线与德仁路、泰山路、燕山路、永福路、天山路相交。长3.4千米，宽29.0米。沥青路面。1986年始建，2013年建成。两侧有薛城区委、薛城区政府、枣庄八中（北校）、薛城区总工会、中国建设银行薛城支行、中国工商银行薛城支行、薛城区中医院、枣庄万达广场、贵诚购物中心（永兴路店）、财富大世界等。是城区主干道，通公交车。

临山路 370403-K18
[Línshān Lù]

在区境中部。东起泰山中路，西至天山路。沿线与泰山路、燕山路、永福路、天山路相交。长2.2千米，宽39.0米。沥青路面。1986年始建，2004年建成。是文化教育行政中心。两侧有薛城区人大、薛城区体育局、薛城区临山小学、薛城区防疫中心、薛城区新华书店、枣庄万达广场、薛城区汽车站、枣庄西站、皇冠大酒店、薛城区部队干休所等。是城区主干道，通公交车。

珠江路 370403-K19
[Zhūjiāng Lù]

在区境南部。西起永福南路，东至太行山路。沿线与永福南路、泰山路、奚公山南路、广场西路、广场东路、祁连山路、太行山路相交。长 4.0 千米，宽 60.0 米。沥青路面。2010 年始建，2013 年建成。两侧有薛城区人社局、大学生创业园、众信大厦、合信广场等。是城区主干道，通公交车。

黑龙江路 370403-K20
[Hēilóngjiāng Lù]

在区境北部。东起武夷山路，西至祁连山路。沿线与武夷山路、凤鸣路、景山路、祁连山路相交。长 6.2 千米，宽 36.0 米。沥青路面。2006 年始建，2008 年建成。两侧有枣矿集团总医院、枣庄市水利局等。是城区次干道，通公交车。

海河路 370403-K21
[Hǎihé Lù]

在区境中部。分为海河东路、海河中路、海河西路三段。海河东路东起长白山路，西至民生路；海河中路东起和谐路，西至祁连山路；海河西路东起泰山路，西至永福路。沿线与永福路、燕山路、泰山路、嵩山北路、祁连山路、峨眉山路、太行山路、和谐路、民生路、井冈山路、武夷山路、长白山路相交。长 4.8 千米，宽 24.0 米。沥青路面。东、中段 2007 年始建，2010 年建成。西段 1995 年始建，2006 年建成。沿途是商业中心。两侧有薛城区龙潭实验学校、中国工商银行、海河幼儿园、薛城区自来水公司、枣庄市济安建筑工程有限公司、枣庄市薛城区建筑工程质量监督站等。是城区次干道，通公交车。

松花江路 370403-K22
[Sōnghuājiāng Lù]

在区境北部。东起武夷山路，西至昆仑山路。沿线与太行山路、峨眉山路、祁连山路相交。长 6.0 千米，宽 20.0 米。沥青路面。2009 年始建，2011 年建成。两侧有枣庄市政府、天衢物流等。是城区次干道，通公交车。

车站

枣庄站 370403-R01
[Zǎozhuāng Zhàn]

铁路车站，一等客运站。位于薛城区城区东南部。2009 年开工，2011 年 6 月建成。总占地面积 9 997 平方米，总建筑面积 9 957 平方米。设置 2 台 6 线，其中正线 2 条、到发线 4 条，日接发车量 86 列，年客运量 150 万人。是京沪高铁自北京方向在山东停靠的最后一站，担负着枣庄及周边地区的旅客运输任务。

枣庄西站 370403-R02
[Zǎozhuāng Xīzhàn]

铁路车站，二等站。位于薛城区西部。1912 年建成使用，初称临城站。1974 年扩建，2005 年 3 月重建。2006 年 4 月站舍落成启用。面积 7 200 平方米。车站拥有客运站台 2 座、风雨棚 2 座、进站天桥 1 座、出站地道 1 座。固定旅客列车 45 趟，日均发送旅客 4 000 余人；年货运量 32.31 万吨。车站共有线路股道 14 条。担负着枣庄及周边地区的旅客运输任务。

薛城长途汽车站 370403-S01
[Xuēchéng Chángtúqìchē Zhàn]

二级汽车站。位于薛城区西部。1974 年始建，1976 年投入使用。总占地面积

14 016 平方米，建筑面积 1 000 平方米，候车室上下两层。主要为城乡公交、定制公交、通勤班车、旅游包车、道路旅客运输服务。

桥梁、立交桥、隧道

十字河大桥 370403-N01
[Shízìhé Dàqiáo]

在薛城区北部。桥长 206.0 米，桥面宽 28.0 米，最大跨度 20.0 米，桥下净高 10.1 米。1998 年动工，2000 年建成。因跨越十字河，故名。为大型河道桥梁，结构型式为预应力钢筋混凝土空心板梁桥。通公交车。

小沙河大桥 370403-N02
[Xiǎoshāhé Dàqiáo]

在薛城区中部。桥长 133.4 米，桥面宽 24.0 米，最大跨度 16.0 米，桥下净高 6.3 米。1998 年动工，2000 年建成。因跨越小沙河，故名。为大型河道桥梁，结构型式为预应力钢筋混凝土空心板梁桥。通公交车。

北山桥 370403-N03
[Běishān Qiáo]

在薛城区南部。桥长 64.0 米，桥面宽 24.0 米，最大跨度 13 米，桥下净高 4.1 米。2001 年动工，2001 年建成，2011 年扩建。因跨越杨庄大沙河，在北山村辖内，故名。为中型河道桥梁，结构型式为空心板梁桥。最大载重量 30 吨。通公交车。

华众大桥 370403-N04
[Huázhòng Dàqiáo]

在薛城区西部。桥长 169.0 米，桥面宽 22.0 米，最大跨度 13 米，桥下净高 4.6 米。1992 年动工，2001 年建成，2011 年扩建。因跨越薛城蟠龙河，由华众纸业投资兴建，故名。为中型河道桥梁，结构型式为简支梁桥。最大载重量 25 吨。通公交车。

黄河路小沙河桥 370403-N05
[Huánghélù xiǎoshāhé Qiáo]

在薛城区中部。桥长 78.0 米，桥面宽 25.0 米，最大跨度 13 米，桥下净高 6.8 米。2004 年动工，同年建成，2014 年扩建。因地处黄河路，跨越小沙河而得名。为中型河道桥梁，结构型式为预应力简支空心板、混凝土结构桥。通公交车。

蟠龙河大桥 370403-N06
[Pánlónghé Dùqiáo]

在薛城区西部。桥长 160.0 米，桥面宽 13.0 米，最大跨度 13 米，桥下净高 7.4 米。1990 年动工，1990 年建成，2000 年扩建。因跨越薛城蟠龙河得名。为大型河道桥梁，结构型式为空心板梁桥。最大载重量 30 吨。通公交车。

泰山路大桥 370403-N07
[Tàishānlù Dàqiáo]

在薛城区中部。桥长 134.0 米，桥面宽 33.0 米，最大跨度 12 米，桥下净高 6.5 米。1990 年动工，1991 年建成。因地处泰山路而得名。为中型河道桥梁，结构型式为空心板结构桥。通公交车。

天山路桥 370403-N08
[Tiānshānlù Qiáo]

在薛城区西北部。桥长 36.2 米，桥面宽 40.8 米，最大跨度 13 米，桥下净高 6.55 米。2012 年动工，2012 年建成。因地处天山路而得名。为大型跨路桥梁，结构型式为装配式预应力混凝土空心桥板。通公交车。

永福路大桥 370403-N09
[Yǒngfúlù Dàqiáo]

在薛城区南部。桥长 120.0 米，桥面宽 33.0 米，最大跨度 20 米，桥下净高 6.0 米。2001 年动工，2002 年建成。因地处永福路而得名。为中型河道桥梁，结构型式为预应力空心板桥。通公交车。

永兴路桥 370403-N10
[Yǒngxīnglù Qiáo]

在薛城区中部。桥长 24 米，桥面宽 14.0 米，最大跨度 8 米，桥下净高 6.6 米。2013 年动工，2013 年建成。因地处永兴路而得名。为中型河道桥梁，结构型式为预应力简支空心板、混凝土结构桥。通公交车。

长江路小沙河桥 370403-N11
[Chángjiānglù Xiǎoshāhé Qiáo]

在薛城区中部。桥长 60.0 米，桥面宽 30.0 米，最大跨度 20.0 米，桥下净高 6.4 米。1996 年动工，1997 年建成。因地处长江路而得名。为中型河道桥梁，结构型式为预应力砼空心板桥。最大载重量 100 吨。通公交车。

圩子大桥 370403-N12
[Wéizi Dàqiáo]

在薛城区南部。桥长 75.2 米，桥面宽 14.0 米，最大跨度 13 米，桥下净高 3.3 米。1995 年动工，2005 年大修。因在圩子村辖区内，故名。为中型河道桥梁，结构型式为简支梁桥。最大载重量 30 吨，通公交车。

周营沙河桥 370403-N13
[Zhōuyíngshāhé Qiáo]

在薛城区南部。桥长 64.0 米，桥面宽 15.0 米，最大跨度 54 米，桥下净高 6 米。2003 年动工，2003 年建成。因跨越周营沙河上方而得名。为中型河道桥梁，结构型式为现浇板桥。最大载重量 80 吨。通公交车。

高河中桥 370403-N14
[Gāohé Zhōngqiáo]

在薛城区南部。桥长 86.4 米，桥面宽 28.0 米，最大跨度 16 米，桥下净高 4.55 米。1998 年开工，2000 年建成。因跨越高河，故名高河中桥。为中型河道桥梁，结构型式为预应力钢筋混凝土空心板梁桥。通公交车。

薛枣公铁立交 370403-P01
[Xuēzǎo Gōngtiě Lìjiāo]

在薛城区北部。1998 年动工，2000 年建成。因所处位置及京台高速跨越铁路，故名薛枣公铁立交。为大型、预应力钢筋混凝土结构型式立交桥。

薛城互通立交桥 370403-P02
[Xuēchéng Hùtōng Lìjiāoqiáo]

在薛城区中部。1998 年开工，2000 年建成。为京台高速与地方道路连接线路桥梁，故名薛城互通立交桥。为中型预应力钢筋混凝土连续空心板结构型式立交桥。

峨眉山隧道 370403-30-E01
[Éméishān Suìdào]

位于薛城区沙沟镇殷庄村境内。隧道长 500 米，高 5 米，洞净宽 10 米。2008 年始建，2011 年建成通车。因地处薛城区峨眉山南路，故名。为单孔隧道，两车道。

港口

枣庄港 370403-30-F-b01
[Zǎozhuāng Gǎng]

　　河港。位于山东省枣庄市，所在河流为京杭大运河。2004 年 10 月始建，2013年 2 月建成。年吞吐能力 133 万吨，远期400 万吨。港口占地 6.7 万平方米，陆域面积 5.7 万平方米，水域面积 10.4 万平方米，码头岸线长 295 米，共建有千吨级泊位 4 个，后方设有 5 万平方米硬化货场、2 000 平方米杂货仓库，有一条每小时 1 000 吨装卸能力散货生产线和 台 10 吨轨道吊机。是集普通货物装卸、化工品储存装卸、船代货代、仓储物流、船运后勤支持、旅游、生态园观光等功能于一身的现代化大型港口。

峄城区

城市道路

坛山东路 370404-K01
[Tánshān Dōnglù]

　　在区境北部。东起枣台路，西至仙坛路。沿线与丁桥路相交。长 1.3 千米，宽 23 米。沥青路面。2004 年开工，2005 年建成。因位于坛山脚下得名。两侧有文体中心等。是城区主要道路之一，通公交车。

坛山中路 370404-K02
[Tánshān Zhōnglù]

　　在区境北部。东起仙坛路，西至中兴大道。沿线与宏学路、峄山路、承河路、沿河路相交。长 2.2 千米，宽 23 米。沥青路面。1958 年开工，1980 年拓修，1985 年扩建，1986 年建成。因位于坛山脚下得名。

两侧有峄城区委区政府、仙坛山、仙坛苑广场等。是城区主要道路之一，通公交车。

坛山西路 370404-K03
[Tánshān Xīlù]

　　在区境北部。东起中兴大道，西至 206国道。沿线与建设路相交。长 0.6 千米，宽23 米。沥青路面。1986 年开工，2005 年改扩建，2006 年建成。因位于坛山脚下得名。两侧有峄城区卫计局、峄城农业银行等。是城区主要道路之一，通公交车。

车站

峄城汽车站 370404-S01
[Yìchéng Qìchē Zhàn]

　　二级长途汽车站。位于承水西路西首与 206 国道交叉口处。2010 年启用新站。占地 40 余亩，其中主站房建筑面积 5 000平方米，站前广场 8 000 平方米，设置 5 个售票窗口、6 个检票口、16 个发车位，设计日发送旅客能力 1 万人次左右。是集长途、短途、旅游客运为一体的综合运输平台。

台儿庄区

城市道路

兴中路 370405-K01
[Xīngzhōng Lù]

　　在区境中部。南起台儿庄运河老大桥，北至叶庄。沿线与长安路、文化路、金光路、华兴路、沿河路、古运路、运河北岸路相交。长 3.5 千米，宽 32 米。沥青路面。1985 年开工，1987 年建成，2007 年改扩建。取"振兴中华"之意命名。沿途文化氛围浓厚。

两侧有台儿庄区民政局、台儿庄区实验小学、台儿庄区妇幼保健站等。是城区南北向主干道之一，通公交车。

长安路 370405-K02

[cháng'ān Lù]

在区境中部。东起东顺路，北至广进路。沿线与东顺路、箭道路、兰琪路、兴中路、运河大道、广进路相交。长 4.0 千米，宽 15 米。沥青路面。1985 年开工，1990 年建成，2014 年改建。取"长治久安"之意命名。两侧有台儿庄益顺工业网毯有限公司、山东泰世集团、山东清源水处理有限公司、新农联合商业中心、枣庄市国泰织造公司、台儿庄区行政学校、台儿庄区委党校、中国太平洋保险财产保险、台儿庄区城市管理局、枣庄亿利达造纸机械公司、枣庄市兴牧生物科技公司、山东百斯达化工有限公司等。是城区东西向主干道之一，通公交车。

东顺路 370405-K03

[Dōngshùn Lù]

在区境东部。南起运河北岸路，北至台北路。沿线与台北路、台中路、长安路、文化路、金光路、运河北岸路相交。长 4.0 千米，宽 12 米。沥青路面。1979 年开工，1981 年建成，2013 年改造。因在区境东部，取"顺顺利利"之意命名。两侧有台儿庄区古城职业学院、枣庄市金园纸业有限公司、枣庄市昊申纸业有限公司、山东联合丰元化工公司、华锦纸业、万通纸业总公司、枣庄市丰元化工有限公司、枣庄市地税局台儿庄分局、台儿庄区交警队邳庄中队、邳庄信用联社邳庄信用社、台儿庄区交警大队邳庄中队、邳庄司法所、邳庄镇民政所、邳庄工商所等。是城区南北向主干道之一，通公交车。

华兴路 370405-K04

[Huáxīng Lù]

在区境中部。东起兴中路，西至华明路。沿线与兴中路、林运路、运河大道、华明路相交。长 1.9 千米，宽 12 米。沥青路面。1949 年开工，1952 年建成，2012 年改造。取"国家振兴"之意命名。两侧有枣庄市食品药品监管局台儿庄分局、台儿庄区粮食局、台儿庄区舞蹈戏剧协会、台儿庄区司法局、枣庄银行台儿庄支行、中国银行台儿庄支行、台儿庄林业局、台儿庄区水务局、枣庄市运河派出所、人民影剧院、台儿庄中医院、台儿庄古城售票处等。是城区东西向次干道，通公交车。

广进路 370405-K05

[Guǎngjìn Lù]

在区境西部。南起运河北堤路，北至阿里山路。沿线与阿里山路、台北路、玉山路、台中路、长安路、文化路、金光路、运河北岸路相交。长 5.5 千米，宽 21 米。沥青路面。1978 年开工，1981 年建成。取"广而进取"之意命名。两侧有圣马生物科技公司、王晁运输公司、枣庄市天源药业有限公司、枣庄市聚龙新材料公司、丰润实业、枣庄市锦天商贸有限公司等。是城区南北向主干道之一，通公交车。

台北路 370405-K06

[Táiběi Lù]

在区境北部。东起东顺路，西至广进路。沿线与箭道路、兴中路、运河大道、广进路相交。长 4.9 千米，宽 15 米。沥青路面。位于区境北部，故名。两侧有枣庄市巨能保温建材公司、台儿庄区交警大队车管所、枣庄金源水泥粉磨公司、恒发科技、枣庄市德利不锈钢公司、台儿庄区职业中专等。是城区东西向主干道之一，通公交车。

金光路 370405-K07
[jīnguāng Lù]

在区境中部。东起东顺路，西至闫浅干渠。沿线与东顺路、箭道路、兴中路、运河大道、广进路相交。长4.8千米，宽12米。沥青路面。1949年开工，1952年建成，2014年改建。取金色大酒店之名命名。两侧有枣庄市公安局台儿庄分局、苏鲁家居广场、台儿庄区煤炭局、台儿庄区烟草专卖局、台儿庄区政府、台儿庄区委、中国建设银行台儿庄支行、中国工商银行台儿庄支行、中国农业银行台儿庄支行、台儿庄大酒店、贵诚购物中心、运河街办西关小学、台儿庄区经贸局等。是城区东西向主干道之一，通公交车。

林运路 370405-K08
[Línyùn Lù]

在区境中部。南起华兴路，北至长安路。沿线与华兴路、金光路、文化路、长安路相交。长1.3千米，宽6米。沥青路面。1980年开工，1983年建成，2011年改建。取运河两岸林木茂盛之意命名。两侧有台儿庄区中小企业局、台儿庄农村商业银行营业厅、枣庄市国土局台儿庄分局等。是城区南北向次干道。

文化路 370405-K09
[wénhuà Lù]

在区境中部。西起广进路，东至东顺路。沿线与东顺路、箭道路、兴中路、运河大道、广进路相交。长4.0千米，宽32米。沥青路面。1985年建成，1987年改建。道路两侧多学校，故名文化路。两侧有枣庄市第三十九中学、枣庄市台儿庄区检察院、台儿庄区文化局、台儿庄区科技局、中国邮政储蓄银行、台儿庄区实验幼儿园、台儿庄战史陈列馆、枣庄市工商局台儿庄分局、海扬王朝纺织公司、台儿庄区价格监督检查所、台儿庄区地震局、台儿庄区体育局、台儿庄区畜牧水产局、台儿庄区体育中心、台儿庄区财政局、台儿庄供电局等。是城区东西向主干道之一，通公交车。

运河大道 370405-K10
[Yùnhé Dàdào]

在区境中部。南起运河大桥，北至阿里山路。沿线与阿里山路、台北路、台中路、长安路、文化路、金光路、运河北岸路相交。长5.5千米，宽36米。沥青路面。1960年开工，1963年建成，2011年改建。为城区主干道，临近运河，故名运河大道。两侧有台儿庄区粮食局、台儿庄建设局、台儿庄公安分局综合服务大厅、王晁煤电集团、中国农业发展银行台儿庄支行、台儿庄区地税局、台儿庄区人民法院、台儿庄区人口计生局、台儿庄区邮政局、台儿庄区汽车站等。是城区南北向主干道之一，通公交车。

运河北岸路 370405-K11
[Yùnhéběi'àn Lù]

在区境南部。东起东顺路，西至广进路。沿线与东顺路、箭道路、兴中路、运河大道、广进路相交。长4.5千米，宽10米。沥青路面。南临运河，属运河护坡堤岸，故取名运河北岸路。两侧有台儿庄古城游客服务中心、枣庄市运河水上派出所、枣庄市水上地税所、枣庄市地方海事局、台儿庄区航运管理处等。是城区东西向次干道，通公交车。

沿河路 370405-K12
[Yánhé Lù]

在区境中部。东起兴中路，西至华兴路。沿线与兴中路、华兴路相交。长1.0千米，宽8米。沥青路面。1976年开工，1982年建成，2011年改建。紧邻月河，故名沿河路。两侧有台儿庄区广电局、台儿庄区老干部活动中心等。是城区东西走向支路。

台中路 370405-K13
[Táizhōng Lù]

在区境中部。东起东顺路，西至广进路。沿线与东顺路、箭道路、兴中路、运河大道、广进路相交。长1.1千米，宽20米。沥青路面。2013年开工，2013年建成，2014年改建。在区境中部，故名台中路。两侧有台儿庄区长途汽车站等。是城区东西向主干道之一。

康宁路 370405-K14
[kāngníng Lù]

在区境中部，南起运河北岸路，北至长安路。沿线与运河北岸路、华兴路、金光路、文化路、长安路相交。长2.0千米，宽8米。沥青路面。1980年开工，1984年建成，2013年改建。取"安康宁静"之意命名。两侧有李宗仁史料馆、台儿庄区社会保险事业处等。是城区南北向支路。

康泰路 370405-K15
[kāngtài Lù]

在区境中部。南起华兴路，北至长安路。沿线与华兴路、金光路、文化路、长安路相交。长1.3千米，宽5米。沥青路面。1980年开工，1983年建成，2014年改建。取"国泰民安"之意命名。两侧有台儿庄区三十九中学、台儿庄区财政局、台儿庄区司法局等。是城区南北走向支路。

箭道路 370405-K16
[jiàndào Lù]

在区境中部。南起运河北岸路，北至台北路。沿线与台北路、台中路、长安路、文化路、金光路、运河北岸路相交。长2.6千米，宽24米。沥青路面。1978年开工，1981年建成，2013年拓宽改造。早期有老街名箭道街，故取名箭道路。两侧有圣马生物科技公司、王晁集团运输公司、枣庄二中新校区等。是城区南北走向主干道之一，通公交车。

兰祺路 370405-K17
[Lánqí Lù]

在区境中部。南起文化路，北至长安路。沿线与文化路、长安路相交。长1.4千米，宽6米。沥青路面。1980年开工，1982年建成。路紧邻兰祺河，故取名兰祺路。两侧有台儿庄区教育和体育局。是城区南北走向支路。

古运路 370405-K18
[Gǔyùn Lù]

在区境南部。东起兴中路，西至运河北岸路。沿线与兴中路、运河北岸路相交。长1.0千米，宽8米。沥青路面。1950年开工，1952年建成，2014年改建。是古时的运河大道，故取名古运路。两侧有贺敬之文学馆、台儿庄大战纪念馆、台儿庄区自来水公司等。是城区东西走向支路。

车站

台儿庄汽车站 370405-S01
[Tái'érzhuāng Qìchē Zhàn]

二级长途汽车站。位于马兰屯镇境内。1984年11月成立，2003年新建车站大楼，2005年3月建成并启用。因地处台儿庄城区，故名。总面积26 600平方米，建筑面积4 600平方米，站前广场1 260平方米，停车场面积13 580平方米，发车位12个。有经营线路30条，日发班次248班，日发送旅客4 000余人次。主要运营线有济南、青岛、临沂、昆山等城市。是台儿庄区最主要的客运集散中心之一。

桥梁

台儿庄运河大桥 370405-N01
[Tái'erzhuāng Yùnhé Dàqiáo]

在台儿庄城区南部。桥长752.5米，桥面宽12.9米，最大跨度30米，桥下净高20米。2006年动工，2008年建成。该桥处于台儿庄区驻地，故得名。大型河道桥梁，结构型式为钢构桥。最大载重量55吨。是台儿庄区连接江苏省邳州市的交通要道，通公交车。

山亭区

城市道路

府前路 370406-K01
[Fǔqián Lù]

在区境中部。东起东外环，西至世纪大道。沿线与富安大道、翼龙路、滨湖路、邾国路、崇文路、仙台路、玄武路、新源路、汇丰路相交。长5.1千米，宽60米。沥青路面。1986年始建，1987年建成，2013年扩建。因位于区政府门前得名。沿途中部为行政办公区，西部为工业区，东部为文体中心、高档生活区并建有翼云广场及翼云阁、紫云湖。两侧有政府部门、银行、书店、学校、幼儿园、广场等。为城区主干道之一，通公交车。

青屏路 370406-K02
[Qīngpíng Lù]

在区境中部。东起富安大道，西至西二环。沿线与富安大道、邾国路、崇文路、仙台路、玄武路、新源路、汇丰路、世纪大道、泰和路、西安路、西二环相交。长7.4千米，宽60米。沥青路面。2012年动工，2014年建成。因此路在洪山脚下，洪山像一道绿色的屏障保护着城区，故名青屏路。沿途以工业园区为主。两侧有山东圣迪科技公司、亿源重工等。为城区主干道之一，通公交车。

北京路 370406-K03
[Běijīng Lù]

在区境中部。东起富安大道，西至西二环。沿线与富安大道、邾国路、崇文路、仙台路、玄武路、新源路、汇丰路、世纪大道、泰和路、西安路、西二环相交。长5.1千米，宽60米。沥青路面。2008年动工，2012年建成。此路在区行政中心以北，以城市名称命名。沿途是主要的商业和办公区。两侧有山东华邦集团公司、山亭区人民医院、山亭区民政局、山亭区消防大队等。为城区主干道之一，通公交车。

汉诺路 370406-K04
[Hànnuò Lù]

在区境中部。东起东外环，西至开元路。沿线与东外环、富安大道、邾国路、崇文路、仙台路、玄武路、新源路、汇丰路、世纪大道、开元路相交。长5千米，宽50米。沥青路面。1986年动工，2013年建成。为纪念山亭区招商引资过程中引进的汉诺庄园世界专家援助组织的两位德国著名葡萄酒专家汉斯、诺博而命名。沿途以商铺为主，是主要的商业区。两侧有贵诚购物中心、供销超市、紫云湖、翼云阁广场、汉诺庄园等。为城区主干道之一，通公交车。

抱犊崮路 370406-K05
［Bàodúgù Lù］

在区境中部。东起富安大道，西至西二环。沿线与富安大道、邾国路、新源路、汇丰路、世纪大道、开元路、泰和路、西安路、西二环相交。长 7.9 千米，宽 46~80 米。沥青路面。1986 年动工，2012 年建成。因境内国家森林公园抱犊崮而得名。沿途以商铺、学校为主，是主要的商业和文化中心区。两侧有山亭百货大楼、枣庄三十二中、新纪元小学、凤仪门、山亭汽车总站等。为城区主干道之一，通公交车。

银光路 370406-K06
［Yínguāng Lù］

在区境中部。东起世纪大道，西至西安路。沿线与世纪大道、泰和路、翔宏路、西安路相交。长 1.4 千米，宽 40 米。沥青路面。2001 年动工，2012 年建成。因区内企业银光集团而得名。沿途以商铺为主。两侧有山亭区公安分局交警大队车管所、枣庄恒丰冷暖设备公司、山东丰泽印染有限公司等。为城区主干道之一，通公交车。

邾国路 370406-K07
［Zhūguó Lù］

在区境中部。南起薛河，北至官庄。沿线与抱犊崮路、运河路、汉诺路、香港街、府前路、北京路、青屏路相交。长 3 千米，宽 44 米。沥青路面。1986 年动工，1986 年建成。因山亭区为小邾国都城遗址，为宣传小邾国文化而命名。沿途以商铺为主，是主要的商业区。两侧有山亭区供电局、山兴商场、未来大厦等。为城区主干道之一，通公交车。

世纪大道 370406-K08
［Shìjì Dàdào］

在区境中部。南起薛河，北至北外环。沿线与银光路、抱犊崮路、汉诺路、府前路、北京路、青屏路、北外环相交。长 4.4 千米，宽 100 米。沥青路面。1986 年动工，1986 年建成。因此路建于 20 世纪末，为了迎接新世纪到来而得名。沿途以商铺为主，是主要的商业区。两侧有山亭汽车总站、华润纸厂、山东天畅集团等。为城区主干道之一，通公交车。

泰和路 370406-K09
［Tàihé Lù］

在区境中部。南起银光路，北至店韩路。沿线与银光路、抱犊崮路、府前路、北京路、青屏路、店韩路相交。长 1.1 千米，宽 44 米。沥青路面。2012 年动工，2014 年建成。寓意国泰民安、幸福祥和而得名。沿途以工业园区为主。两侧有山东润品源、山东宏宇光电公司等。为城区主干道之一，通公交车。

西安路 370406-K10
［Xī'ān Lù］

在区境中部。南起银光路，北至青屏路。沿线与银光路、抱犊崮路、府前路、北京路、青屏路相交。长 1.9 千米，宽 40 米。沥青路面。2012 年动工，2014 年建成。因此路处于城区最西部，寓意平安而得名。沿途以商铺为主。两侧有润龙集团等。为城区主干道之一，通公交车。

车站

山亭汽车总站 370406-S01
［Shāntíng Qìchē Zǒngzhàn］

长途汽车站。位于山亭区抱犊崮路和

世纪大道的交界处（凤仪门西南）。原山亭区汽车站1989年6月建成，2012年搬迁至现址。占地46亩，主建筑面积1.7万平方米，其中汽车总站建设面积8 578平方米。经营客运线路37条，其中省级班线3条，省内线路7条，区内线路27条，日发班次630个，日发送旅客5 100人次。担负着山亭区及周边地区的旅客运输任务。

滕州市

城市道路

荆河路 370481-K01
[Jīnghé Lù]

在市境南部。东起荆泉路，西至鲁班大道。沿线与柳屯路、振兴路、平行路、大同路、善国路、塔寺路、龙泉路、荆泉路相交。长7.7千米，宽48米。沥青路面。1958年建设，1973年修成沥青路面，2010年扩建。原名跃进路，1982年因横跨荆河更名为荆河路。沿途以商业、企事业单位为主，是滕州的商业中心。两侧有钢材市场、滕化医院、真爱批发商城、商业步行街、邮政局、滕州书城、房地产服务中心、实验小学、大润发超市、滕州市工人医院等。是城区主干道之一，中段北侧有滕州火车站，通公交车。

善国路 370481-K02
[Shànguó Lù]

在市境中部。北起秦庄居，南至青啤大道。沿线与北辛路、学院路、解放路、府前路、荆河路、永昌路相交。长9.6千米，宽25米。沥青路面。1984年开工，1985年建成，1987年延伸建设，1989年建成，1994年改（扩）建。滕州古有"善国"之美名，故名。沿途多为机关企事业单位、居住区和文化景观。两侧有滕州市信访局、君瑞城购物中心、滕州市国有资产经营公司、滕州市综合行政执法局、滕州市司法局、滕州市城乡供水中心、华奥小学、滕州市人力资源服务中心、联通公司、滕州市疾控中心、滕州市人民医院、滕州市中医院、滕州市住建局、滕州市财政局、滕州市交通局、龙门、老县衙、接官巷、三角花园、杏坛广场、荆河公园等。是横跨滕州市区的南北交通要道，通公交车。

学院路 370481-K03
[Xuéyuàn Lù]

在市境中部。西起文公路，东至荆泉路。沿线与文公路、奚仲路、鲁班大道、柳屯路、振兴路、平行路、大同路、新兴路、善国路、塔寺路、龙泉路、荆泉路相交。长11.5千米，宽50.0米。沥青路面。1987年开工，1987年建成。因枣庄科技职业学院、山东化工技师学院坐落在此路两侧，故名。沿途多分布文化教育设施，是文化教育中心。两侧有滕州市农业农村局、枣庄市烟草专卖局、中国人民银行、滕州市人力资源和社会保障局、北辛中学、滕州市自然资源局、枣庄科技职业学院、滕州一中、北坛医院、滕州市检察院、滕州市委党校等。是城区主干道之一，通公交车。

府前路 370481-K04
[Fǔqián Lù]

在城区中部。西起大同路，东至龙泉路。沿线与新兴路、北关街、善国路、塔寺路相交。长3.5千米，宽15.0米。沥青路面。中段在1949年前为城内东门里街，东、西段为新延伸路段。1982年因县政府坐落在此路北侧命名为府前路。沿途为滕州悠久历史文化集中展示区，是滕州的文化、商业中心区。两侧有龙泉广场、汉化石像馆、墨子纪念馆、鲁班纪念馆、滕州日报社、滕州市中医院、步行街、鲁南休闲美食娱乐城等。是城区干道，西首为滕州火车站，通公交车。

平行路 370481-K05
[Píngxíng Lù]

在市境西部。南起腾飞西路，北至红荷大道。沿线与青啤大道、荆河路、解放路、学院路、北辛路、红荷大道相交。长 8.6 千米，宽 42.0 米。沥青路面。1938 年修建，1947 年重修，1978 年拓宽，1992 年重修。因该路段与京沪铁路滕州段走向平行，故命名为平行路。沿途为商业中心区域。两侧有钢盟汽车城、金源装饰大世界市场、种子公司、五金公司、农机大楼、燃料公司、真爱商城、鲁华物流等。是城区主干道之一，道路西侧有滕州汽车西站，通公交车。

大同路 370481-K06
[Dàtóng Lù]

在市境西部。北起红荷大道，南至青啤大道。沿线与北辛路、解放路、学院路、杏坛路、府前路、荆河路、永昌路相交。长 7.0 千米，宽 42.0 米。沥青路面。1911 年开工，1911 年建成，1960 年延伸，1990 年扩建，2011 年向南延伸。取天下大同之意命名为大同路。沿途为滕州悠久历史文化集中展示区，是滕州的文化、商业中心区。两侧有银座商城、华汇地下商场、商业步行街、嘉誉商贸城、长途汽车站、伦达商贸城等。是城区主干道之一，西侧为滕州火车站，通公交车。

新兴路 370481-K07
[Xīnxīng Lù]

在市境西部。北起通盛路，南至善文街。沿线与通盛路、北辛路、学院路、解放路、杏坛路、府前路、荆河路、河滨北路相交。

长 5.1 千米，宽 15.0 米。沥青路面。1953 年修建，1989 年向两端延伸。该路原名新街，1982 年改扩兴建而更名为新兴路。沿途为商业服务业中心区。两侧有滕州市能源事务中心、老干部活动中心、财贸医院、滕州一中西校区、第二实验小学华晨校区、商业步行街、供电公司、华泰大酒店、静雅大酒店等。是城区主干道之一，通公交车。

北辛路 370481-K08
[Běixīn Lù]

在市境北部。西起鲁班大道，东至京沪高铁。沿线与荆泉路、龙泉路、善国路、文化路、塔寺路、新兴路、平行路、振兴路、柳屯路、鲁班大道等相交。长 13.3 千米，宽 50.0 米。沥青路面。1998 年开工，1999 年建成，2002 年改建。因辖区北辛街道命名。沿途为滕州党政机关、政务服务、体育赛事活动中心区。两侧有滕州市委市政府、滕州市人民法院、奥体中心、市政务服务中心、市民广场、万达购物中心、伦达商贸城、国家机床产品质量监督检验中心等。是城区主干道之一，东首为滕州高铁站，北侧有长途汽车总站，通公交车。

塔寺路 370481-K09
[Tǎsì Lù]

在市境中部。北起通盛路，南至河滨北路。沿线与通盛路、北辛路、学院路、解放路、杏坛路、府前路、荆河路相交。长 4.4 千米，宽 20.0 米。沥青路面。该路原为东寨墙外的一条路沟，1978 年开辟成街，1992 年扩建，1993 年建成，2004 年扩建。因东侧有龙泉古塔而命名为塔寺路。沿途人文历史氛围浓郁。两侧有滕州市公安局、弘道公园、滕州市卫生健康局、滕州市公安局经侦大队、龙泉小学、滕东中学、龙泉派出所、王学仲艺术馆、墨子学术研究中心等。是城区主干道之一，通公交车。

龙泉路 370481-K10
[Lóngquán Lù]

在市境东部。北起红荷大道，南至笃西路。沿线与红荷大道、通盛路、北辛路、学院路、解放路、杏坛路、府前路、荆河路、青啤大道、腾飞东路、善南路等相交。长13.5千米，宽40.0米。沥青路面。2004年开工，2005年建成，2008年扩建。因该路为龙泉街道辖区主干道，辖区内有龙泉塔，故名。该路段自然景观优美，为城区道路绿化样板。两侧有滕州市民政局、万达广场、枣庄科技职业学院、滕州一中东校区、美铭广场、机动车检测中心、龙泉街道办事处、交警大队、鲁南滕州花卉繁育中心等。是城区主干道之一，通公交车。

杏坛路 370481-K11
[Xìngtán Lù]

在市境中部。东起河滨西路，西至大同路。沿线与大同路、新兴路、善国路、塔寺路、北关街相交。长1.5千米，宽20.0米。沥青路面。1978年开工，1980年建成。因该路西边是杏花村市场、东边是北坦居，故更名为杏坛路。沿途为医疗卫生服务、商业服务中心区。两侧有滕州市中心人民医院、滕州市教育局、步行街、滕东中学、杏坛广场等。是城区干道之一，通公交车。

特色街巷

书院街 370481-A02-L01
[Shūyuàn Jiē]

在荆河街道东部。长0.5千米，宽4米。沥青路面。因辖区内有清朝年间书院而得名。该街区属于滕州老城区发展历史上的繁华核心地段，拥有较多的文物古迹、历史建筑，基本涵盖了滕州老城全部的历史文化内涵。西侧为省级文物保护单位王家祠堂，有天主教堂、书院小学（原书院）、滕州粮库等文物古迹和建筑。为山东省第一批历史文化街区。通公交车。

车站

滕州站 370481-R01
[Téngzhōu Zhàn]

铁路站，客货运二等站。位于滕州市荆河街道中部，大同路西侧。1911年建成。总占地面积19.6万平方米，总建筑面积3.5万平方米。车站下设客运、货运、行车、装卸四个车间。客运规模为2台3线，旅客列车45趟（上行22趟，下行23趟），日均发送旅客3 900余人。有4条货物线，年货运量40万吨。担负着滕州市及周边山亭区、平邑县、费县、微山县、鱼台县、邹城市南部和江苏省沛县等十多个县（市、区）数百万群众出行的任务。

滕州东站 370481-R02
[Téngzhōu Dōngzhàn]

铁路站。位于滕州市宫河路。2009年始建，2011年6月投入使用。因位于滕州城区东部而得名。车站2台4线，设正线2条、到发线各2条。车站建筑面积8 000平方米，建有地下、地上2层，地下层为地下通道，地上为站台层，有站房候车大厅、旅服用房、生产附属用房等。是集乘候车、售票、综合服务、旅游集散、物流配送于一体的区域性交通枢纽。

滕州汽车总站 370481-S01
[Téngzhōu Qìchē Zǒngzhàn]

一级长途汽车客运站。位于滕州市北辛中路998号。1951年始建，1991年、2007年搬迁新址。总建筑面积43 000平方米，主要建筑由候车大厅、驾乘公寓、汽车维修中心、加油站、站前广场及商业服务设施组成。设有 50 个发车位，可日发送 1 500 个班次，日发送旅客 11 000 余人次。

滕州汽车西站 370481-S02
[Téngzhōu Qìchē Xīzhàn]

三级长途汽车客运站。位于滕州市荆河西路 288 号。因地处滕州西城区，故名。1993 年建设，1994 年投入使用，2001 年、2014 年改建。占地面积 13 340 平方米，建筑面积 7 700 平方米，有 1 个检票大厅、30 个发车位，配有电子导乘系统、危险物品检测系统和大屏幕电子显示系统等现代化设施。拥有线路 37 条，始发班次 600 余个，过往班次 10 余个，平均日旅客发运量 6 000 余人，年旅客发送量达 210 万人次以上，主要运营线有红荷景区、龙山风景区、薛城、滕州港、王晁、田陈矿、井亭矿、沛县、平邑等。是滕州区域重要的道路运输枢纽站和城乡公交中转站之一，是滕州市最大的城乡客运站。

桥梁

龙泉大桥 370481-N01
[Lóngquán Dàqiáo]

在滕州市城区东北部。桥长 108 米，桥面宽 35.5 米。最大跨度 13 米，桥下净高 6 米。2002 年动工，2014 年扩建。因地处龙泉路而得名。为中型河道桥梁，结构型式为简支板梁桥。最大载重量 20 吨。担负城区道路干道交通任务，通公交车。

荆河桥 370481-N02
[Jīnghé Qiáo]

在滕州市城区中部。桥长 117 米，桥面原宽 42 米，最大跨度 20 米，桥下净高 6 米。1975 年动工，同年建成，2010 年扩建拓宽。因跨荆河而得名。为中型河道桥梁，结构型式为梁式桥。最大载重量 40 吨。担负城区道路干道交通任务，通公交车。

刘岗大桥 370481-N03
[Liúgǎng Dàqiáo]

在滕州市城区西北部。桥长 280.1 米，桥面宽 13.7 米，最大跨度 20 米，桥下净高 6 米。1995 年动工，1995 年建成。因位于刘岗村而得名。最大载重量 100 吨。担负 104 国道和滕州市北部交通干道任务，通公交车。

十字河大桥 370481-N04
[Shízìhé Dàqiáo]

在滕州市城区东南部。桥长 264 米，桥面宽 24 米，最大跨度 160 米，桥下净高 6 米。1958 年动工，1964 年建成，1995 年扩建。因横跨十字河而得名。为中型河道桥梁，结构型式为梁式桥。最大载重量 30 吨。是滕州市最南部县乡交通枢纽柴张路重要节点，通公交车。

四 自然地理实体

枣庄市

山

白马山 370400-21-G01
[Báimǎ Shān]

在省境南部，市境西南部。因形似一匹白马，故名白马山。海拔 181 米。植被主要有松树、槐树、灌木丛等。交通不便。

河

西泇河 370400-22-A-b01
[Xījiā Hé]

内陆河。发源于北庄镇北部山区的东洋泉村，流经山亭区、市中区，汇流至周村水库。枣庄市内长 19.23 千米。流域面积 814 平方千米。汛期为七八月份，河流两岸为农田。不具备通航能力。主要支流有下村河。

市中区

山

九顶莲花山 370402-21-E01
[Jiǔdǐngliánhuā Shān]

在省境南部，市中区东北部。因山有九峰形似莲花而得名。传说九龙治水时，九位龙夫人为感激龟王割尾堵海眼的献身精神，自愿留了下来，化作九朵莲花，为龟王挡风遮雨，后来形成九顶莲花山。一般海拔 333.9 米。最高海拔 408 米。主峰大王山。山上主要有松树、侧柏、银杏、雪松，兼有金银花等灌木 30 余种，有野鸡、野兔、刺猬。通公交车。

姑嫂山 370402-21-G01
[Gūsǎo Shān]

在省境南部，市中区东南部。传说战乱时期，丈夫被征赴战场，杳无音讯，姑嫂俩相依为命，故以名之。海拔 273 米。植被以温带落叶阔叶林、松树为主，兼有灌草丛。通公交车。

长山 370402-21-G02
[Cháng Shān]

在省境南部，市中区东北部。因此山东西走向长，顾名长山。海拔 320.7 米。植被以松树为主，兼有杨树等。通公交车。

大王山 370402-21-G03
[Dàwáng Shān]

属九顶莲花山。在省境南部，市中区东北部。据说军阀汪小五占此山为王，故名大王山。海拔 408 米。

东鳌山 370402-21-G04
[Dōng'áo Shān]

在省境南部，市中区东北部。关于东鳌山名称的由来，有两种说法：一说是龙的第九个儿子鳌曾在此治水；另一种说法是山里有一个大金鳌子，故也称鳌山。又分东、西两山，东边为东鳌山。海拔 320 米。通公交车。

狮子山 370402-21-G05
[Shīzi Shān]

在省境南部，市中区东部。传说一头狮子因寒冬打不到猎，去吃村民，结果被村民发现、追赶，最后因伤势严重，饥寒交迫，最终倒下，后来变成了现在的狮子山。海拔 295 米。为暖温带阔叶林区，植被以杂生针叶林为主，兼有灌草丛、落叶阔叶林等。有侧柏、刺槐等 20 多种树木，天麻、蒺藜、白薇等药材和野生植物。有国家 Ⅱ 级保护鸟类 10 余种。通公交车。

富山 370402-21-G06
[Fù Shān]

属牛郎山山脉。在省境南部，市中区西南部。因山体富含石灰石矿产，故名富山。海拔 210 米。有松树、侧柏、杨树、山楂等 20 多种树木，兼有灌草丛、栎类落叶阔叶林等。通公交车。

于山 370402-21-G07
[Yú Shān]

属牛郎山山脉。在省境南部，市中区西南部。根据所在地得名。海拔 130 米。植物主要为年岁较高的侧柏，掺杂有槐树、柿子树等北方落叶树种。灌木主要为柞桃子等。主要动物有野鸡、野兔、刺猬等。通公交车。

湖山 370402-21-G08
[Hú Shān]

属牛郎山山脉。在省境南部，市中区西南部。相传很久以前，湖山周边为一湖泊，一片汪洋，此地有一山包隆起，露出水面，故名湖中之山，后称湖山。海拔 76 米。主要种植大叶女贞、银杏、香樟等景观树木，灌木有红叶石楠、冬青等景观苗木。有一棵保存完好的千年银杏树。通公交车。

牛郎山 370402-21-G09
[Niúláng Shān]

属牛郎山山脉。在省境南部，市中区东南部。以传说命名。海拔 291 米。有松树、侧柏等 20 多种树木，兼有灌草丛、栎类落叶阔叶林等。通公交车。

护君山 370402-21-G10
[Hùjūn Shān]

在省境南部，市中区东南部。传说东汉光武帝刘秀曾在此躲过王莽追杀而得名。海拔 130.7 米。植被茂密，清泉众多。植被以松树、柏树为主，兼有灌草丛、各种果树等。通公交车。

花山子山 370402-21-G11
[Huāshānzi Shān]

在省境南部，市中区东南部。每当春暖花开时，此山鲜花盛开，馨香无比，远远看去，此山就像一座花山，故名花山子山。海拔 101 米。植被以温带落叶阔叶林为主，兼有灌草丛等。通公交车。

仙坛山 370402-21-G12
[Xiāntán Shān]

在省境南部，市中区东南部。因传说有仙人在山上设坛作法、炼出仙丹而得名。海拔 273 米。通公交车。

簸箕掌山 370402-21-G13
[Bòjizhǎng Shān]

在省境南部，市中区东南部。因此地形状如簸箕而得名。海拔 270 米。植被为松树、酸枣树、白草等。通公交车。

西鳌山 370402-21-G14
[Xī'áo Shān]

在省境南部，市中区东北部。关于西鳌山名称的由来，有两种说法：一说是龙的第九个儿子鳌曾在此治水；另一种说法是山里有一个大金鳌子，故也称鳌山。又分东、西两山，西边为西鳌山。海拔330.8米。植被以松树为主，兼有核桃、花椒等果树。通公交车。

蛇山 370402-21-G15
[Shé Shān]

在省境南部，市中区东北部。因山上有酷似蛇身的蛇头石昂首向东方，故名蛇山。海拔316米。植被以松树为主，兼有核桃、花椒、桃树等果树。通公交车。

草帽山 370402-21-G16
[Cǎomào Shān]

在省境南部，市中区东北部。因山峰像草帽而得名。海拔305米。

龟山 370402-21-G17
[Guī Shān]

在省境南部，市中区东北部。因山酷似神龟，故名龟山。海拔325.3米。有松树、核桃、花椒、桃树等多种树木。通公交车。

夹谷山 370402-21-G18
[Jiāgǔ Shān]

在省境南部，市中区西部。清光绪版《峄县志·山川》对此山有详细记载："又西三十八里曰夹谷山，亦名天台山，又曰天目山，俗呼为谷山，语省也。"海拔405.5米。植被以灌木、松柏为主，兼有草丛。通公交车。

卓山 370402-21-G19
[Zhuó Shān]

在省境南部，市中区西部。因地理位置得名。海拔379.6米。植被以松柏、刺槐、果树、灌木为主，兼有草丛等。盛产梨、枣、苹果、樱桃、栗子等。通公交车。

云古山 370402-21-G20
[Yúngǔ Shān]

在省境南部，市中区西部。因传说而得名。海拔478米。植被以松柏、石榴、灌木为主，兼有花草。盛产石榴、柿子、花椒、谷子、大豆、花生。通公交车。

泉

白马泉 370402-22-I01
[Báimǎ Quán]

在省境南部，西王庄镇姑嫂山与护君山之间。据传，西汉末年，王莽篡政，汉宗室刘秀起兵抗击兵败，逃至此地躲过劫难。王莽军走远，刘秀策马来到山之西南。时值盛夏，骄阳似火，他身心疲惫，又急又渴，遍观四周，大地焦灼，于是仰天长叹："苍天不佑我，何以无水解渴？"他骑的白龙马奋蹄刨地，只见一眼清泉喷涌而出，解了他的口渴之急。因此传说，当地人称此泉为白马泉。该泉深5米余，泉池宽6米余，状如马蹄，泉水自底部石罅间喷涌而出，长年不涸。四周草木掩映，水质清冽甘美，自山北斗转向西流去，于山间形成10余亩的山间湿地。

口子泉 370402-22-I02
[Kǒuzi Quán]

在省境南部。因泉水常年流淌，形成一潭碧水，名叫口子汪，故名。泉水四季恒温，冬季水温高达12℃，热气蒸腾，雾气缭绕。

十里泉 370402-22-I03
[Shílǐ Quán]

在省境南部。因距古峄县城十里，故名十里泉。为峄县八景之一的"许池绿波"，主要由喷射如珠的珍珠泉、玉珠泉、东珠泉组成，周围还有几十眼无名小泉，众泉喷涌，汇成湖。

蛤蟆泉 370402-22-I04
[Háma Quán]

在省境南部。因蛤蟆山得名。为接触下降泉，以泉组形式出现，主泉两处均用石料围砌。

中良泉 370402-22-I05
[Zhōngliáng Quán]

在省境南部。因位于齐村镇中良村北而得名。泉水出露于曹王墓断裂以北的沙石山区，流经峄城沙河上游中支河、峄城沙河，最后注入韩庄运河。该泉附近有多处泉水出露，有的属自然形成，有的为人工开挖。该泉水质较好，已开发。

薛城区

山

焦山 370403-21-G01
[Jiāo Shān]

在省境西南部，薛城区东南部。因山无草木，仿佛焦土，故名。海拔265.4米。植被以落叶阔叶混交林为主，兼有灌草丛。有麻雀、喜鹊、山鸡等。有公路经此。

朝阳山 370403-21-G02
[Cháoyáng Shān]

在省境西南部，薛城区东南部。以地理地形命名。海拔220.3米。植被以落叶阔叶混交林为主，兼有灌草丛。有麻雀、喜鹊、山鸡等。有公路经此。

大红山 370403-21-G03
[Dàhóng Shān]

在省境西南部，薛城区北部。当地居民依山石土岩及植被颜色，为区别于陶庄镇境内小红山，称之为大红山。海拔231.8米。有灌草丛和松树、槐树等10余种植被。常年生长有松树、槐树、火炬树。交通不便。

九顶山 370403-21-G04
[Jiǔdǐng Shān]

在省境西南部，薛城区东南部。因山头众多、大小不一而得名九顶山。海拔213.8米。植被以落叶阔叶混交林为主，兼有灌草丛。有麻雀、喜鹊、山鸡等。有公路经此。

离谷山 370403-21-G05
[Lígǔ Shān]

属千山山脉。在省境西南部，薛城区东北部。离谷山只有北面连山，西面与于山两山对峙，古驿道穿过其中，此山山势陡峭，明石裸岩较多，东西各有一条山谷，是一座较独立的山头，故名离谷山。海拔319.4米。山上植被有花椒、苦楝、侧柏等。交通不便。

奶奶山 370403-21-G06
[Nǎinai shān]

在省境西南部，薛城区东南部。因此山有一座奶奶庙而得名。海拔182.6米。植被以落叶阔叶混交林为主，兼有灌草丛。有麻雀、喜鹊、山鸡等。352省道经此。

千山　370403-21-G07
[Qiān Shān]

　　在省境西南部，薛城区北部。因山头众多而得名。海拔 236 米。山上有灌草丛、松树、槐树等 10 余种植被。347 省道经此。

圣土山　370403-21-G08
[Shèngtǔ Shān]

　　在省境西南部，薛城区东南部。峪中警示庙遗址旁有一泉，称圣土泉，故名圣土山。海拔 374.3 米。植被以落叶阔叶混交林为主，兼有灌草丛。有麻雀、喜鹊、山鸡等。245 省道经此。

寨山　370403-21-G09
[Zhài Shān]

　　在省境西南部，薛城区东南部。旧时依山筑寨而居，故名寨山。海拔 374 米。植被以落叶阔叶混交林为主，兼有灌草丛。有麻雀、喜鹊、山鸡等。交通不便。

长鱼山　370403-21-G10
[Chángyú Shān]

　　属千山山脉。在省境西南部，薛城区东北部。此山体东西延绵很长，远看形似鱼，故名长鱼山。海拔 249 米。植被有灌草丛、侧柏、酸枣树等。交通不便。

獐子山　370403-21-G11
[Zhāngzi Shān]

　　在省境西南部，薛城区东南部。以山体形似卧獐得名。海拔 187.6 米。植被以落叶阔叶混交林为主，兼有灌草丛。有麻雀、喜鹊、山鸡等。交通不便。

墓山　370403-21-G12
[Mù Shān]

　　属千山山脉。在省境西南部，薛城区东北部。因考古发现有几千座古墓，为国内迄今为止发现的最大的一处山地汉墓群，故名墓山。海拔 233.4 米。山上有侧柏、核桃树等 20 多种树木。518 国道、83 省道经此。

黄楼子山　370403-21-G13
[Huánglóuzi Shān]

　　在省境西南部，薛城区东南部。因其东与圣土山对峙而立形成的夹谷名黄风口，故名。海拔 258.5 米。植被以落叶阔叶混交林为主，兼有灌草丛。有麻雀、喜鹊、山鸡等。238 省道经此。

金河山　370403-21-G14
[Jīnhé Shān]

　　在省境西南部，薛城区西部。以革命烈士陈金河的名字命名。海拔 160 米。植被主要有松树、杨树等。省道枣曹公路、郯薛公路经此。

巨山　370403-21-G15
[Jù Shān]

　　在省境西南部，薛城区南部。山邻东巨山村和西巨山村，故名。海拔 251 米。有松树等多种树木。有公路经此。

大山顶　370403-21-G16
[Dàshān Dǐng]

　　属千山山脉。在省境西南部，薛城区东北部。因山顶部较平坦，石头较少，故名大山顶。海拔 293.9 米。山上植被种类有侧柏、苦楝、火炬、山草等。83 省道经此。

大峪山　370403-21-G17
[Dàyù Shān]

　　在省境西南部，薛城区东南部。山间有峪，因山间地理地形得名。海拔 312 米。有松树等多种树木。交通不便。

叮当山 370403-21-G18

[Dīngdāng Shān]

　　属千山山脉。在省境西南部，薛城区北部。此山形似横卧铃铛，铃铛在当地俗称叮当，故名。海拔 265 米。植被以落叶阔叶混交林为主，兼有灌草丛。有麻雀、喜鹊、山鸡等。322 省道经此。

旱鹿山 370403-21-G19

[Hànlù Shān]

　　在省境西南部，薛城区东南部。以山体形似鹿得名。海拔 179 米。有松树等多种树木。有公路经此。

羊鼻子山 370403-21-G20

[Yángbízi Shān]

　　在省境西南部，薛城区东南部。以山体形状像羊鼻子而得名。海拔 362 米。植被以落叶阔叶混交林为主，兼有灌草丛。有麻雀、喜鹊、山鸡等。238 省道经此。

河流

蟠龙河 370403-22-A-b01

[Pánlóng Hé]

　　内陆河。因该河像一条巨龙，从东往西蜿蜒 40 余千米，故名蟠龙河。发源于市中区柏山水库（飞来泉），流经邹坞镇、陶庄镇、张范街道、兴城街道、兴仁街道、临城街道，在常庄镇石坝村村南汇入微山湖。长 49 千米，河道平均宽度 120 米，流域面积 315 平方千米。河流汛期为 6—9 月，水深 0.5~6 米。有 5 座橡胶坝拦水工程，沿岸两侧多为村庄。多鲫鱼、鲤鱼、镛鱼、草鱼、龙虾等淡水类鱼虾。不具备通航能力。主要支流有十字河官庄分洪道、张桥回灌渠、蟠龙河南支。

蟠龙河南支 370403-22-A-b02

[Pánlónghé Nánzhī]

　　内陆河。因发源于南部山区，故称蟠龙河南支。发源于高新区张范街道南于村南部山区，沿线流经张范街道、兴城街道、陶庄镇，在石农村北注入蟠龙河（北支）。干流长度 16.2 千米，河道平均宽度 60 米，流域面积 105.9 平方千米，设计洪峰流量 921 立方米/秒。河流水质三类。水深 0.5~3 米，河流汛期为 6—9 月。沿岸两侧多为村庄。不具备通航能力。

锦阳河 370403-22-A-b03

[Jǐnyáng Hé]

　　内陆河。2009 年薛城区把该河打造成集防洪、休闲、娱乐为一体的景观河道后，更名为锦阳河。发源于薛城东部曹沃水库，流经沙沟镇、常庄镇，于薛城区永福南路交通桥处与薛城小沙河交汇。干流长度 8 千米，河道平均宽度 25 米，流域面积 40 平方千米，设计流量 272 立方米/秒。河流水质中等。水深 0.5~3 米，河流汛期 6—9 月。是城区防洪兼排污排涝河道。修筑拦水工程 4 座、桥 7 座。河中多鲫鱼、鲤鱼、草鱼等鱼类。不具备通航能力。

薛城小沙河 370403-22-A-b04

[Xuēchéng Xiǎoshāhé]

　　内陆河。因该河道内沙多，又水清见底，西有薛城大沙河，又因位于薛城区境内，故名薛城小沙河。水源出自薛城区以东的巨山和双顶山，流经临城街道、常庄镇，在常庄镇朱桥村村南汇入微山湖。干流长度 20 千米，河道平均宽度 25 米，流域面积 59.6 平方千米，朱桥村段设计洪峰流量 737 立方米/秒。河流水质中等。水深 0.3~3 米，河流汛期 6—9 月。是城区防洪兼排涝河道。河道内修筑拦水工程 3 座。沿岸两侧多为村庄、学校、政府机关等。河中多鲫鱼、鲤鱼、龙虾等淡水类鱼虾。不具备通航能力。

薛城小沙河故道 370403-22-A-b05

[Xuēchéng Xiǎoshāhé Gùdào]

内陆河。为薛城小沙河原河道，故名。发源于兴仁街道。流经兴仁街道、薛城区临城街道、常庄镇，与薛城小沙河在常庄镇彭楼村交汇后称薛城小沙河故道，别名小清河。干流长度 10.1 千米，河道平均宽度 25 米，流域面积 18.9 平方千米，设计流量 227 立方米 / 秒。河流水质劣五类。水深 0.3~1.5 米，河流汛期 6—9 月。是城区防洪兼排污排涝河道。修筑拦水工程 1 座（海化橡胶坝）、桥梁 4 座。沿岸两侧为村庄。不具备通航能力。

界沟河 370403-22-A-b06

[Jiègōu Hé]

内陆河。因该河途经界沟村而得名。水源出自薛城区沙沟镇南常九顶山山南，流经沙沟镇，在沙沟镇东杨庄村西南流入微山县境内。干流长度 6.5 千米，河道平均宽度 25 米，流域面积 8.75 平方千米，东杨庄处设计流量 125.4 立方米 / 秒。季节性河道，兴水期（汛期）水深 0.5~1.5 米，枯水期大部河段干枯无水，河流汛期 6—9 月。该河道是薛城南部的防洪兼排涝河道。河两岸多为村庄、基本农田等。不具备通航能力。

东泥河 370403-22-A-b07

[Dōngní Hé]

内陆河。因位于东泥村而得名。发源于柴胡店镇以南井亭煤矿，流经常庄镇，在常庄镇小山村西南汇入微山湖。干流长度 11 千米，河道平均宽度 30 米，流域面积 26.25 平方千米，设计流量 231 立方米 / 秒。季节性山洪河道，兴水期(汛期)水深 0.5~1.5 米，枯水期大部河段干枯无水，河流汛期 6—9 月。是城区西部防洪兼排涝河道。河道内修筑拦水工程 1 座。河两岸多为村庄、基本农田等。不具备通航能力。

黎墟沙河 370403-22-A-b08

[Líxū Shāhé]

内陆河。因河道位于黎墟村而得名。源于沙沟镇上殷庄水库，流经李家楼村、黎墟村、沙沟镇政府驻地，在郭洼村东汇入微山湖。干流长度 7.5 千米，宽 25 米。流域面积 35 平方千米，设计流量 264 立方米 / 秒。汛期 6—9 月。是城区、城南新区防洪排涝河道。不具备通航能力。

马庄河 370403-22-A-b09

[Mǎzhuāng Hé]

内陆河。因河道流经马庄村而得名。水源出自薛城区周营镇北部褚庄，流经周营镇，在周营镇李村东南汇入微山湖。干流长度 5.25 千米，河道平均宽度 25 米，流域面积 14 平方千米，设计流量 123.2 立方米 / 秒。季节性山洪河道，兴水期（汛期）水深 0.5~1 米，枯水期大部分河段干枯无水，河流汛期 6—9 月。该河道是薛城区周营镇南部防洪兼排涝河道。河两岸多为村庄、基本农田等。不具备通航能力。

曲水河 370403-22-A-b10

[Qūshuǐ Hé]

内陆河。该河上游山区有一曲水泉，故名。发源于邹坞镇西尚庄以北的山地，流经邹坞镇，在邹坞镇庄头村东汇入蟠龙河。干流长度 6 千米，河道平均宽度 30 米，流域面积 9.17 平方千米，设计流量 80.7 立方米 / 秒。季节性山洪河道，兴水期（汛期）水深 0.5~1 米，枯水期大部分河段干枯无水，河流汛期 6—9 月。该河道是薛城区邹坞镇北部的防洪兼排涝河道。河两岸多为村庄、基本农田等。不具备通航能力。

邵楼大沙河 370403-22-A-b11
[Shàolóu Dàshāhé]

内陆河。因流经邵楼村入大运河，故称邵楼大沙河。发源于峄城区牛山侯村张谷堆水库，流经周营镇，在周营镇罗庄村南与周营大沙河汇合后汇入峄城区河道，最后流入韩庄运河。干流长度 8 千米，河道平均宽度 35 米，流域面积 23.8 平方千米，设计流量 260 立方米/秒。季节性坡水河道，兴水期（汛期）水深 0.5~2 米，枯水期大部分河段干枯，河流汛期 6—9 月。为周营镇东部地区的防洪兼排涝河道。主要建筑物有坝 5 座、桥 12 座、涵洞 1 座。沿河两岸多为村庄、农田、蔬菜大棚种植区。不具备通航能力。

随河 370403-22-A-b12
[Suí Hé]

内陆河。因该河流经沙沟镇的随河村入杨庄沙河，故名。发源于沙沟镇三清观、小营之间，流经沙沟镇，在沙沟镇隋河村西南汇入杨庄沙河。干流长度 10 千米，流域面积 16 平方千米，设计流量 141 立方米/秒。季节性河道，兴水期（汛期）水深 0.5~1 米，枯水期大部分河段干枯无水，河流汛期 6—9 月。河两岸多为村庄、农田等。不具备通航能力。

西泥河 370403-22-A-b13
[Xīní Hé]

内陆河。发源于常庄镇西黄沟泉，流经常庄镇，在常庄镇小山村村西与东尼河交汇后流入微山县境内。干流长度 7 千米，河道平均宽度 25 米，流域面积 16.25 平方千米，设计流量 143 立方米/秒。季节性河道，兴水期（汛期）水深 0.5~1 米，枯水期大部分河段干枯无水，河流汛期 6—9 月。该河道是薛城西部的防洪兼排涝河道。河两岸多为村庄、农田等。不具备通航能力。

杨庄沙河 370403-22-A-b14
[Yángzhuāng Shāhé]

内陆河。河道出境地为沙沟镇东杨庄村，故名杨庄沙河。水源出自薛城区以北的朝阳山北玉华泉，流经沙沟镇，在沙沟镇东杨庄村西南汇入微山湖。干流长度 17 千米，河道平均宽度 30 米，流域面积 58.7 平方千米，东杨庄村段设计流量 125.4 立方米/秒。季节性河道，兴水期（汛期）水深 0.5~1.5 米，枯水期大部分河段干枯无水，河流汛期 6—9 月。该河道是薛城东部的防洪兼排涝河道。河两岸多为村庄、农田等。不具备通航能力。

袁河 370403-22-A-b15
[Yuán Hé]

内陆河。因该河道流经袁河村入微山湖，故名袁河。发源于沙沟镇上殷庄村南，流经杜塘村至关帝庙村、袁河村、郭洼村西汇入微山湖。干流长度 6 千米，河道平均宽度 25 米，流域面积 30 平方千米，设计流量 264 立方米/秒。河流汛期 6—9 月，汛期平均水深 0.5~1 米。是城区、城南新区防洪排涝河道。不具备通航能力。

周营大沙河 370403-22-A-b16
[Zhōuyíng Dàshāhé]

内陆河。因该河主要干流在周营镇，故称周营大沙河。发源于薛城区沙沟镇圣土山榴林中，流经沙沟镇、周营镇，在周营镇铁佛村东南与褚楼沙河（邵楼大沙河）汇合后汇入峄城区河道，最后流入韩庄运河。干流长度 28 千米，河道平均宽度 30 米，流域面积 154 平方千米，铁佛村段设计流量 312 立方米/秒。季节性坡水河道，兴水期（汛期）水深 0.5~2 米，枯水期大部分河段干枯，河流汛期 6—9 月。是沙沟镇东部、周营镇防洪兼排涝河道。上游修筑小（一）型水库 1 座(小营水库)，沿河两岸多为村庄、农田。不具备通航能力。

新薛河 370403-22-A-b17

[Xīnxuē Hé]

内陆河。薛河明朝时期改入漕运新渠后，下游段成为故道，名为老薛河；中华人民共和国成立后下游段经过开挖治理更名为新薛河。薛城区境内干流长度 7.3 千米，流域面积 789.5 平方千米，设计流量 3 182.4 立方米／秒。季节性山洪河道，兴水期（汛期）水深 0.5~3 米，枯水期大部河段干枯无水。是西部城区防洪河道，河流汛期 6—9 月。河两岸多为村庄、农田等。不具备通航能力。

泉

清凉泉 370403-22-I01

[Qīngliáng Quán]

冷泉。在省境西南部。因水质清凉而得名。泉水流入蟠龙河北支河流，经薛城沙河，注入微山湖。近几年接近枯竭。近期无开发条件。有公路经此。

玉华泉 370403-22-I02

[Yùhuá Quán]

冷泉。在省境西南部。该泉位于后北常村，后期由于开发盖泉，更名为玉华泉。为接触上升泉。该泉水为南常沙河发源地，流经南常、塘湖，后注入微山湖。近期无开发条件。郯薛路经此。

金河泉 370403-22-I03

[Jīnhé Quán]

冷泉。在省境西南部。因位于原金河乡而得名。金河泉出露于薛城区常庄镇（原金河乡）薛庄村西，流向南入万漳河西支。近几年接近枯竭。近期无开发条件。省道郯薛路经此。

曹窝山泉 370403-22-I04

[Cáowōshān Quán]

冷泉。在省境西南部。因位于曹窝村而得名。水出石隙，清澈甘洌，长年不断流，向西汇入小庄河。近几年接近枯竭。近期无开发条件。有公路经此。

刘庄大泉 370403-22-I05

[Liúzhuāng Dàquán]

冷泉。在省境西南部。因位于刘庄村北而得名。昔日泉池深丈余，涌出若沸，清澈见底，平地仰出，激珠喷花。今水位埋深，昔景已不见。后打井用水后，泉水变为季节性。有长宽各约 50 米，深 6~7 米大口井 1 处。近几年接近枯竭。近期无开发条件。有公路经此。

中陈郝泉 370403-22-I06

[Zhōngchén Hǎoquán]

冷泉。在省境西南部。因位于邹坞镇中陈郝村东部，得名中陈郝泉。昔日泉池深丈余，涌出若沸，清澈见底，平地仰出，激珠喷花。今水位埋深，昔景已不见。后打井用水后，泉水变为季节性。近几年接近枯竭。近期有开发条件。有公路经此。

苗谷堆水月泉 370403-22-I07

[Miáogǔduīshuǐyuè Quán]

冷泉。在省境西南部。因位于苗谷堆村而得名。近几年接近枯竭。近期无开发条件。322 省道经此。

乱泉子泉群 370403-22-I08
[Luànquánzi Quánqún]

冷泉。在省境西南部。出露在枣陶盆地西端，盘龙河中游。流域面积约 100 平方千米。泉水自西仓村入薛城大沙河，注入微山湖。1995 年对乱泉子泉水进行实测，全年泉水自然流量为 261.7 万立方米。由于该水源地处于清凉泉流域的排泄区，泉水流量相对稳定。近期无开发条件。518 国道经此。

泉头泉 370403-22-I09
[Quántóu Quán]

上升泉。在省境南部，常庄镇西北部。因所在村得名。泉头泉群南北长约 33 千米，东西宽约 5.4 千米，面积约 178.6 平方千米。在泉头村、东黄沟泉村、西黄沟泉村附近的地势低洼处和沟谷中有多处出露。交通便利。

峄城区

山

坛山 370404-21-G01
[Tán Shān]

在省境南部，峄城区北部。因传说有仙人在山上设坛作法、炼出仙丹而得名。海拔 280 米。山上植被茂密，有"仙坛晓翠"之称，为峄县"八景"之首。有公路经此。

白山 370404-21-G02
[Bái Shān]

在省境南部，峄城区南部。又称卧虎山，传说古代卧虎山前出一豹，虎山方圆百里百姓历经风雨沧桑，有一白蛇千年修炼转为人形，来此地建庙修炼安神成仙，从此虎山卧倒，百姓平安，故改名白山。海拔 190 米。山上有松柏、石榴、桃等 20 多种林果树，有 500 多种中药材。南邻前薛路。

大明山 370404-21-G03
[Dàmíng Shān]

在省境南部，峄城区西部。寓意是大明王朝逆风华起的圣地，故名。海拔 311.1 米。山上植被种类主要有檀树、松树、槐树、石榴树等。北靠 318 省道。

锅其山 370404-21-G04
[Guōqí Shān]

在省境南部，峄城区西部。因山峰像家里吃饭的锅而得名。海拔 301.7 米。山上有果树园林、山泉水。东临 206 国道，南有旅游路复线。

马头山 370404-21-G05
[Mǎtóu Shān]

在省境南部，峄城区西部。在鲁南遥望马头山，其像一座天然的雕塑艺术品——马头，故名。海拔 314.8 米。南有旅游路复线。

石屋山 370404-21-G06
[Shíwū Shān]

在省境南部，峄城区西部。因两壁巨石之间有一处石屋山泉而得名。海拔 233.9 米。山上植被种类主要有檀树、松树、槐树、石榴树等。南有旅游路复线。

天柱山 370404-21-G07
[Tiānzhù Shān]

在省境南部，峄城区东南部。取"柱石中天"之意命名。海拔 200 米。山上有榆树、刺槐、松树、桐树等 10 余种树木，有茅草、黄草等野生植物和药材。有公路经此。

台儿庄区

山

九星山 370405-21-G01
[Jiǔxīng Shān]

在省境南部，台儿庄北部。九星山由白山、寨山、狼洞山、九山、草山、西南山、坡山、张山、牛山九座山头组成，这九座山头从北向西再向西南形成半环形走势，像天上不规则的星斗，但又自然有序，因此而得名。海拔 460 米。四季分明，光照好，森林覆盖率 90%。

穆柯寨 370405-21-G02
[Mùkē Zhài]

在省境南部，台儿庄西南部。传说是宋朝巾帼英雄穆桂英占山为王时所筑，故名。海拔 290 米。山上林木茂密，山下清泉潺潺。无公路。

山亭区

山

梅花山 370406-21-G01
[Méihuā Shān]

在省境南部，山亭区东部。从徐庄镇武王庄白水田往南数，有九个连续的山头，从远处眺望，像一朵盛开的梅花，故称梅花山。海拔 380 米。植被以侧柏为主，山上长有蒲公英、地丁等药材，山上动物多为山鸡、野兔、麻雀。有公路经此。

鸡冠崮 370406-21-G02
[Jīguān Gù]

在省境南部，山亭区东南部。因山顶崮头酷似鸡冠而得名。海拔 492 米。鸡冠崮生态树种以柏树为主，兼有少量刺槐，中下部还有花椒、桃等经济树种，山上动物多为山鸡、野兔。有公路经此。

将军山 370406-21-G03
[Jiāngjūn shān]

在省境南部，山亭区东南部。以古代武将的官职称谓命名。海拔 306 米。将军山以生态树种柏树为主，经济树种为花椒等。山上动物多为山鸡、野兔、蜘蛛及其他各种鸟类与昆虫等。有公路经此。

河流

十字河北支 370406-22-A-b01
[Shízìhé Běizhī]

内陆河。位于山亭区中部。十字河下游称薛河，原名南明河，明万历三十二年（1604），洳河开成，南明河与洳河十字相交，故此段又称十字河，十字河在山亭有三条支流，此为北支，故名十字河北支。发源地在水泉镇的围泉，流经石嘴子水库、山城街道城区南边，至山城街道海子村进入滕州市。河流长 38.64 千米，河道平均宽度 50 米，水深 0.3~2.8 米，总流域面积 851 平方千米，河流汛期 6—9 月份。不具备通航能力。

十字河中支 370406-22-A-b02
[Shízìhé Zhōngzhī]

内陆河。位于山亭区中部。十字河下游称薛河，原名南明河，明万历三十二年（1604），洳河开成，南明河与洳河十字相交，故此段又称十字河，十字河在山亭有三条支流，此为中支，故名十字河中支。发源于徐庄镇焦山空村，流经山城街道城区南边，至山城街道海子村进入滕州市。河流长 32.7 千米，河道平均宽度 60 米，水深 0.2~3 米，总流域面积 150 平方千米，河流汛期 6—9 月份。不具备通航能力。

十字河南支 370406-22-A-b03
[Shízìhé Nánzhī]

内陆河。位于山亭区南部。十字河下游称薛河，原名南明河，明万历三十二年（1604），迦河开成，南明河与迦河十字相交，故此段又称十字河，十字河在山亭有三条支流，此为南支，故名十字河南支。发源于凫城镇定盘山口，流经西集镇朱屯村进入滕州市。河流长 23.96 千米，河道平均宽度 60 米，水深 0.2~3 米，总流域面积 110 平方千米，河流汛期 6—9 月份。不具备通航能力。

滕州市

山

莲青山 370481-21-G01
[Liánqīng Shān]

在省境南部，滕州市东部。以山峰形状命名。海拔 603 米。植被以暖温带赤松天然林、赤松阔叶混交林为主，兼有灌草丛等。有鸟类等野生动物 200 余种。通公交车。

龙山 370481-21-G02
[Lóng Shān]

在省境南部，滕州市北部。山昂首蜿蜒，壮若巨龙，故名龙山。海拔 415 米。山上植被茂密、环境清幽、怪石层出。山

表 98% 被森林覆盖，林果资源有 40 余科 20 余种，生长有 80 余种药材植物。通公交车。

河流

界河 370481-22-A-b01
[Jiè Hé]

内陆河。在省境南部，滕州市北部。明朝万历年间，滕令赵邦清立界碑以河为县界，故河名界河，沿用至今。又名白水河。发源于邹城市崔桥村北，南流至七贤庄入滕州市境，流经界河、大坞、滨湖 3 个镇，至迭湖村南入独山湖。全长 35.4 千米，滕州境内长 25.4 千米。上游河床宽 120 米左右，下游最大堤距 220 米。流域面积 193 平方千米。主要用于沿河两岸的农田灌溉、涵养水源及防洪泄洪。主要支流有朱村河。

北沙河 370481-22-A-b02
[Běishā Hé]

内陆河。在省境南部，滕州市北部。明朝时期，滕州境内郭水叫沙河，北沙河在其北方，故名北沙河。曾名龙河。发源于邹城市香城以北的山区，入滕州市境后流经东郭、龙阳、界河、姜屯、大坞、级索 6 个镇，于王晁村北入微山县，至后留庄村西入昭阳湖。流域面积 535 平方千米，全长 64 千米，境内长 37.5 千米，河床宽 100~200 米，下游堤距 170 米。1960 年在邹、滕边界建成马河水库，拦蓄了上游大部分洪水。其流域有史村北遗址。主要用于滕州城区部分居民生活用水、沿河两岸的农田灌溉、涵养水源及防洪泄洪。主要支流有小清河、王晁沟。

荆河 370481-22-A-b03

[Jīng Hé]

内陆河。在省境南部，滕州市中部。因上游有荆沟河、荆泉而得名。发源于邹城市凤凰山，于陶庄村东入境，流经东郭、东沙河、龙泉街道、荆河街道、洪绪、级索、西岗7个镇街，从甘桥村西出境，至微山县时口村入昭阳湖。全长81千米，境内长42.7千米，河床宽120~300米，下游最大堤距650米，流域面积916平方千米。1957年7月15日，滕县水文站测得县城段最大洪峰2 270立方米/秒。1960年，在上游建成岩马、户主水库，控制了上游大部分洪水。其流域分布有陶庄遗址、前荆沟遗址、滕国故城遗址等。城区西岸的龙泉文化广场集中展示了滕州的历史文化。主要用于滕州涵养水源、沿河两岸的农田灌溉及洪期泄洪。主要支流有幸福河、北蛤蟆沟、老龙沟。

漷河 370481-22-A-b04

[Kuò Hé]

内陆河。在省境南部，滕州市中部。古时处于内城郭与外城郭之间，故称漷水，后改称漷河。发源于山亭区水泉乡长城东北，于小宫山入滕州市境，流经东沙河、龙泉、善南、南沙河、洪绪、鲍沟、级索、西岗8个镇街，从北满庄村北汇入城河。全长49.7千米，境内长32千米。河床宽近百米，下游堤距一般150~200米。流域面积244平方千米。主要用于沿河两岸的农田灌溉、涵养水源及防洪泄洪。主要支流有小洪河。

薛河 370481-22-A-b05

[Xuē Hé]

内陆河。在省境南部，滕州市南部。因流经古薛国辖域，古称薛水；又因下游穿越运河，呈十字形，又名十字河。发源于山亭区，上游为两支：一名西江，发源于山亭区水泉乡柴山前；一名东江，发源于山亭区徐庄乡米山顶。两支在海子村东南汇合后，于西江村东入滕州境，流经羊庄、官桥、柴胡店、张汪4个镇，从圈里村入微山县。全长81千米，境内长30千米，宽80~120米。流域面积960平方千米，1970年8月6日，新薛河安全通过洪峰流量2 770立方米/秒。其流域有北辛文化遗址、北台遗址、前台遗址、昌虑故城、东于遗址、西王公遗址等。主要用于沿河两岸的农田灌溉、涵养水源及防洪泄洪。主要支流有羊庄河。

泉

荆泉 370481-22-I01

[Jīng Quán]

冷泉。在省境南部，北辛街道东北部。因位于北辛街道后荆沟村东北而得名。1959年实测，丰水期泉日涌水量88 524立方米，枯水期26 400立方米。1964年开始提泉水灌溉，面积最多达5 000亩。1979年，县自来水厂在荆泉钻井，向县城供水，荆泉成为县城居民用水的主要源泉。现取水量为7万立方米/日，采补基本平衡。通公交车。

羊庄泉群 370481-22-I02

[Yángzhuāng Quánqún]

冷泉。在省境南部，羊庄镇西部。因位于羊庄镇羊庄村南羊庄盆地内而得名。据1980年实测，丰水期每日流量17.28万立方米，枯水期日流量6万立方米。是鲁南化肥厂的水源地，日供水量2万~3万立方米。省道321经此。

魏庄泉群 370481-22-I03
[Wèizhuāng Quánqún]

冷泉。在省境南部,木石镇东南部。因位于魏庄得名。是小魏河的源头。据测定,丰水期日流量 51 400 立方米,枯水期日流量 15 800 立方米。20 世纪 90 年代起鲁南化肥厂在该区域开采地下水用于生产,开采规模 4 万立方米 / 日以上。泉水逐渐减少直至断流,目前作为城市供水水源,开采量不足 1 万立方米 / 日。省道 321 经此。通公交车。

马庄古泉 370481-22-I04
[Mǎzhuāng Gǔquán]

冷泉。在省境南部,滨湖镇北部。因位于岗头镇马庄村东北而得名。丰水期日涌水量 4 838 立方米,枯水期日流量 2 100 立方米。泉水透明度大,平均水温 15℃。属优质矿泉水,水中含有微量铜、锌、钼、硒、钴、矾、锶、锂等元素。滨湖镇食品加工厂以此泉水生产矿泉水。通公交车。

五 名胜古迹、纪念地和旅游地

市中区

纪念地

枣庄烈士陵园 370402-50-A-c01
[Zǎozhuānglièshìlíngyuán]

在枣庄市市中区光明广场南兴华路1号。为纪念缅怀"官地惨案",解放枣庄战斗中及鲁南战役攻克枣庄战斗牺牲的262名烈士而建,故名。1987年建设。南北长160米,东西宽145.9米。园内有"运河支队抗日烈士碑"亭1处,为木质结构,仿古式建筑,亭高13.2米,周长110米,纪念碑为青色花岗岩制作,亭子四周地面和围栏由白色花岗岩砌成。南部为墓区,为景点式公墓,安葬着牺牲的262名烈士遗骨。烈士陵园是枣庄人民缅怀先烈的场所,也是对后人进行爱国主义教育和革命传统教育的阵地。2010年被批准为市级文物保护单位。通公交车。

重点文物保护单位

中兴煤矿公司旧址 370402-50-B-b01
[Zhōngxīng Méikuàng Gōngsī Jiùzhǐ]

在省境南部,枣庄市市中区北马路。因原单位而得名,因其外形酷似飞机,故又名"飞机楼"。1923年建设。该建筑由德国设计师设计,欧洲哥特式建筑风格,

为东西走向的两层建筑,层高4米,总建筑面积2 813平方米。正楼中间凸出部分由两根方柱拱托呈半圆形雨篷,楼内中间门厅由4根花岗岩圆柱拱托,两端与楼梯间相连。水刷石外墙,混凝土沿口,大坡度起脊红瓦屋面,衬托着突出房顶的塔楼,使整个建筑物层次错落有致,显得格外壮观夺目。2006年12月被批准为省级文物保护单位。交通便利。

白骨塔 370402-50-B-b02
[Báigǔ Tǎ]

在枣庄市市中区中心街道。塔南面上方镶石镌刻"白骨塔"3个大字,后以此作为祭奠死难矿工的地方。1899年,张莲芬创办中兴煤矿公司。1909年9月,中兴公司在原旧井的基础上扩建大井,在旧井中挖出了一些骨骸。1911年中兴公司出资把散在各处的骨骸收捡起来,合葬在南马路西首处,修了一座高6米的6角形青砖塔,周长1.2米的青砖结构的六角圆形宝顶状两层纪念塔。2013年10月被批准为省级文物保护单位。通公交车。

国际洋行旧址 370402-50-B-b03
[Guójì yánghàng Jiùzhǐ]

在枣庄市市中区车站街5号。因原单位得名。1937年以前建设,具体年份不可考,1939年初,日本侵略者占领枣庄后,在此处开设了"国际洋行",又称"正泰洋行""枣庄国际公司",它以经营五金布匹等日用

百货为幌子，实际是日本侵略军以退役军官为掩护而设的情报点，秘密从事间谍活动的大本营。1939年8月，为了除掉"洋行"，打击日本侵略军，扩大抗日影响，地下工作者洪振海、王志胜约同宋世九，3人各带短枪一支，趁夜摸进"洋行"，将大掌柜、二掌柜击毙，三掌柜击伤，缴获长短枪各一支。1940年1月，铁道游击队成立，为了给侵枣日军以沉重打击，同年8月下旬的一天夜里，洪振海、王志胜带领32名队员二袭"洋行"，共击毙日军13名，翻译1名，缴获长短枪6支、物资1宗。"夜袭洋行"的故事极大地鼓舞了鲁南人民的抗日热情，具有重要的价值。2006年12月被批准为省级文物保护单位。交通便利。

苏鲁豫皖边区特工委旧址
370402-50-B-b04
[sūlǔyùwǎnbiānqū Tègōngwěi Jiùzhǐ]

在枣庄市市中区南马路113号。根据职能和工作性质命名。1932年夏，特委邱焕文开设"同顺兴"药店作掩护，1934年4月，枣庄党组织决定将邱焕文的"同顺兴"药店与李韶九开办的"中美商社"合并，成立了"中西药品运销合作社"，作为党组织（中共苏鲁豫皖边区特委）的秘密联络站。是枣庄地区重要的革命旧址，枣庄党史重要革命纪念地之一。2013年10月被批准为省级文物保护单位。交通便利。

铁道游击队旧址 370402-50-B-b05
[Tiědào Yóujīduì Jiùzhǐ]

在枣庄市市中区火车站。因该旧址在枣庄市市中区老火车站而得名。建于20世纪30年代。枣庄老火车站及洋行炮楼同国际洋行旧址、洋行炮楼旧址紧密相连，形成了完整的历史景观群，具有较高的历史纪念价值。2006年12月被批准为省级文物保护单位。通公交车。

南大堰遗址 370402-50-B-b06
[Nándàyàn Yízhǐ]

在枣庄市市中区西王庄镇。为商周时期遗址。东西约100米，南北约50米，呈台形。耕土以下文化层堆积达2米多，有明显的灰坑、红烧土、炭灰痕迹，并有大量陶器残片。采集的夹砂红陶有鬲腿、鼎足、罐口、豆座、纺轮等，纹饰有绳纹、附加堆纹、网纹、指甲纹，另外还有蚌镰、鹿角器、砺石等。对研究枣庄地区人类发展历史及商周文化有较大的价值。2013年10月被批准为省级文物保护单位。通公交车。

王鼎铭墓地 370402-50-B-b07
[Wángdǐngmíng Mùdì]

在枣庄市市中区西王庄镇。因墓主人而得名。为清代墓葬遗址。墓区坐北向南，东西北三面为耕地。墓区长23.3米，宽18米。"文革"时期被破坏。现王氏后人依原来面貌修复。立有数通石碑并栽种数十株老树。墓主人王鼎铭为道光年间清廉知县，他清正廉洁、勤政爱民，并为平息苗寨叛乱献出生命。是保存较少的清代名人墓葬，对研究枣庄地区清朝历史名人有较大的历史价值。2013年10月被批准为省级文物保护单位。交通便利。

陈刘耀遗址 370402-50-B-c01
[Chénliúyào Yízhǐ]

在枣庄市市中区西王庄镇陈刘耀村东南。因所在地得名。为新石器龙山文化时期遗址。是一处台形遗址，现已被整为平地，东、西、南三面环山，北为陈刘耀村，紧靠遗址，南侧为陈刘耀水库。长宽各50米，面积约2500平方米。地表下为龙山文化层，遗址处地表散见大量陶器残片，有缸、罐、钵等器物。该遗址对研究鲁南地区新石器文化聚落分布、区域类型、文化谱系具有重要意义。1980 年被批准为市级文物保护单位。通公交车。

庙顶遗址 370402-50-B-c02
[Miàodǐng Yízhǐ]

在枣庄市市中区孟庄镇大郭庄北 250 米处。根据功能命名。为商周时期遗址。遗址为一处南北向台形高地，南北长 500 米，东西宽 200 米，地表为黄褐色沙土。遗址东、西、北三面临河，南为大郭庄耕地。地表暴露大量陶片，有鬲足、豆把、鼎腿、器口等。该遗址为研究枣庄地区商、周时期历史文化面貌提供了重要的实物资料。1993 年被批准为市级文物保护单位。通公交车。

外筲遗址 370402-50-B-c03
[Wàishāo Yízhǐ]

在枣庄市市中区孟庄镇外筲村南。因所在地得名。为商周时期遗址。外筲遗址呈台形，南北长，东西宽，高出地面 6~7 米，长约 68 米，宽约 58 米，东面为耕地，西部有老龙潭河自北向南流过，南部有民房 2 栋，北为外筲村。遗址文化层厚 4~5 米，土色为灰色、红褐色，均含有大量红烧土、红烧土块，遗址地表暴露有大量的砂、泥质红灰陶片、罐条、鹿角、蚌壳、鬲足石器等遗物。具有重要的考古价值。1993 年被批准为市级文物保护单位。通公交车。

城故遗址 370402-50-B-c04
[Chénggù Yízhǐ]

在枣庄市市中区孟庄镇峄山口村西北。为汉代冶铁遗址。中部有长 100 米、宽 60 米的土台地，分布较多汉代陶片、筒瓦、板瓦等，铁矿石、铁渣、炼渣分布较广。该遗址为研究枣庄地区汉代历史文化面貌提供了重要的实物资料。1993 年被批准为市级文物保护单位。通公交车。

胡埠古村落遗址 370402-50-B-c05
[Húbù Gǔcūnluò Yízhǐ]

在枣庄市市中区齐村镇胡埠村西北部。因所在地得名。为清代遗址。东西长约 500 米，南北宽约 300 米。房屋交叉错落，大部分坐北朝南，房屋主体为青石块垒砌，房顶由茅草覆盖，当地人俗称"茅草房"。现仅存 30 余栋，村内有 300 年古槐树 1 株。该村落对研究枣庄地区乡土建筑及村落历史具有重要价值。2010 年被批准为市级文物保护单位。通公交车。

马场古村落 370402-50-B-c06
[Mǎchǎng Gǔcūnluò]

在枣庄市市中区永安镇南部。因古村落原有功能得名。为清代遗址。老村据说是南宋岳家军歇兵养马、操练休整的营房，故名放马场。其东西长约 667 米，南北宽约 400 米，分布面积约 26.7 万平方米。地处南部山区的中部，东、西、南三面环山，仅北部有一水路与村外相通。老村大部分建于山坡东面，整个村落顺山而建，依势造房，就势留路。房屋大多青石垒砌，麦秸做顶，院墙为石块垒立。为研究枣庄地区清代民居具有重要价值。2010 年被批准为市级文物保护单位。通公交车。

通济桥 370402-50-B-c07
[Tōngjì Qiáo]

在枣庄市市中区光明路街道东山阴村西。此桥为古峄县通往济宁的重要桥梁，故名通济桥。建于清康熙年间。为拱形石桥，长 38 米，宽 6.2 米，拱长 6 米，高 5.5 米，整体用 1.7×1.1×0.4 米大鱼子石扣建而成，桥身西侧有两个龙头（缺一），东侧有两条龙尾，各从桥侧伸出，形象生动传神。对研究枣庄市桥梁史、交通史具有重要意义。2010 年被批准为市级文物保护单位。通公交车。

王沟石桥 370402-50-B-c08
［ Wánggōushí Qiáo ］

在枣庄市市中区齐村镇王沟村与南园村之间的齐河上。因所在地得名。建于清代。桥长 33.7 米，宽 3.75 米，桥墩间距为 1 米，由 6 层石块堆砌而成，迎水面为"楔"形，最上层桥墩石呈凹形托桥面。此桥对研究枣庄市桥梁史具有重要意义。2010 年被批准为市级文物保护单位。通公交车。

西王庄炮楼 370402-50-B-c09
［ Xīwángzhuāng Pàolóu ］

在枣庄市市中区西王庄镇西王庄村中部。因所在地得名。建于民国时期。长 6.4 米，宽 4.9 米，高约 9 米，为石块垒砌而成。石块间白灰勾缝，楼上部向下约 1 米处四周镶嵌 2 层青砖纹饰，顶端有射击孔、瞭望孔，西侧有一门，东西两侧各开两窗，南北各开一窗，为木质结构。为研究民国时期枣庄地区炮楼建造格局提供了重要资料。2010 年被批准为市级文物保护单位。通公交车。

东山阴炮楼 370402-50-B-c10
［ Dōngshānyīn Pàolóu ］

在枣庄市市中区光明路街道东山阴村西部。因所在地得名。炮楼是民国时期本村王氏家族建造，现存在东山阴村民院内。炮楼呈长方形柱体，坐北向南，南北长 4.6 米，东西宽 4.45 米，由青石块垒砌而成。炮楼为两层，内部是木质结构，炮楼上层设有瞭望台及射击口。炮楼内部木质结构损毁严重。炮楼外部主体是研究枣庄市民国时期的传统民居以及炮楼建造格局的重要实证。2010 年被批准为市级文物保护单位。通公交车。

中兴水泵房 370402-50-B-c11
［ Zhōngxīng Shuǐbèngfáng ］

在枣庄市市中区光明路街道十里泉村南部。因隶属中兴公司而得名。枣庄中兴公司于 1935 年开发十里泉水源，同时建设造泵房，安装设备，敷设供水管路，把十里泉水送至西沙河水塔，向北部矿区供水。1946 年因战争，泵房及设备遭受破坏，供水中断。1954 年下半年修复十里泉泵房，安装两台 2.5 吨／分的水泵和 100kW 电机两台，用两路管道分别向西岭和惠工村供水。东西长 11.7 米，南北宽 11.5 米。电机房南北长 14.8 米，东西宽 9.55 米。它是枣庄地区重要的水文化遗产。2010 年被批准为市级文物保护单位。通公交车。

大坟子 370402-50-B-c12
［ Dàfénzi ］

在枣庄市市中区光明路街道香港街北。因为纪念遇难挖煤矿工修建的坟墓而得名。建于 1893 年。东西长 2.9 米，南北宽 2.6 米，通高 2 米，呈长方形。该遗址对研究中兴煤矿公司的历史具有重要价值。2010 年被批准为市级文物保护单位。通公交车。

节孝碑 370402-50-B-c13
［ Jiéxiào Bēi ］

在枣庄市市中区光明路街道。该碑为清代嘉庆年间皇帝赐予，记载金氏家族先人金大公金升夫人李氏一生艰辛守寡数十年忠贞不屈，将六子女养育成人，继承父业，为家族和世人所称颂的事迹，故名。该碑保存较好，由碑首、碑身、对联、底座构成。碑首中间刻有"圣旨"二字，左右及上方刻二龙戏珠图案，左右对联为楷书，分别为"立心如铁石百年节孝传万秋，持志同水霜一生清洁垂千秋"。碑原立于金氏族茔内，现迁至齐村镇小刘庄村卓山公墓金氏族茔。对弘扬民族文化，倡导和继承发扬民族的传统美德、高尚品质具有较高价值。2010 年被批准为市级文物保护单位。通公交车。

胡埠瓷窑遗址 370402-50-B-c14
[Húbù Cíyáo Yízhǐ]

在枣庄市市中区齐村镇胡埠村西南 400 米处。因所在地得名。为南北朝—隋朝遗址。四面环山，北距虎头山约 800 米，东距马脖山 2 000 米，西距大马山约 2 000 米，南距谷山约 1 000 米。胡埠瓷窑址现为一块平面耕地，为含铁红色颗粒土壤，窑址原貌无存，现已被种植耕作物覆盖。此处采集标本有青瓷罐、高柄盘、盘口壶、平底罐、碗、窑棒、三叉支钉等瓷器残片。胡埠瓷窑址对研究南北朝—隋朝时期瓷窑具有重要参考价值。2003 年被批准为市级文物保护单位。

清真寺 370402-50-B-c15
[Qīngzhēn Sì]

在枣庄市市中区枣庄街。根据功能命名。始建于明代万历年间。寺青瓦灰墙，飞檐陡脊，古老而幽雅。东西长约 100 米，南北宽约 36 米，总面积 3 600 平方米，呈长方形。内分前后两院，共有殿舍 50 余间，前院为长方形，南北长 36 米，东西宽 20 米，院内有一柏树，有 300 余年历史。二门两侧各有一碑龛，主院有北讲堂，南讲堂，均为硬山式建筑，各为正厅五间、出夏五间，北讲堂为议事、接待的场所，南讲堂为沐浴室。大殿在寺院的西段，殿基高约 2 米，青条石垒砌，南北 17 米，东西 11 米，总面积 180 平方米，面阔五间，进深三间，南北各有耳室，正西突出地方为望月楼，楼高 10 米，殿高 8 米，门前为四柱五间走廊，整个大殿建筑为 29 间。2010 年被批准为市级文物保护单位。通公交车。

甘泉寺 370402-50-B-c16
[Gānquán Sì]

在枣庄市市中区齐村镇凤凰岭村北。因寺中甘泉而得名。建于明代。寺院原占地 120 亩，现占地 10.7 亩，有大雄宝殿、配殿、东西长廊画栋、藏经楼、窑神庙、关公亭、僧房等，建筑南北长 200 米，东西宽 50 米，立有历代记事碑数通。寺内现存千年树龄的银杏古树，足以佐证该寺历史之悠久。银杏树下，有一块石碑立于明朝万历十五年（1587），题为《重修龙窝寺碑记》，该碑高约 4 米，为一巨石雕制而成。1993 年被批准为市级文物保护单位。

龟山寨遗址 370402-50-B-c17
[Guīshānzhài Yízhǐ]

在枣庄市市中区孟庄镇龟山景区内。因所在自然地理实体而得名。建于清代。主要分布于龟山山顶，由寨墙、寨门、房屋遗址等组成。寨墙多筑于山体上部周边，以青石块垒砌，宽约 1 米，高有 2~3 米，龟山山顶南部有寨门 1 处，由人工在山体凿刻而成，高约 10 米，宽 2 米。山顶分布较多旗杆洞、蓄水池、石板房遗址等。该遗址对研究枣庄地区农民起义的历史具有重要价值。2010 年被批准为市级文物保护单位。通公交车。

钓鱼台瓷窑址 370402-50-B-c18
[Diàoyútái Cíyáozhǐ]

在枣庄市市中区齐村镇韩庄村东南。根据功能命名。为隋唐时期遗址。在此地挖掘出青瓷片、三叉支钉等隋唐时期文物。遗址东、西、北三面环山，南临郭村水库，西 200 米有南北向枣滕公路。遗址东部紧濒郭村河，河水汇成一水库，水涨时，将窑址东南角淹没。窑址分布在河边坡地上，现已变成梯田。南北约 400 米，东西约 500

米,面积约 20 万平方米,地面瓷片不甚丰富,有窑棒、青瓦片、三叉支钉等。据标本推断,此窑址与中陈郝北区、胡埠窑址属同一类型。该窑址对研究鲁南地区隋唐时期民间瓷窑具有重要参考价值。

电光楼 370402-50-B-c19
[Diànguāng Lóu]

在原枣庄煤矿八大宿舍东北角。抗日战争爆发后,日军在楼上驻守一个排的兵力,在楼的顶端安装了大探照灯,夜间灯光扫过,周围几千米内彻如白昼,因此人们称其为"电光楼"。20 世纪 30 年代始建,为一座十几米高、弹痕累累的炮楼。建筑物呈方形,长宽各 7.7 米,高 10 米。电光楼为研究枣庄近代战争史提供了宝贵的实物资料。

重要景点和一般名胜古迹

仙坛山温泉小镇 370402-50-D-a01
[Xiāntánshān Wēnquán Xiǎozhèn]

在枣庄市市中区枣台路西王庄镇境内。因背靠仙坛山、温泉又是景区一大特色而得名。景点以自然景观与人文景观结合为主,辅以温泉、住宿、餐饮等服务项目。温泉水采自仙坛山地下 1 300 米深处,富含人体所需的锌、铁、钙等多种矿物质。2014 年 6 月被批准为国家 AAAA 级旅游风景区。交通便利。

鲁南水城·枣庄老街 370402-50-D-a02
[Lǔnán Shuǐchéng Zǎozhuāng Lǎojiē]

在枣庄市市中区文化路与西昌路交界处。由政府规划命名。鲁南水城·枣庄老街(东湖公园)项目是枣庄市第九次党代会确定的一项利民工程,是全省"一点三线"重点区域全民健身精品工程。2011 年被

批准为国家 AAAA 级旅游风景区。通公交车。

龟山风景区 370402-50-D-a03
[Guīshān Fēngjǐngqū]

在枣庄市市中区境内。其形似卧龟而得名。龟山地区丰富的地质遗迹对研究本区地球环境变迁、山体隆升、地壳演化、岩溶地貌、岩溶地下水和地质灾害等地质现象具有较高的科研价值和重要意义。由龟山景区、百子庙景区两大部分组成,主要景点有溶洞、观音堂、山寨、百子庙等。2009 年被批准为国家 AAAA 级旅游风景区。通公交车。

人民公园 370402-50-D-c01
[Rénmín Gōngyuán]

在市中区解放北路 159 号。因该公园是最早的综合性公园,主要服务于人民,故名。公园是在原 2.7 公顷园林苗圃的基础上修建,1976 年扩建至现在规模,其中水面 0.008 平方千米。体现了城市绿化的公共性和以人为本的理念。园内栽有各种名贵树木植物 52 科 92 属 139 种,4000 余株,苍松翠柏,林木蔽日。公园环境优美,植被茂密,绿树成荫,是市民休闲、娱乐、健身、游玩、娱乐、观赏、科普的场所。交通便利。

湖山公园 370402-50-D-c02
[Húshān Gōngyuán]

在市中区永安镇驻地东南。因湖山周边为一湖泊,此地有一山包隆起,露出水面,形成湖中之山,后称湖山。园内多种植景观树木和灌木苗木,建设有景观亭、观景亭等,门口为李家祥题字。目前山上仍有一棵千年银杏树保存完好。交通便利。

东沙河公园　370402-50-D-c03
[Dōngshāhé Gōngyuán]

在市中区人民东路与建设南路交口东北角。因地处东沙河沿岸而得名。由普通绿地改造而成，建有休闲活动广场、健身广场等设施。公园分为南北两个区域，南区为景观休闲区，属新建区域。该区域以营造自然景观为主，搭配以休闲广场、景观亭廊等设施。满足市民的日常活动需求和沿路的景观需求。交通便利。

自然保护区

枣庄九龙湾省级湿地公园
370402-50-E-b01
[Zǎozhuāng Jiǔlóngwān Shěngjí Shīdì Gōngyuán]

在省境南部，枣庄市市中区境内。北起郭村水库和刘庄水库，南至东沙河和西沙河交汇处，包括齐村支流、西沙河、东沙河、东湖和部分煤矿塌陷区域。占地533.55公顷。暖温带季风型大陆性气候，水系发达，野生动植物资源丰富。2011年4月被评为省级湿地公园。主要保护水源、野生动植物资源。348省道经此。

枣庄牛郎山省级森林公园
370402-50-E-b02
[Zǎozhuāng Niúlángshān Shěngjí Sēnlí Gōngyuán]

在省境南部，枣庄市市中区永安镇南部。范围涵盖牛郎山、莲花山等7座山头的集体林地及薄板泉、车峪等5座水库。占地1 233.33公顷。因牛郎山而得名。属暖温带季风型大陆性气候。多为褐土，森林资源比较丰富。2010年12月被评为省级森林公园。主要保护鲁南地区乡土树种，刺槐、苦楝、臭椿等，主要目的在于乡土树种种质资源保存、试验研究与开发利用。交通便利。

枣庄龟山省级森林公园　370402-50-E-b03
[Zǎozhuāng Guīshān Shěngjí Sēnlín Gōngyuán]

在省境南部，枣庄市市中区孟庄镇东北。范围涵盖龟山、蛇山、黄山、马山、鳌山、草帽山、九顶莲花山、大王山、寨山的集体林地及总库容8 404万立方米的周村水库。占地面积2 279.9公顷。因龟山而得名。为崮形山体，属暖温带季风型大陆性气候。是优质果品基地，森林覆盖率高，森林风景资源丰富。2009年12月被评为省级森林公园。主要保护岩溶地貌、崮形山体地貌。是辖区水源地的重要组成部分，起到净化水质、涵养水源的作用。通公交车。

枣庄税郭沙河省级湿地公园
370402-50-E-b04
[Zǎozhuāng Shuìguōshāhé Shěngjí Shīdì Gōngyuán]

在省境南部，枣庄市市中区税郭镇境内。沙河北起税郭镇中义和村，向南流入韩庄运河，湿地公园在河流沿岸，呈南北向Y字形分布。总面积139.2公顷。因所在政区和自然地理实体得名。税郭北高南低，属暖温带季风型大陆性气候。沙河流向由北向南，主河道全长5.2千米，其中湿地面积90.7公顷，湿地率为65.2%。2014年12月被评为省级湿地公园。主要保护对象为河流湿地。分为湿地保育区、恢复重建区、合理利用区、管理服务区和科普宣教区五部分。湿地公园的建设，是综合治理保证南水北调干线水质的重要一环，对改善区域湿地环境具有重要的意义，同时，也可以给周边居民提供良好的生活居住空间和休闲游憩场所。交通便利。

薛城区

纪念地

铁道游击队纪念园 370403-50-A-c01
[Tiědào Yóujīduì Jìniànyuán]

在薛城区临山公园内。因该景区是铁道游击队纪念地，故名。1995 年建设。纪念园以临山为依托，由纪念广场、甬道、纪念碑、碑廊、八大亭、"三雄墓"、铁道游击队影视城、铁道游击队史料馆、鲁南民俗博物馆、抗日战争史料馆、中陈郝古瓷窑展览馆、临山阁等 20 多个景点组成，形成红色旅游精品景点。是弘扬爱国主义精神的教育基地。2005 年被评为国家 AAA 级旅游景区。有公路经此。

薛城区烈士陵园 370403-50-A-c02
[Xuēchéng Qū Lièshì Língyuán]

在薛城区北部，邹坞镇长鱼山脚下。因所在政区得名。2013 年 11 月开工建设。总占地面积 29 亩，目前已安放有名革命烈士 405 人。有公路经此。

史湖烈士陵园 370403-50-A-c03
[Shǐhú Lièshì Língyuán]

在薛城区北部。因烈士陵园地处史湖村而得名。2008 年薛城区在第三次全国不可移动文物普查中发现，于纪念战斗胜利六十周年时重修，有 40 余名烈士长眠于此。有公路经此。

邹坞爬桥惨案纪念碑亭 370403-50-A-c04
[Zōuwù Páqiáocǎn'àn Jìniànbēi Tíng]

在薛城区邹坞镇西北村。为纪念邹坞爬桥惨案建立，故名。为六边形仿古建筑，底部以水泥柱支撑六边形平台，其上建亭，平台边长 3 米，南北各有台阶，南部台阶与支流南岸村中东西向水泥路相接，北部台阶连接曲桥，曲桥东端与村中南北走向水泥路相连，碑记立于亭下平台正中心。322 省道经此。

孙伯龙纪念园 370403-50-A-c05
[Sūnbólóng Jìniànyuán]

在薛城区周营镇。为纪念孙伯龙而建，故名。建于民国时期。封土呈圆形，直径约 5 米，高约 1 米，四周砌有围墙，墓南立有孙伯龙烈士纪念碑一通。2010 年被批准为市级文物保护单位。有公路经此。

来泉庄烈士纪念碑 370403-50-A-c06
[Láiquánzhuāng Lièshì Jìniànbēi]

在薛城区兴城街道南。因其功能而得名。建于 1946 年。鲁南民众抗日自卫军领导人董尧卿同志为纪念碑敬撰碑文，碑前有苍松翠柏掩映，四周建有石头围墙。纪念碑通高 5 米，碑身南面刻着"抗日烈士纪念碑"，碑身背面记载着烈士的牺牲经过和英雄事迹，碑身西面刻着八烈士的名单，碑身东面刻着鲁南参议会公署等单位与领导人的挽联。是进行爱国主义和革命传统教育的重要基地。2003 年被批准为市级文物保护单位。通公交车。

陈金河烈士墓 370403-50-A-c07
[Chénjīnhé Lièshì Mù]

在薛城区常庄镇。因纪念革命烈士陈金河而得名。建于民国时期。长 10 米、宽 5 米。墓前立有张爱萍将军亲笔题写的石碑一通。2010 年被批准为市级文物保护单位。有公路经此。

铁道游击队纪念碑 370403-50-A-c08
[Tiědào Yóujīduì Jìniànbēi]

在薛城区常庄镇临山顶部。为纪念铁道游击队而建，故名。1995 年建成，占地

2 000 平方米，高 33 米。游击队战士持枪
冲杀的铜铸人物塑像矗立于纪念碑顶端，
碑正面为铁道游击队图案，左侧为贯穿碑
体的 50 根枕木，象征抗日战争胜利 50 年。
碑体正面为竖起的铁轨造型，中央镶嵌着
由原国家主席杨尚昆亲笔题写的"铁道游
击队纪念碑"。底座正面篆刻碑文，两侧
的人物浮雕再现了游击队员英勇杀敌的战
斗场面。2010 年被批准为市级文物保护单
位。有公路经此。

重点文物保护单位

中陈郝窑址 370403-50-B-a01
[Zhōngchénhǎo Yízhǐ]

在薛城区邹坞镇。因所在地得名。为
隋—元代遗迹。据瓷色可划分为青瓷区、
白瓷区、黑瓷区 3 个区域。1987 年由山东
大学历史系考古专业和枣庄博物馆联合对
瓷窑遗址进行了首次发掘，出土文物内涵
丰富，时代上自北朝，下迄明清，前后延
续千余年。2006 年 5 月被批准为国家级文
物保护单位。通公交车。

牛山孙氏宗祠 370403-50-B-b01
[Niúshān Sūnshì Zōngcí]

在薛城区邹营镇。因所在地和宗祠姓
氏而得名。1488 年，孙氏族人在牛山村建
成草堂，并命名为牛山孙氏宗祠。占地面
积 2 048 平方米，建筑均为砖木结构，古朴
典雅，庄重肃穆，楹柱间距，高低尺寸皆
遵清章。是研究宗法政治文化和宗祠建筑
艺术极其宝贵的实物遗存；所有楹联、碑
记既有清代民间书法、雕刻、诗词、建筑
等艺术特点，对宗祠建筑学来讲，也是弥
足珍贵的历史标本。2006 年 12 月被批准为
省级文物保护单位。交通便利。

张范二村墓群 370403-50-B-c01
[Zhāngfàn'èrcūn Mùqún]

在薛城区张范街道张范二村。因所在
地得名。为汉代墓群。东西长约 700 米，
南北宽约 500 米，面积约 350 000 平方米。
曾出土鼎、盒、壶等陶器。具有重要的考
古价值。2010 年被批准为市级文物保护单
位。通公交车。

北于墓群 370403-50-B-c02
[Běiyú Mùqún]

在薛城区张范街道北于村村北丘陵上。
因所在地得名。为汉代墓群。东西长约
800 米，南北宽约 380 米，面积约 304
000 平方米。墓葬多为石椁墓，保存较完整。
具有重要的考古价值。2010 年被批准为市
级文物保护单位。通公交车。

黑石岭墓群 370403-50-B-c03
[Hēishílǐng Mùqún]

在薛城区张范街道黑石岭村。因所在
地得名。为战国—汉代墓群。东西长约 140
米，南北宽约 120 米，面积约 16 800 平方米。
曾出土陶罐和青铜剑等文物。具有重要的
考古价值。2010 年被批准为市级文物保护
单位。通公交车。

大香城遗址 370403-50-B-c04
[Dàxiāngchéng Yízhǐ]

在薛城区张范街道大香城村。因所在
地得名。为周代遗址。文物有鬲足、豆柄、
粗纹绳陶片、罐沿等。对研究新石器时代
文化发展序列具有重要的历史价值。2003
年被批准为市级文物保护单位。通公交车。

玉皇庙 370403-50-B-c05
[Yùhuáng Miào]

在薛城区兴城街道井字峪村。为清代

建筑。对研究当地民间信仰具有重要价值。2003 年被批准为市级文物保护单位。通公交车。

点将台古墓群 370403-50-B-c06
[Diǎnjiàngtái Gǔmùqún]

在薛城区张范街道大香城村。为汉代墓群。其墓葬结构基本为石室墓。对研究汉代的历史具有十分重要的意义。2003 年被批准为市级文物保护单位。通公交车。

灰谷堆遗址 370403-50-B-c07
[Huīgǔduī Yízhǐ]

在薛城区陶庄镇潘楼村东南约 200 米处。当地百姓称其为"灰谷堆"。为商周时期遗址。遗址略呈台形，东西长约 420 米，南北宽约 380 米，总面积约 159 600 平方米。遗址整体保存较好，耕土层下即为文化层，文化堆积厚 30~50 厘米，灰褐土，包含较多的红烧土粒及草木灰。遗址区地表散布有少量碎陶片，以夹砂褐陶和泥质灰陶居多。1993 年被批准为市级文物保护单位。有公路经此。

北安阳汉代遗址 370403-50-B-c08
[Běi'ānyáng Hàndài Yízhǐ]

在薛城区邹坞镇北安阳村东北。因所在地得名。为汉代遗址。该遗址大至呈正方形，边长约 900 米，面积约 810 000 平方米。遗址上散布着大量的残瓦片及器物口沿。通过钻探得知，其文化层堆积厚 40~70 厘米。2010 年被批准为市级文物保护单位。有公路经此。

东防备遗址 370403-50-B-c09
[Dōngfángbèi Yízhǐ]

在薛城区邹坞镇东防备村东南。因所在地得名。为龙山文化时期遗址。在村民王文河地内山药沟中发现大量红烧土、草木灰和少量器物残件，并曾挖出石斧、石镰、石锛等新石器时代的遗物。经普查组钻探后得知，该遗址平面略呈长方形，东西长约 300 米，南北宽约 200 米，总面积约 60 000 平方米，底层堆积 60~100 厘米不等。2010 年被批准为市级文物保护单位。有公路经此。

后院山遗址 370403-50-B-c10
[Hòuyuànshān Yízhǐ]

在薛城区陶庄镇后院山村东首。因所在地得名。为商周时期遗址。东西长约 250 米，南北宽约 150 米，面积约 37 500 平方米，遗址靠河岸部分隆起约 80 厘米，向南、北、西逐渐低缓，形成了一段缓坡状地带。暴露着田螺壳、蚌壳和一些陶片，采集的标本有鬲足、豆柄、陶贝壳、器物口沿等。2010 年被批准为市级文物保护单位。有公路经此。

前大庄遗址 370403-50-B-c11
[Qiándàzhuāng Yízhǐ]

在薛城区常庄镇前大庄村东部小沙河的东岸。因所在地得名。为春秋时期遗址。东西长 260 米，南北宽 200 米，面积约 26 500 平方米。经钻探得知，地表下 20 厘米即为文化层，文化堆积厚 60 厘米，并包含大量红烧土粒和草木灰、碎陶片等。遗址区地表散布有极少量器物残片，多为夹砂灰陶和红褐陶，并饰有绳纹，可辨器型有鬲足。2010 年被批准为市级文物保护单位。有公路经此。

上镇遗址 370403-50-B-c12
[Shàngzhèn Yízhǐ]

在薛城区常庄镇种庄村北。因所在地得名。为商周时期遗址。遗址大致呈长方形，南北长 400 米，东西宽 290 米，面积约 116 000 平方米。遗址西邻舜耕中学，东侧为京福高速公路，北面是长江东路，遗址中偏西有一条近南北向的生产小路。2010 年被批准为市级文物保护单位。有公路经此。

西尚庄遗址 370403-50-B-c13
［Xīshàngzhuāng Yízhǐ］

在薛城区邹坞镇西尚庄村南。因所在地得名。为东周—汉代遗址。该遗址东西宽 75 米，南北长约 135 米，面积约 10 125 平方米。遗址整体坐落于一台型平坦高地上，周围皆为耕地，遗址区地表面陶片随处可见，采集到的标本有豆柄、盆口沿、豆盘等，陶豆内灰外褐，多数陶片饰有绳纹。2010 年被批准为市级文物保护单位。有公路经此。

毋将隆故里碑刻 370403-50-B-c14
［Wùjiànglóng Gùlǐ Bēikè］

在薛城区周营镇。因西汉大臣毋将隆而得名。乾隆四十四年（1779）七月知峄县事张玉树立。2010 年被批准为市级文物保护单位。有公路经此。

武王墓 370403-50-B-c15
［Wǔwáng Mù］

在薛城区沙沟镇李庄村偏西的老鸹山上。根据武王古墓葬命名。年代不可考。为一处不规则形土丘，当地群众呼之为"大谷堆"，当时有 5 座大型古墓，分布在老鸹山的西北、南和东北部，部分大墓尚保留有较完整的封土堆，直径均在 8~15 米，最高封土堆高约 3.5 米，且有每层厚约 20 厘米的夯土层。墓群东西跨度为 1 150 米，南北跨度为 850 米，总面积约 1 077 500 平方米。1993 年被批准为市级文物保护单位。有公路经此。

曹窝古墓 370403-50-B-c16
［Cáowō Gǔmù］

在薛城区沙沟镇曹窝村西北约 50 米处。因所在地得名。为新石器时代古墓。封土堆高约 8 米，最大直径约 45 米，面积约 405 平方米。这座古墓坐落在一处商周古代遗址之上。1980 年被批准为市级文物保护单位。有公路经此。

马庄大墓 370403-50-B-c17
［Mǎzhuāng Dàmù］

在薛城区邹坞镇马庄村北约 150 米处。因所在地得名。为汉代古墓。封土直径约 30 米，高约 8 米，当地百姓称之为"皇姑坟"。该冢上可见陶片、鬲足等，冢东南约百米处有石兽已毁，冢西 20 余米处发现有一小墓，出土铜熏炉、铜盘等。2010 年被批准为市级文物保护单位。有公路经此。

大山墓群 370403-50-B-c18
［Dàshān Mùqún］

在薛城区常庄镇大山村东侧的大山约整个南半部，山北与金河山相连接。因所在地理实体而得名。为汉代古墓。墓群略呈不规则梯形，东西长约 500 米，南北宽 400~460 米，总面积约 204 000 平方米，墓群内分布大量的盗洞和被取土破坏的石匣墓，可辨有单室和双室，均未见画像石。2010 年被批准为市级文物保护单位。有公路经此。

宏石岭墓群 370403-50-B-c19
［Hóngshílǐng Mùqún］

在薛城区周营镇李庄村后约 100 米的高岭地上。因所处地理位置得名。为汉代古墓。墓群东西长约 1.5 千米，南北宽约 1 千米。墓葬均为石结构，村中尚存有出土画像石两块，为车马出行、双龙穿壁等图案（现均已不知去向）。据群众反映，在岭东和岭南各有一座较大的画像石墓，墓室宏阔、曲折，刻画精丽，有车马出行及龙兽图案。2010年被批准为市级文物保护单位。有公路经此。

虎山汉墓群 370403-50-B-c20
[Hǔshān Hànmùqún]

在薛城区邹坞镇西下山口村北的虎山上。因所在地理实体得名。为汉代古墓。东西约620米，南北约280米，面积约172 600平方米，南部被西下山口村和枣（庄）木（石）高速公路占压，被盗掘墓葬随处皆是，盗洞不远处采集到灰陶盒残片及其他灰陶器物口沿。通过观察被盗墓葬，可看出墓室内有少量画像石，图案多为十字穿环。2010年被批准为市级文物保护单位。

陶官庄汉墓群 370403-50-B-c21
[Táoguānzhuāng Hànmùqún]

在薛城区周营镇陶官村东侧的土岭之上。因所在地得名。为汉代古墓。墓群为边长300米的正方形，面积约90 000平方米。墓群形状中高四周低，陶官庄村民曾挖出过许多单室石匣墓，并发现有较大的墓葬，有时下雨亦有塌陷现象。经实地考察，地面有残留的碎陶片，地平面亦有村民耕出的石匣墓盖板石，并有前后室的横梁石，现均已无迹可寻。2010年被批准为市级文物保护单位。有公路经此。

张岭汉墓群 370403-50-B-c22
[Zhānglǐng Hànmùqún]

在薛城区邹坞镇张岭村南。因所在地得名。为汉代古墓。是一处高于地面的台地，墓群东西长约1 000米，南北宽250米，总面积约250 000平方米。墓群东部约200米跨入枣庄市市中区范围内，北面与柏山、虎山、离谷山等山脉遥遥相望。墓群中部大部分被破坏，现有已挖沟和坑共4处，

在墓群中部东西横向排列，最长的沟有350余米，最深处达8米多；墓群西部破坏尤为严重，破坏总面积约占墓群面积的三分之一。从破坏部分的断崖面共发现石匣墓50余座，并明显可辨有单室、双室和多室，系一处较为典型的汉代墓葬群。2010年被批准为市级文物保护单位。有公路经此。

孙氏故宅 370403-50-B-c23
[Sūnshì Gùzhái]

在薛城区陶庄镇。因孙氏家族始建并居住而得名。建于明末清初。大院南北长102米，东西宽98米，占地面积9 996平方米，建筑面积1 000余平方米。现存房屋30余间，属北方典型的套院"一院三进式"。有各种雕刻，造型生动，形态各异，构思巧妙，刀法流畅，表现出劳动人民非凡的智慧和艺术才能。2003年被批准为市级文物保护单位。京沪铁路经此。

王楼王氏宗祠 370403-50-B-c24
[Wánglóu Wángshì Zōngcí]

在薛城区周营镇王楼村西南部。因为王氏宗祠，且地处王楼村而得名。始建于光绪二十七年（1901）。原庙基共九亩六分八厘八毫八丝七忽五微（《条例碑记》载），现存部分占地面积576平方米，由大殿、东西配殿和门楼组成，均为硬山墙布瓦盖顶，唯门窗重度脱漆。大殿及东西配殿内正中各立一王氏始族碑，门楼两侧各有一石碑镶砌于墙壁之中，碑文分别记载始建年代和建筑格局及规模等。整体建筑古朴典雅、庄重肃穆，极具清代类似建筑的风格特征。2010年被批准为市级文物保护单位。有公路经此。

中陈郝泰山行宫 370403-50-B-c25
[Zhōngchénhǎo Tàishān Xínggōng]

在薛城区邹坞镇。因所在地得名。始

建于隋代，自唐、宋、元、明、清至今屡经重修，是至今唯一一座重修后使用的道观寺庙。建筑及院落格局基本呈南北长、东西宽的长方形，后为大殿共5间。大殿前有一古柏树，据载植于隋朝，院落中前部有一小殿曰"灵官殿"，前为马殿，前门两侧各有一尊石狮。2010年被批准为市级文物保护单位。有公路经此。

何庄国槐 370403-50-B-c26
[Hézhuāng Guóhuái]

在薛城区常庄镇何庄村。因所在地得名。为汉代古槐。古树直径约1.5米，高约6米。南侧建有"槐仙楼"亭，亭前立有李氏家族捐资石碑。古树由李氏家族常年维护。2010年被批准为市级文物保护单位。有公路经此。

天主教堂 370403-50-B-c27
[Tiānzhǔ Jiàotáng]

在薛城区临城街道北二村。因其功能得名。始建于清光绪九年（1883年）。教堂始建时，顶端建有外国式钟楼，高30余米，设铜钟一座。教堂主房东西长32米，南北宽12米，面积384平方米，后又根据需要扩建了修女院，现存房屋百余间，修女院占地面积3 693平方米，建筑面积264平方米。北院、神甫院占地800平方米，建筑面积622平方米，总占地面积8 327平方米，总建筑面积3 427平方米。1993年被批准为市级文物保护单位。有公路经此。

重要景点和一般名胜古迹

奚公山风景区 370403-50-D-a01
[Xīgōngshān Fēngjǐngqū]

在薛城区陶庄镇千山。因该景区是车祖奚仲纪念地，故名。占地300公顷，依

托"奚仲"品牌资源优势，重点规划建设奚公山风景区，定位为我国车文化发源地及车祖奚仲祭拜地，建有车祖广场、奚仲纪念馆、奚仲墓、冉求墓等文化旅游景点。是枣庄市新型的观光、休闲、娱乐综合旅游区。为国家AAA级旅游景区。

城市森林公园 370403-50-D-c01
[Chéngshì Sēnlín Gōngyuán]

在薛城区南部常庄镇境内。因围绕"森林、人居、文脉"三者相统一的主题，以自然森林元素为主而建，故名。公园内有200余种植物，其中有近百种乔木，主要以乡土树种为主。城市森林公园共栽植栾树、杨树、青檀、银杏等20余种适宜树种1.4万余棵，大花萱草等地被植物195万株，铺设草皮1.4万平方米，建设绿道2 000米。为居民休闲锻炼、应急避险的场所。有公路经此。

金牛岭城市森林公园 370403-50-D-c02
[Jīnniúlǐng Chéngshì Sēnlín Gōngyuán]

在薛城区东部。以金牛岭命名。森林公园设计注重景观的多样性，以景观类型的多样化以及物种的多样性等来维持和丰富城市生物多样性。在亭台的造景上讲究古朴大方，融入传统符号和元素，给人以遐思和畅想。有公路经此。

南方植物园 370403-50-D-c03
[Nánfāng Zhíwùyuán]

在薛城区东部龙潭公园内。因园内植物而得名。南方植物园是开放型生态广场，湖面水系面积16万平方米，占地面积35万平方米，湖深0.3~4.2米，蓄水量36万立方米。区内绿地17万平方米，绿地率达49%。园内植物种类共有455种，苗木共栽植55万余株，其中乔灌木4万余株，地被植物49万余株，水生植物2万余株，大树

428 棵，含百年以上古树 22 棵。园内共建有各式桥 43 座，有木桥、石桥、拱桥，建有木亭 6 座。安装升降式大型灯光音乐喷泉，主喷泉最高可喷达 118 米。有公路经此。

凤鸣公园 370403-50-D-c04

[Fèngmíng Gōngyuán]

在薛城区东部。因与凤鸣湖对望，山顶建有凤鸣阁，故名。凤鸣阁坐落于龟山主山之巅。公园占地面积 85.8 公顷，主要由凤鸣公园大门、水景广场、山顶喷泉广场、山顶广场、"紫气东来"、凤鸣阁、养心亭、观景台、木石桥、园林小品景观组成。前临风景迷人的南方植物园和凤鸣湖，后拥苍翠雄伟的袁寨山，站在阁顶，可一览新城秀美宜人的自然山水画卷。有公路经此。

龙潭公园 370403-50-D-c05

[Lóngtán Gōngyuán]

在薛城区祁连山路以东，黄河路以北，海河西路以南。以龙潭水库命名。公园总用地约 22.7 万平方米，其中湖面约 6 万平方米，造林绿化面积约 6.7 万平方米。项目整体规划以东西走向的水轴和南北走向的绿轴为构架展开，围绕两条轴线分别设置了体育活动区、儿童游乐区、休闲娱乐区和城市景观带，有五孔拱桥、600 平方米游船码头、九曲桥两处、观景平台两处等景观区。建设驳岸工程长度约 4 592 米，改造龙头坝一处，建成 300 平方米小型城市展厅一处，绿地面积 11.4 万平方米。龙潭公园为居民休闲、娱乐、健身、垂钓的中心公园。交通便利。

沿河公园 370403-50-D-c06

[Yánhé Gōngyuán]

在薛城区德仁路大桥与长江路大桥之间。因该公园沿小沙河而建，故名。总面积 29.4 公顷，其中绿地面积 13.4 公顷，水

面面积 12 公顷，其他面积 4.0 公顷，集商贸、休憩、观赏、游玩于一体，是城区居民休闲娱乐的理想场所。公园内采取自然手法布景，建有人工湖、重檐亭、曲桥、拱桥、叠水、景石、雕塑、广场喷泉、三利台等供市民休闲、娱乐。是全市第一个以群众性体育健身、休闲娱乐为主题的公园。

自然保护区

山东蟠龙河国家湿地公园

370403-50-E-a01

[Shāndōng Pánlónghé Guójiā Shīdì Gōngyuán]

在薛城区北部。东至邹坞镇，南至临城街道，西至常庄镇，北至陶庄镇。公园面积 260 平方千米。因湿地公园分布在蟠龙河两岸，故名。公园总面积 667 公顷，湿地及水域面积 533 公顷，其他陆地面积 134 公顷，绿化面积 100 公顷。栽植榆树、柳树、槐树、枫杨等百余个绿化树种约 37 万株，同时繁育约 120 万盆时令草花，是薛城区重要的苗木储备繁育基地。2011 年经国家林业局批准为国家级湿地公园。湿地公园与古薛文化融为一体，具有较高的保护、科研价值、科普教育价值、旅游观光价值。京台高速、518 国道经此。

山东省枣庄杨峪省级森林公园

370403-50-E-b01

[Shāndōng Shěng Zǎozhuāng Yángyù Shěngjí Sēnlín Gōngyuán]

在薛城区东部张范街道大香城村村南。南临万亩石榴园的娘娘坟，共有白山、层山、皇山等大小山头七座，总面积 1 万多亩。以杨峪风景区命名。峰顶平缓，地面开阔，遗有古寨墙、炮台、石屋等古建筑残垣断壁。山体巨石、奇石、怪石遍布，众多的石棚、石洞、石柱数不胜数，群峰之中，

岩石裸露，奇石林立，形态多姿，鬼斧神工，形成石林旱海的特殊地质地貌奇景。夏季最高气温 31℃，最低气温 17.5℃。山泉、山溪、水库遍布，溪流纵横交错，景区内有龙井泉、老泉、筛子泉、刘泉等。植被保存完好，有油松、侧柏、刺槐、红叶枫等各类树种及植物 360 余种，森林覆盖率达 95%。2007 年 12 月经省林业局批准为省级森林公园。具有较高的保护、科研价值、科普教育价值、旅游观光价值。有公路经此。

袁寨山省级森林公园 370403-50-E-b02
[Yuánzhàishān Shěngjí Sēnlín Gōngyuán]

在薛城区东部兴城街道。东临泰国工业园，南接日月湖湿地，西眺微山湖，北倚奚仲故里。面积 7.98 平方千米。以袁寨山命名。公园东部叠层地貌较为典型，叠层岩石分布面积达 37 万多平方米。山林面积约 8 000 亩，生长着曼陀罗、蒲公英、地丁、半夏、白头翁等多种珍贵中草药。2010 年 12 月经省林业局批准为省级森林公园。主要保护对象是锦鸡、喜鹊、百灵、画眉等鸟类。具有较高的保护、科研价值、科普教育价值、旅游观光价值。有公路经此。

周营沙河省级湿地公园 370403-50-E-b03
[Zhōuyíngshāhé Shěngjí Shīdì Gōngyuán]

在薛城区南部周营镇。沙河自北向南纵贯周营呈带状分布，向南可一直连接到京杭大运河。面积 1.66 平方千米。以周营沙河命名。2014 年 12 月经山东省林业厅批准设立省级湿地公园。周营沙河湿地公园的规划建设以湿地资源保护和修复为前提，以沙河湿地生态系统和历史文化为主要景观资源，以湿地保护、科普教育、休闲观光为主要功能。有公路经此。

峄城区

重点文物保护单位

匡衡墓 370404-50-B-b01
[Kuānghéng Mù]

在峄城区驻地坛山街道西南 6.5 千米贾庄村北。因墓主人而得名。为西汉墓葬。墓为一高大封土堆，高约 8 米，直径 35 米，清乾隆年间峄县令张玉树题："汉丞相乐安侯匡衡之墓"。具有重要的考古价值。1992 年 6 月被批准为省级文物保护单位。交通便利。

娘娘坟 370404-50-B-c01
[Niángniang Fén]

在峄城区驻地坛山街道西 15 千米狮山、白茅山、象山中间。为明代古墓。南面敞开，墓封土堆高 8 米，占地一亩多。1980 年被批准为市级文物保护单位。有公路经此。

风景名胜区

山东冠世榴园风景区 370404-50-C-b01
[Shāndōng Guànshìliúyuán Fēngjǐngqū]

在峄城区西部的群山之阳。面积 18 万余亩。景区内有"世界少有、中国第一"的石榴园林，故名冠世榴园。1998 年 9 月被批准为省级风景名胜区。有榴树 700 余万株，49 个品种。始建于西汉成帝年间，距今已有 2 000 多年的历史，素以历史之久、面积之大、株数之多、品色之全、果质之优而闻名海内外。景区内部青檀寺历史悠久，始建于唐玄宗开元年间，为鲁南地区唯一一家比较正规的佛家寺院。冠世榴园，依山傍水、园中有园，四季有景、气象万千、异彩纷呈，古寺幽谷、俊亭巍塔、怪石异峰、流水飞泉、古木奇树、碑刻石碣点缀其间，自然景观与人文景观融为一体，相映生辉。不仅是我国重要的石榴林果生产基地，还是一处集自然风景、生态园林、民俗宗教、人文历史及观光游览、休闲度假为一体的生态文化旅游区。通公交车。

重要景点和一般名胜古迹

东方怡源·仙人洞风景区
370404-50-D-c01
[Dōngfāngyíyuán Xiānréndòng Fēngjǐngqū]

在峄城东部。因该景区坐落在枣庄市境内的仙人洞风景区内而得名。是一处自然景观与人文景观相结合的优秀旅游胜地。其背靠青石山，四面为田野、村庄，自然风光秀丽，景色宜人。山上有仙人洞洞群，包括仙人洞、朝阳洞、牛角洞、星星洞以及滴水井和"高山流水"等古迹及许多石刻和碑刻、历史传说等，著名的古峄县八大景之一的"仙洞悬云"景观就在此处。地热温泉水水温常年保持在35℃左右，水量充足，含有20多种对人体有益的微量元素。交通便利。

台儿庄区

重点文物保护单位

台儿庄大战旧址 370405-50-B-a01
[Tái'erzhuāng Dàzhàn Jiùzhǐ]

在枣庄市台儿庄区运河街道顺河街。因所在地得名。为1938年3—4月抗战遗址。现仅存一座大殿和部分配房，是31师师长池峰城的前沿指挥所。是重要的爱国主义

教育基地。2006年5月被批准为国家级文物保护单位。交通便利。

京杭运河台儿庄段 370405-50-B-a02
[Jīnghángyùnhé Tái'erzhuāngduàn]

在台儿庄区运河街道。因运河起止点而得名。16世纪末至17世纪初（明万历年间）始建，后历经多次疏浚。此段运河原生风貌保存较好，拥有3千米古运河河道（月河段）、古码头（主要包括双巷码头、郁家码头、王公桥码头）、960米的古驳岸，河水水质良好，仍保持了运输河道的功能，同时也承担着城市的景观与排涝功能。2006年5月被批准为国家级文物保护单位。交通便利。

偪阳故城 370405-50-B-a03
[Bīyáng Gùchéng]

在枣庄市台儿庄区张山子镇侯塘村南。以发掘地偪阳而得名。为周代遗址。城周长3 293米，面积约3 000 000平方米。地有"九里单八步"之传说。南北长，东西短，大体呈长方形。北墙现高出地面4~5米，底宽20余米。整个城基轮廓基本清晰可见。故城内及城外东部地面散见许多陶器残片，多为豆、罐、盆、砖、瓦之类，有时还出现战国时期楚国铜蚁鼻钱、铜剑、铜镞、铜印等物，石器亦有发现。现大体池城保存完整，四周轮廓清晰，对我国故城的研究具有较高的科学价值。2006年5月被批准为国家级文物保护单位。交通便利。

清真古寺 370405-50-B-a04
[Qīngzhēn Gǔsì]

在运河街道东南部。为台儿庄最早的寺院之一，整体建筑庄严肃穆，是回族宗教活动场所，故名。建于乾隆七年（1742），1937年重修，1942年再次重修，1983年改扩建。为台儿庄最早的寺院之一，建有礼

拜殿 25 间，大、小讲堂 8 间及配房、门楼、过厅等，整体建筑庄严肃穆，典雅辉煌，布局紧凑，具有鲜明的民族特色。2006 年 5 月被批准为国家级文物保护单位。有公路经此。

南滩子遗址　370405-50-B-b01
[Nántānzi Yízhǐ]

在台儿庄区泥沟镇西兰城村南 50 米处。以发掘地得名。为大汶口文化时期遗址。遗址长方形，东西长 600 米，南北宽 400 米，总面积 240 000 平方米，地表散见部分陶片，可辨器型有鼎、罐、盆等。从断崖观察，文化层堆积较厚，暴露有灰坑遗迹等。具有重要的考古价值。1992 年 6 月被批准为省级文物保护单位。交通便利。

贺窑墓群　370405-50-B-b02
[Hèyáo Mùqún]

在台儿庄区涧头集镇贺窑村东。因所在地得名。为汉代墓葬。墓葬分布较集中，文物蕴藏量较丰富，汉画像石种类丰富齐全，内容多样，曾出土陶壶、陶罐、陶猪圈等。具有重要的考古价值。2013 年 10 月被批准为省级文物保护单位。交通便利。

黑山西茅草房居落　370405-50-B-b03
[Hēishānxī Máocǎofáng Jūluò]

在台儿庄区张山子镇鹿荒村东。以发掘地黑山命名。为清代—民国时期遗址。居落南北长 400 米，东西长 200 米。面积约 80 000 平方米。房屋大多为石墙，房顶用山上野红草铺盖。黑山西茅草房居落多为老年人居住，由于多年失修，个别房顶漏雨。通过调查了解，该居落距今有 300 多年的历史，是一处珍贵的文化遗产居落，为了解明清时期山村居民居住生活提供了宝贵的实物资料。2013 年 10 月被批准为省级文物保护单位。交通便利。

侯塘古寺　370405-50-B-b04
[Hóutáng Gǔsì]

在台儿庄区张山子镇侯塘村东北。因所在地得名。建于明清时期。建筑面积 2 400 平方米，南部为一条村间小道，东部为该村的主干道，庙前为该村种植的树木，较密。具有重要的考古价值。2006 年 12 月被批准为省级文物保护单位。交通便利。

晒米城遗址　370405-50-B-b05
[shàimǐchéng Yízhǐ]

在台儿庄区泥沟镇马庄村。因据说源自一个和梁武帝有关的民间传说而得名。为新石器时期遗址。遗址平面呈长方形，东西长 500 米，南北宽 200 米。现残存高台平面呈不规则形，东西长 90 米，南北宽 80 米，总面积 7 200 平方米。地层堆积高 4~6 米不等。最上约 2 米厚的灰黄色土质中包含周代、汉代陶器碎片，可以分辨出的器形有灰陶鬲足、鬲口沿、石器残片、铜片、蚌片等。第二层为商代文化堆积，可辨器形有陶鬲、罐残片及石器蚌片等，共厚约 2 米。第三层为龙山文化堆积，灰土中夹杂大量蚌壳、海螺壳以及碎石器和磨光黑陶片。陶器碎片中可辨认的器物种类有鬼脸式鼎足、鼎口沿、盆口沿、罐把手、豆柄等。是一处史前时期的比较重要的遗址，具有较高的考古价值和科学研究价值。2006 年 12 月被批准为省级文物保护单位。交通便利。

西伊古墓群　370405-50-B-c01
[Xīyī Gǔmùqún]

在台儿庄区张山子镇西伊村南。因所在地得名。为汉代墓葬。墓区东西长 3 000 米，南北宽 800 米，面积约 240 000 平方米，呈长方形。从已暴露的墓葬观察，此墓群为石室结构，汉画像石十分丰富。曾出土过铜镜、铜剑、陶罐、陶鼎、陶楼等器物。2003 年被批准为市级文物保护单位。交通便利。

重要景点和一般名胜古迹

台儿庄古城 370405-50-D-a01
[Tái'érzhuāng Gǔchéng]

位于台儿庄区东部。2008 年枣庄市政府恢复重建，称台儿庄古城。古城始于秦汉，发展于唐宋，繁荣于明清，是中国国内规模最大的古城。城内建筑简洁朴素，具有"七分雄、三分秀"的特点。许多建筑傍河而筑，前有临街的店铺，后有运河码头，建筑风格"顺天然、亲人和"，既体现了北方建筑的壮观沉实，又体现了南方建筑的灵巧秀美。台儿庄古城内有古河道、古码头。与波兰首都华沙同属世界上仅有的两座因第二次世界大战战火毁坏而作为世界文化遗产重建的城市。2012 年 11 月被评为国家AAAAA 级景区。交通便利。

山亭区

自然保护区

月亮湾湿地 370406-50-E-a01
[Yuèliàngwān Shīdì]

在山亭区西北部。北起岩马水库及辛庄水库，南至城头镇境内。面积 3.1 平方千米。形状像月亮，故名月亮湾湿地。夏季多降水，四季分明，光照充足，雨量适中，温暖湿润。2011 年 11 月被批准为国家级湿地公园。有国家级保护植物银杏、水杉、莲、水蕨、中华结缕草、野大豆等 6 种。湿地植被面积 2.34 平方千米，可划分为 5个植被型、22 个群系，主要植物群系类型

包括杨树、芦苇、长苞香蒲、假稻、荇菜等。有国家一级保护鸟类白鹳、东方白鹳、白鹤等 3 种，国家二级保护鸟类鸳鸯、大天鹅、小天鹅等 18 种，有鹭科、鸥鹬科等31 种省重点保护鸟类，有黄鼬、果子狸等2 种省重点保护哺乳动物，有东方铃蟾、金线蛙、黑斑蛙等 3 种省重点保护两栖动物。是山亭区重要的旅游景区，旅游资源丰富。交通便利。

山东枣庄熊耳山—抱犊崮国家地质公园
370406-50-E-a02
[Shāndōng Zǎozhuāng Xióng'ěrshān Bàodúgù Guójiā Dìzhì Gōngyuán]

在山亭区东南部北庄镇境内。面积 108平方千米。景区以熊耳山两个山头为主，又因这两个山头远远看上去就像熊的耳朵，故名。海拔 483 米，是一处集群崮、双龙大裂谷、溶洞群、龙爪崖、崩塌地质灾害遗址等自然景观于一体的景区。夏季多降水，四季分明，光照充足，雨量适中，温暖湿润。2001 年 12 月被批准为国家地质公园。是国家防震减灾科普教育基地，具有较高的科普、科研和观赏价值。

滕州市

纪念地

国防科技教育基地 370481-50-A-b01
[Guófáng Kējì Jiàoyù Jīdì]

在滕州市大坞镇。因基地功能而得名。2008 年 5 月由滕州市民政局负责筹建。由鲁南人民抗日武装起义纪念馆、纪念碑、国防科技教育城和大型兵器陈列广场四部分组成，建筑面积 11 300 平方米。鲁南人民抗日武装起义纪念馆采用了场景复原、声光电结合等艺术手法，再现了党在鲁南

地区发展壮大的历程以及在抗日战争中为保卫滕县和解放战争中为滕州解放而英勇献身的王铭章、王麓水将军的丰功伟绩。是省重点烈士纪念物保护单位。通公交车。

重点文物保护单位

龙泉塔　370481-50-B-a01
[Lóngquán Tǎ]

在滕州市东部荆河西岸。名称由历史传承而来。建于唐代元和年间，1984年7月进行了全面修缮。塔高40米，累9级，砖石结构，耸立在石砌须弥座上。1938年3月，台儿庄大战前夕，塔身遭受战火摧残。"塔影高标"为古滕八景之一。2013年3月被批准为国家级文物保护单位。通公交车。

百寿坊　370481-50-B-b01
[Bǎishòufāng]

在滕州市滨湖镇韩楼村。因牌坊美好寓意而得名。建于清代乾隆年间。该坊为四柱三间三楼单檐歇山顶结构，明楼及次楼顶脊饰以龙吻，正中置圆雕狮驮葫芦，明楼檐下为"圣旨""恩荣"牌，当心间大字板题刻"升平人瑞""饱珍待询"，额枋浮雕二龙戏珠、凤凰、牡丹、人物等图案，当心间小字板题刻"旌表恩贡生德平县教谕韩宗孔之父韩应祥百寿坊"。当心间小字板的另一面及次间小字板题刻"本府批查""供应旌表""恭颂吉翁韩老伯祖百寿"等内容。百寿坊立柱题刻楹联：凫峰北苍，五福集云连紫翠；溪水南绕，三多余泽映流长。百寿坊立柱另一联为：五代笃彝伦，交羡玉堂麟凤；百龄乐颐养，共钦芝圃松乔。该联由"善国王颂书"。石坊高两丈许，全用麻青山雕琢而成，呈歇山式挑檐风格。布局合理，结构严密，榫楔咬合，玲珑剔

透，古朴庄严，是高度艺术化的石雕佳作，展示了清朝时期人们超常的艺术创造、造型和雕刻艺术。是我省唯一保存完好的百寿（岁）石牌坊，具有极高的文物价值。2006年12月被批准为省级文物保护单位。通公交车。

滕国故城　370481-50-B-b02
[Téngguó Gùchéng]

在姜屯镇东滕城村。因故城城名而得名。为周代遗址。现故城城垣依稀可见，外城略呈方形，东西横陈；内城即是子城，在外城中央，周长10余华里。子城高出地面3~4米，城墙顶上植满槐树，绿叶成荫，花香四溢。城内有文公古台、滕文公楼、古城墙、周灵沼、唐古槐、李白"壮观"石刻、砖刻楹联、吕祖阁等历史景观。1992年滕州市对城内文公台等古迹遗存进行了重修，并在台东侧新建碑林，陈列着历年来征集的碑碣、墓志、书法艺术石刻等，供游人游览观赏。1977年12月被批准为省级文物保护单位。交通便利。

王家祠堂　370481-50-B-b03
[Wángjiā Cítáng]

在滕州城区府前中路南侧。因是清朝皇帝准予自行捐资兴建的王东槐专祠而得名。建于清同治九年（1870）。祠堂于20世纪80年代进行了第一次修缮，并于1986年交由滕州市博物馆管理。2011年进行了第二次修缮。王家祠堂属于典型的北方"四合院"封闭式建筑，由门厅、御碑厅、前厅、东西暖阁、东西厢房、后大殿及东西跨院等组成。现存的厅堂房阁均为悬山砖木结构，在以正门、正厅为中心的南北轴线上，分为前后两进院落。王家祠堂规制宏伟，青砖黛瓦，洞门曲径，蜡梅修竹，深具北方传统园林建筑特色。2006年12月被批准为省级文物保护单位。通公交车。

滕州县衙 370481-50-B-b04
[Téngzhōu Xiànyá]

在滕州城区府前路中段。因原有遗迹而得名。唐元和十二年（817）始建，元朝末年毁于战火，如今的老县衙是明代初期在原址上重建的。2006年，以县衙大堂为中轴线，恢复两侧部分古建筑，沿中轴线自北向南恢复仪门、善国门、大门，轴线西侧恢复传统民居。2006年12月被批准为省级文物保护单位。通公交车。

孟家庄遗址 370481-50-B-c01
[Mèngjiāzhuāng Yízhǐ]

在滕州市羊庄镇孟庄村。因所在地得名。为新石器时代遗址。该遗址和前台遗址、北辛遗址同处在薛河两岸，为滕州古老文明的发源地之一。该遗址对研究华东地区新、旧石器时代文化具有重要价值；又因该遗址地处东周时小邾国辖区，对研究滕州古国史亦具有重要的科学价值。1980年被批准为市级文物保护单位。通公交车。

东小宫遗址 370481-50-B-c02
[Dōngxiǎogōng Yízhǐ]

在滕州市东沙河镇东小宫村。因所在地得名。为新石器时代—汉代遗址。东小宫遗址是一处在丘陵与平原交界处的高台遗址，内含丰富的龙山时期遗物。商周文化层也较明显，遗物颇多，遗址中散见汉代陶片。该遗址为研究滕州东部的历史发展提供了第一手资料，对研究滕州宗教史、古国史都具有非常重要的价值。1993年被批准为市级文物保护单位。通公交车。

董村遗址 370481-50-B-c03
[Dǒngcūn Yízhǐ]

在滕州市龙泉街道董村。因所在地得名。为大汶口文化时期—周代遗址。董村

遗址在滕州市郭河上游，文化内涵丰富，是一处时代延续较长，保存较好的古遗址。2003年被批准为市级文物保护单位。通公交车。

后大庙遗址 370481-50-B-c04
[Hòudàmiào Yízhǐ]

在滕州市龙泉街道后大庙村。因所在地得名。为新石器时代—汉代遗址。该遗址从河岸断崖可以清楚地看到文化层、灰坑、陶片等遗迹遗物。根据采集的陶片标本分析，其最早年代可追溯至龙山文化时期，文化发展序列清晰，是研究鲁南历史的重要实物资料，具有重要的科研价值。2003年被批准为市级文物保护单位。通公交车。

大彦遗址 370481-50-B-c05
[Dàyàn Yízhǐ]

在滕州市姜屯镇大彦村。因所在地得名。为新石器时代—周代遗址。1987年全省文物普查时发现。该遗址面积较大，内涵较丰富，遗物颇多，而且时代延续长，是滕州市近郊研究古代历史发展的一处重要文化遗址。2003年被批准为市级文物保护单位。通公交车。

后荆沟遗址 370481-50-B-c06
[Hòujīnggōu Yízhǐ]

在滕州市北辛街道后荆沟村。因所在地得名。为商周遗址。该遗址属于典型的河旁高地遗址，面积较大，内涵丰富，文化层堆积厚1~2.5米。地表散见较多的器物残片，如鬲足、鼎足、罐口沿、盆口沿等。1980年曾在遗址东北部发现西周早期墓葬一座，出土包括"不其簋"等有铭铜器在内的青铜礼器16件。"不其簋"器内底部有铭文12行151字。此器为西周时期文物，为研究西周时期文化提供了重要佐证，有

着极高的艺术、科学价值。2003 年被批准为市级文物保护单位。通公交车。

西寺院遗址　370481-50-B-c07
[Xīsìyuàn Yízhǐ]

在滕州市荆河街道西寺院村。因所在地得名。为商周至汉代遗址。延续时间近 2 000 年，是一处见证滕州历史发展的重要遗址。2003 年被批准为市级文物保护单位。通公交车。

中柴里遗址　370481-50-B-c08
[Zhōngcháilǐ Yízhǐ]

在滕州市西岗镇中柴里村。因所在地得名。为新石器时代—周代遗址。为滕州市南部面积较大、文化内涵丰富，且保存较好的古文化遗址，对研究岳石文化有着较高的科学价值。2003 年被批准为市级文物保护单位。通公交车。

西石庙遗址　370481-50-B-c09
[Xīshímiào Yízhǐ]

在滕州市鲍沟镇西石庙村。因所在地得名。为商周遗址。为滕州南部，乃至鲁南地区商周文化遗址中面积较大，文化内涵丰富，且保存较完好的古文化遗址，它对研究商周文化历史有着极为重要的科学价值。2003 年被批准为市级文物保护单位。通公交车。

人民庄遗址　370481-50-B-c10
[Rénmínzhuāng Yízhǐ]

在滕州市滨湖镇人民庄村。因所在地得名。为东周遗址。为滕州西部微山湖区面积较大、内涵丰富，且保存较完好的湖区岸边高地遗址。对于研究滕州历史发展脉络有着较高的价值。2003 年被批准为市级文物保护单位。通公交车。

于山遗址　370481-50-B-c11
[Yúshān Yízhǐ]

在滕州市大坞镇于山村。因所在地得名。为东周遗址。作为滕州市西北部山区丘陵地带中面积较大、文化层堆积较厚、内涵丰富、保存较好的古文化遗址，对于研究滕州西北部东周、汉时期的文化发展有着较高的科学价值。2003 年被批准为市级文物保护单位。通公交车。

西杨庄遗址　370481-50-B-c12
[Xīyángzhuāng Yízhǐ]

在滕州市龙阳镇西杨庄村。因所在地得名。为东周遗址。遗址面积较大，内涵丰富，且保存较完好，是一处较典型的古遗址。对于研究滕州市古文化有着重要的价值。2003 年被批准为市级文物保护单位。通公交车。

北杨楼遗址　370481-50-B-c13
[Běiyánglóu Yízhǐ]

在滕州市级索镇北杨楼村。因所在地得名。为东周至汉代遗址。遗址地表采集有陶豆、陶罐、陶盆、筒瓦、板瓦、罐口沿等陶器残片。该遗址的发现，为研究本地域汉代人类居住及社会生活状况提供了可靠的实物资料。2010 年被批准为市级文物保护单位。通公交车。

大韩村遗址　370481-50-B-c14
[Dàháncūn Yízhǐ]

在滕州市官桥镇大韩村东部。因所在地得名。为龙山文化时期—汉代遗址。遗址地表及取土坑采集有鼎足、石铲、豆盘、板瓦、罐口沿等。对了解该地区古文化聚落分布及当时人们生产生活状况具有重要的历史价值。2010 年被批准为市级文物保护单位。通公交车。

夏楼村南遗址 370481-50-B-c15
[Xiàlóucūnnán Yízhǐ]

在滕州市张汪镇夏楼村。因所在地得名。为东周—汉代遗址。地表及路沟内采集有罐口沿、板瓦等陶器残片。该遗址对了解该地区古文化聚落分布及当时人们生产生活状况具有一定的历史价值。2010年被批准为市级文物保护单位。通公交车。

东店遗址 370481-50-B-c16
[Dōngdiàn Yízhǐ]

在滕州市羊庄镇东店村。因所在地得名。为新石器时代—汉代遗址。采集有罐、鬲、盆、板瓦、筒瓦等器物残片。该遗址对了解该地区古文化聚落分布及当时人们生产生活状况具有一定的历史价值。2010年被批准为市级文物保护单位。通公交车。

东郭后村遗址 370481-50-B-c17
[Dōngguōhòucūn Yízhǐ]

在滕州市东郭镇后村。因所在地得名。为龙山文化时期—汉代遗址。从地表采集有罐、釜、器盖、筒瓦、板瓦等陶器残片。该遗址的发现，为研究该地区古文化聚落分布及社会生活状况提供了可靠的实物资料。2010年被批准为市级文物保护单位。通公交车。

东洪林遗址 370481-50-B-c18
[Dōnghónglín Yízhǐ]

在滕州市官桥镇东洪林村东北部。因所在地得名。为新石器时代—汉代遗址。遗址地表及河边断崖上采集有器盖、杯、罐、板瓦等残片。该遗址的发现，为研究该地区古文化聚落分布及社会生活状况提供了可靠的实物资料。2010年被批准为市级文物保护单位。通公交车。

甘桥遗址 370481-50-B-c19
[Gānqiáo Yízhǐ]

在滕州市西岗镇甘桥村。因所在地得名。为大汶口时期—汉代遗址。从地表采集有罐、鬲、豆、鬶等陶器残片。该遗址的发现，为研究该地区古文化聚落分布及社会生活状况提供了可靠的实物资料。2010年被批准为市级文物保护单位。通公交车。

高庄遗址 370481-50-B-c20
[Gāozhuāng Yízhǐ]

在滕州市柴胡店镇高庄村西北部。因所在地得名。为东周—汉代遗址。地表采集标本有豆、鬲口沿、罐、板瓦等陶器残片。高庄遗址为研究该地区古文化聚落分布及社会生活状况提供了可靠的实物资料。2010年被批准为市级文物保护单位。通公交车。

后安村北遗址 370481-50-B-c21
[Hòu'āncūnběi Yízhǐ]

在滕州市木石镇后安村。因所在地得名。为东周—汉代遗址。地表采集有鬲口沿、筒瓦、板瓦等陶器残片。为研究汉代该地区古文化聚落分布及社会生活状况提供了可靠的实物资料。2010年被批准为市级文物保护单位。通公交车。

后鞋城遗址 370481-50-B-c22
[Hòuxiéchéng Yízhǐ]

在滕州市鲍沟镇后鞋城村北首。因所在地得名。为周代—汉代遗址。从地表采集的标本有罐、盆、瓮、筒瓦、板瓦等陶器残片。为研究该地区古文化聚落分布及社会生活状况提供了可靠的实物资料。2010年被批准为市级文物保护单位。通公交车。

胡村遗址 370481-50-B-c23
[Húcūn Yízhǐ]

在滕州市姜屯镇胡村。因所在地得名。为周代—汉代遗址。断崖时而可见汉代灰坑，地表采集有周、汉代的罐、鬲、板瓦、筒瓦残片。该遗址的发现，对了解该地区古文化聚落分布及当时人们生产生活状况具有一定的历史价值。2010年被批准为市级文物保护单位。通公交车。

匜城店遗址 370481-50-B-c24
[Huīchéngdiàn Yízhǐ]

在滕州市东郭镇匜城店村。因所在地得名。为东周—汉代遗址。从地表和断面采集的标本有罐、盆、筒瓦、板瓦等陶器残片。匜城店遗址对了解该地区古文化聚落分布及当时人们生产生活状况具有一定的历史价值。2010年被批准为市级文物保护单位。通公交车。

郎庄遗址 370481-50-B-c25
[Lángzhuāng Yízhǐ]

在滕州市西岗镇郎庄村。因所在地得名。为新石器时代—汉代遗址。地表采集有龙山文化时期、汉代的鼎、豆、鬲、罐、盆、板瓦、筒瓦等陶器残片。该遗址的发现，对研究该地域古文化聚落分布及文化谱系具有重要的参考价值。2010年被批准为市级文物保护单位。通公交车。

龙堌堆遗址 370481-50-B-c26
[Lónggùduī Yízhǐ]

在滕州市级索镇东田庄村。因远古时期遗留方圆数亩高4余米的土台而得名。为龙山文化时期—汉代遗址。地表采集有陶豆、陶盆、陶罐、筒瓦、板瓦、罐口沿等陶器残片。该遗址的发现，为研究该地区古文化聚落分布及社会生活状况提供了

可靠的实物资料。2010年被批准为市级文物保护单位。通公交车。

南曹庄遗址 370481-50-B-c27
[Náncáozhuāng Yízhǐ]

在滕州市西岗镇南曹庄村。因所在地得名。为新石器时代—汉代遗址。从地表采集的标本有鼎、盆、筒瓦、板瓦等陶器残片。该遗址文化内涵丰富、面积较大、保存较好，对研究该地域古文化聚落分布及文化谱系具有重要的参考价值。2010年被批准为市级文物保护单位。通公交车。

南贾庄遗址 370481-50-B-c28
[Nánjiǎzhuāng Yízhǐ]

在滕州市张汪镇南贾庄村。因所在地得名。为东周—汉代遗址。地表采集有陶片、鬲足、鬲口沿、盆、罐、豆、板瓦、筒瓦等残片。南贾庄遗址的发现对研究该地域古文化聚落分布及文化谱系具有重要的参考价值。2010年被批准为市级文物保护单位。通公交车。

南塘村南遗址 370481-50-B-c29
[Nántángcūnnán Yízhǐ]

在滕州市羊庄镇南塘村。因所在地得名。为大汶口时期—汉代遗址。地表采集有鬲、罐等陶器残片。南塘村南遗址，对研究该地区古文化聚落分布及文化谱系具有重要的参考价值。2010年被批准为市级文物保护单位。通公交车。

前大官庄遗址 370481-50-B-c30
[Qiándàguānzhuāng Yízhǐ]

在滕州市柴胡店镇前大官庄村。因所在地得名。为新石器时代—西周遗址。地表采集有大汶口文化时期的鼎、罐、盆及西周时期盆口沿、罐底等陶器残片。前大官庄遗址文化堆积较厚、内涵丰富，对研

究该地区古文化聚落分布及文化谱系具有重要的参考价值。2010年被批准为市级文物保护单位。通公交车。

前大庙遗址 370481-50-B-c31
[Qiándàmiào Yízhǐ]

在滕州市龙泉街道前大庙村。因所在地得名。为龙山文化时期—汉代遗址。地表采集有罐、鬶、鬲、豆、板瓦等陶器残片。该遗址的发现，为研究该地区古文化聚落分布及社会生活状况提供了可靠的实物资料。2010年被批准为市级文物保护单位。通公交车。

前梁村北遗址 370481-50-B-c32
[Qiánliángcūnběi Yízhǐ]

在滕州市东沙河镇前梁村北部。因所在地得名。为龙山文化时期—汉代遗址。采集标本有龙山文化时期的陶杯、陶罐，岳石文化时期的夹砂红褐色陶片，及汉代时期的板瓦等陶器残片。前梁村北遗址对研究该地域古文化聚落分布及文化谱系具有重要的参考价值。2010年被批准为市级文物保护单位。通公交车。

前梁村南遗址 370481-50-B-c33
[Qiánliángcūnnán Yízhǐ]

在滕州市东沙河镇前梁村南首。因所在地得名。为龙山文化时期—汉代遗址。从地表采集的标本有罐、杯、筒瓦、板瓦等陶器残片。前梁村南遗址，为研究该地区古文化聚落分布及社会生活状况提供了可靠的实物资料。2010年被批准为市级文物保护单位。通公交车。

洛庄遗址 370481-50-B-c34
[Luòzhuāng Yízhǐ]

在滕州市张汪镇洛庄村东首。因所在地得名。为周代遗址。采集标本有豆、罐等陶器残片。洛庄遗址文化内涵丰富、面积较大，对了解周代该地区古文化聚落分布及当时人们生产生活状况具有重要的历史价值。2010年被批准为市级文物保护单位。通公交车。

燕庄遗址 370481-50-B-c35
[Yānzhuāng Yízhǐ]

在滕州市姜屯镇燕庄村西首。因所在地得名。为周代—汉代遗址。路沟断崖处时而可见文化堆积分布，地表采集有豆、盆、板瓦、筒瓦等陶器残片。燕庄遗址面积较大、保存较好，对研究该地域古文化聚落分布及文化谱系具有重要的参考价值。2010年被批准为市级文物保护单位。通公交车。

赵楼遗址 370481-50-B-c36
[Zhàolóu Yízhǐ]

在滕州市龙泉街道赵楼村。因所在地得名。为周代—汉代遗址。地表采集的标本有陶罐、陶鬲、筒瓦、板瓦等残片。该遗址的发现，为研究该地区古文化聚落分布及社会生活状况提供了可靠的实物资料。2010年被批准为市级文物保护单位。通公交车。

前沙胡同遗址 370481-50-B-c37
[Qiánshāhútòng Yízhǐ]

在滕州市姜屯镇前沙胡同村。因所在地得名。为商代—汉代遗址。在路沟取土坑的断崖处时而可见文化层堆积分布，地表采集有鬲、罐、豆、板瓦、盆等陶器残片。前沙胡同遗址，对研究该地域古文化聚落分布及文化谱系具有重要的参考价值。2010年被批准为市级文物保护单位。通公交车。

前鞋城遗址 370481-50-B-c38
[Qiánxiéchéng Yízhǐ]

在滕州市鲍沟镇前鞋城村南首。因所在地得名。为周代—唐代遗址。从地表和断面采集的标本有盆、鬲、豆、筒瓦、板瓦等陶器残片。为研究该地区古文化聚落分布及社会生活状况提供了可靠的实物资料。2010年被批准为市级文物保护单位。通公交车。

唐村遗址 370481-50-B-c39
[Tángcūn Yízhǐ]

在滕州市龙泉街道唐村西首。因所在地得名。为龙山文化时期—汉代遗址。地表采集的标本有陶鬲、陶罐、筒瓦、板瓦等的残片。唐村遗址，为研究该地区古文化聚落分布及社会生活状况提供了可靠的实物资料。2010年被批准为市级文物保护单位。通公交车。

陶山顶遗址 370481-50-B-c40
[Táoshāndǐng Yízhǐ]

在滕州市羊庄镇陶山村。因所在地得名。为唐宋时期遗址。陶山顶部为一处寺庙遗址，山顶东北角山石上刻有佛教经文，经文范围长2米，宽1.8米，由于常年受风雨侵蚀，部分字迹已模糊难辨，尚可见"阿弥陀佛、观世音佛、般若波罗蜜"等字迹。陶山顶遗址对研究该地域古文化聚落分布及文化谱系具有重要的参考价值。2010年被批准为市级文物保护单位。通公交车。

陶山西村遗址 370481-50-B-c41
[Táoshānxīcūn Yízhǐ]

在滕州市羊庄镇陶山西村西南部。因所在地得名。为汶口文化时期—汉代遗址。该遗址时代为大陶山西村遗址，对研究该地域古文化聚落分布及文化谱系具有重要

的参考价值。2010年被批准为市级文物保护单位。通公交车。

万福楼遗址 370481-50-B-c42
[Wànfúlóu Yízhǐ]

在滕州市姜屯镇万福楼村。因所在地得名。为汶口文化时期—汉代遗址。地表采集有豆、鬲、罐、鼎、壶等陶器残片，遗址东北部曾发现汉代墓葬。该遗址的发现，对了解该地区古文化聚落分布及当时人们生产生活状况具有一定的历史价值。2010年被批准为市级文物保护单位。通公交车。

王开一村遗址 370481-50-B-c43
[Wángkāyīcūn Yízhǐ]

在滕州市善南街道王开一村西北首。因所在地得名。为龙山文化时期—汉代遗址。为研究该地区古文化聚落分布及社会生活状况提供了可靠的实物资料。2010年被批准为市级文物保护单位。通公交车。

王马厂遗址 370481-50-B-c44
[Wángmǎchǎng Yízhǐ]

在滕州市界河镇王马厂村。因所在地得名。为龙山文化时期—东周时期遗址。从地表和水沟采集的标本有陶罐、鬲、豆、盆等残片。该遗址的发现，为研究该地区古文化聚落分布及社会生活状况提供了可靠的实物资料。2010年被批准为市级文物保护单位。通公交车。

辛绪村东遗址 370481-50-B-c45
[Xīnxùcūndōng Yízhǐ]

在滕州市东郭镇辛绪村东首。因所在地得名。为大汶口文化时期—汉代遗址。辛绪村东遗址，为研究该地区古文化聚落分布及社会生活状况提供了可靠的实物资料。2010年被批准为市级文物保护单位。通公交车。

休城遗址 370481-50-B-c46
［Xiūchéng Yízhǐ］

在滕州市大坞镇休城村。因所在地得名。为东周—汉代遗址。该遗址的发现，为研究该地区古文化聚落分布及社会生活状况提供了可靠的实物资料。2010年被批准为市级文物保护单位。通公交车。

武楼遗址 370481-50-B-c47
［Wǔlóu Yízhǐ］

在滕州市东郭镇武楼村西首。因所在地得名。为周—汉代遗址。武楼遗址文化内涵丰富、面积较大、保存较好，为研究该地区古文化聚落分布及社会生活状况提供了可靠的实物资料。2010年被批准为市级文物保护单位。通公交车。

西公桥遗址 370481-50-B-c48
［Xīgōngqiáo Yízhǐ］

在滕州市官桥镇西公桥村南部。因所在地得名。为大汶口文化时期—汉代遗址。西公桥遗址，采集标本有鼎、杯、罐、板瓦等陶器残片。该遗址对研究该地域古文化聚落分布及文化谱系具有重要的参考价值。2010年被批准为市级文物保护单位。通公交车。

西宋庄遗址 370481-50-B-c49
［Xīsòngzhuāng Yízhǐ］

在滕州市鲍沟镇西宋庄村西北。因所在地得名。为新石器时代—汉代遗址。地表采集有鼎足、器盖、鬲沿、豆柄、盆口沿、筒瓦、板瓦等陶器残片。西宋庄遗址对了解该地区古文化聚落分布及当时人们生产生活状况具有一定的历史价值。2010年被批准为市级文物保护单位。通公交车。

西小宫遗址 370481-50-B-c50
［Xīxiǎogōng Yízhǐ］

在滕州市东沙河镇西小宫村西南首。因所在地得名。为龙山文化时期—汉代遗址。地表及断崖上采集有盆、豆、盂、鬲、罐、筒瓦、板瓦等器物残片。西小宫遗址，对研究该地域古文化聚落分布及文化谱系具有重要的参考价值。2010年被批准为市级文物保护单位。通公交车。

时店遗址 370481-50-B-c51
［Shídiàn Yízhǐ］

在滕州市官桥镇时店村西南首。因所在地得名。为商代—唐代遗址。时店遗址面积较大，为研究汉代时期该地区文化聚落分布及社会生活状况提供了可靠的实物资料。2010年被批准为市级文物保护单位。通公交车。

振兴庄遗址 370481-50-B-c52
［Zhènxīngzhuāng Yízhǐ］

在滕州市柴胡店镇振兴庄村。因所在地得名。为东周—汉代遗址。地表采集标本有东周时期的盆、鬲及汉代时期的筒瓦、板瓦等陶器残片。振兴庄遗址，对了解本地区周汉时期文化聚落分布及当时人们生产生活状况具有重要的历史价值。2010年被批准为市级文物保护单位。通公交车。

阳关村西北墓群 370481-50-B-c53
［Yángguācūn Xīběi Mùqún］

在滕州市滨湖镇阳关村。因所在地得名。为战国时期墓葬。该墓群的发现对研究本地区战国时期墓葬形制、分布状况具有一定的参考价值。2010年被批准为市级文物保护单位。通公交车。

东郑庄墓群 370481-50-B-c54
[Dōngzhèngzhuāng Mùqún]

在滕州市官桥镇东郑庄村。因所在地得名。为汉代墓葬。该墓群是在修建京福高速公路时发现的，其对研究汉代时期本地区墓葬形制、分布状况具有重要的参考价值。2010年被批准为市级文物保护单位。通公交车。

后掌大墓群 370481-50-B-c55
[Hòuzhǎngdà Mùqún]

在滕州市官桥镇后掌大村。因所在地得名。为汉代墓葬。后掌大墓群对研究本地区汉代时期墓葬形制、分布状况具有重要的参考价值。2010年被批准为市级文物保护单位。通公交车。

金马山墓群 370481-50-B-c56
[Jīnmǎshān Mùqún]

在滕州市滨湖镇金马山村。因所在地得名。为汉代墓葬。金马山墓群的发现为研究本地区汉代古墓葬的分布状况及人类生活区域情况提供了丰富的实物资料。2010年被批准为市级文物保护单位。通公交车。

南山头汉墓群 370481-50-B-c57
[Nánshāntóu Hànmùqún]

在滕州市木石镇南山头村。因所在地得名。为汉代墓葬。墓群南部因村民取土暴露石椁墓5座，均已被破坏。南山头汉墓群的发现为研究本地区汉代古墓葬的分布状况及人类生活区域情况提供了丰富的实物资料。2010年被批准为市级文物保护单位。通公交车。

前莱村东南墓群 370481-50-B-c58
[Qiánláicūn Dōngnán Mùqún]

在滕州市官桥镇前莱村。因所在地得名。为东周时期的墓葬。采集标本有周代时期的鬲足、罐口沿、豆盘、豆柄等陶器残片。前莱村东南墓群对研究周代本地区墓葬形制、分布状况具有重要的参考价值。2010年被批准为市级文物保护单位。通公交车。

向阳墓群 370481-50-B-c59
[Xiàngyáng Mùqún]

在滕州市滨湖镇向阳村。因所在地得名。为汉代墓葬。该墓群的发现为研究汉代时期本地区古墓葬的分布状况及人类生活区域情况提供了丰富的实物资料。2010年被批准为市级文物保护单位。通公交车。

前毛堌墓群 370481-50-B-c60
[Qiánmáogù Mùqún]

在滕州市羊庄镇前毛堌村。因所在地得名。为汉代墓葬。据墓葬形制及出土器物推断，该墓群时代为汉代，在墓群内同时发现有岳石文化时期文化遗存。前毛堌墓群的发现，为研究该地区古墓葬的分布状况及人类生活区域情况提供了丰富的实物资料。2010年被批准为市级文物保护单位。通公交车。

鲁庄王陵 370481-50-B-c61
[Lǔzhuāng Wánglíng]

在滕州市南沙河镇上营村。因墓主为鲁庄王而得名。为明代墓葬。陵墓由墓道、甬道和墓室三部分组成，砖石结构。东西长15米，南北宽14.5米，面积217.5平方米。该墓多次被盗，保存状况一般。鲁庄王陵的发现为研究该地区明代王墓提供了丰富的实物资料。2010年被批准为市级文物保护单位。通公交车。

玉皇阁 370481-50-B-c62

[Yùhuáng Gé]

在滕州市张汪镇大宗村。取百姓向玉皇大帝祈福之意命名。为清代建筑。玉皇阁对研究滕州地区古建筑风格及宗教文化具有较高的历史艺术科研价值。2010年被批准为市级文物保护单位。通公交车。

赵氏旧居 370481-50-B-c63

[Zhàoshì Jiùjū]

在滕州市东沙河镇前荆沟村。因旧居主人姓赵而得名。为清代建筑。赵氏旧居是一处典型的清代民宅建筑，其对研究滕州地区清代建筑风格具有较高的历史艺术价值。2010年被批准为市级文物保护单位。通公交车。

洪济桥 370481-50-B-c64

[Hóngjì Qiáo]

在滕州市滨湖镇东、西古村间。因帮助排除洪涝之意而得名。为明代建筑。洪济桥对研究于滕州地区桥梁建筑及古代交通状况具有重要的参考价值。2010年被批准为市级文物保护单位。通公交车。

化石沟玄帝庙 370481-50-B-c65

[Huàshígōu xuándì Miào]

在滕州市木石镇化石沟村东北。因所在地得名。为清代建筑。现存一进院，主房1栋，面阔三间，砖石木结构，硬山顶，前有廊。有门楼1座，西侧有现代功德碑一通。门口两侧各一石狮，门楼东侧，大清石碑三通，呈南北排列。门楼东南50米为一步两井。该建筑历经多次维修，对研究滕州地区当时的建筑风格具有较高的历史艺术价值。2010年被批准为市级文物保护单位。通公交车。

西辛安民居 370481-50-B-c66

[Xīxīn'ān Mínjū]

在滕州市滨湖镇西辛安村。因所在地得名。为清代建筑。建筑坐北朝南，楼层1栋5间，二层、底层1券门，两侧各2个方形木门，砖窗。二层5窗，里生外熟，平顶，砖石结构。现为西辛安村委办公室，西侧窗改为房门。其对研究滕州地区当时建筑风格具有较高的历史艺术价值。2010年被批准为市级文物保护单位。通公交车。

钟氏家祠 370481-50-B-c67

[Zhōngshì Jiācí]

在滕州市柴胡店镇坦山后村。因钟氏十一世孙"钟宁"而得名。为清代建筑。清乾隆五年（1740），钟氏家族建此祠堂。2010年被批准为市级文物保护单位。通公交车。

洪福寺 370481-50-B-c68

[Hóngfú Sì]

在滕州市大坞镇休城村内，休城村小学西。取"洪福齐天"之意而得名。洪福寺始建年代不详，大约建于元代，历代有重修。洪福寺大雄宝殿坐北朝南，为里生外熟、砖石结构，灰瓦盖顶悬山式古建筑，门和窗经重修。大雄宝殿东西长11.5米，南北宽7.05米，面积81.1平方米。门东侧功德碑1通（残）；西侧龟驼碑座1通，无碑身；东侧关公殿，西侧华佗殿为现代建筑。其对研究滕州地区当时建筑风格具有较高的历史艺术价值。2010年被批准为市级文物保护单位。通公交车。

毛泽东主席像 370481-50-B-c69

[Máozédōng Zhǔxí Xiàng]

在滕州木石镇魏庄北。因为毛泽东主席塑像而得名。中华人民共和国成立后所建。毛泽东主席像作为滕州人民纪念瞻仰毛主席的重要代表性建筑，具有重要的纪念意义。2010 年被批准为市级文物保护单位。通公交车。

懋榛小学 370481-50-B-c70
[Màozhēn Xiǎoxué]

在滕州市张汪镇五所楼村。因石刻"懋小"记文而得名。创建于 1925 年，为五所楼村李天倪先生私资创办，承嗣产业三十四亩，悉捐以为学，建校舍十九间，分一至四年级，第一任校长是李季民。当时学校大门前操场北侧竖有石碑两通，上刻"懋小"记文。2010 年被批准为市级文物保护单位。通公交车。

青年渠 370481-50-B-c71
[Qīngnián Qú]

在滕州市木石镇东台村东。因知识青年"上山下乡"运动而得名。始建于 1980 年，是一条南北向的高架水渠，用于灌溉农田。保存较好，建筑气势恢宏，是一处典型的近现代水利设施。2010 年被批准为市级文物保护单位。通公交车。

重要景点和一般名胜古迹

盈泰生态温泉度假村 370481-50-D-a01
[Yíngtài Shēngtài Wēnquán Dùjiàcūn]

在滕州市市区西南部。因由盈泰集团开发建设而得名。盈泰温泉深 1 580 米，出水温度 42.8 度。水质清澈柔滑，富含氯、钠、钙、镁、铁、氡等矿物质，是"稀有铁泉"。景区面积 0.25 平方千米，是一处集生态餐饮、温泉洗浴、宾馆住宿、旅游度假、休闲娱乐、体育健身、会议会展为一体的综合性服务场所。2008 年被批准为国家 AAAA 级旅游景区。通公交车。

滕州微山湖湿地红荷风景区
370481-50-D-a02
[Téngzhōu Wēishāhú Shīdì Hónghé Fēngjǐngqū]

在滕州市滨湖镇。因所在自然地理实体而得名。景区始建于 2002 年，占地面积约 90 平方千米，湖岸线 55 千米，拥有十多万亩的野生红荷、数十平方千米的芦苇荡、国内罕见的水上森林及丰富的物种资源，是我国北方面积最大、自然生态最原始、环境保护最完好、湿地功能最完备、景观最美的湖泊湿地，具有自然性、多样性、稀有性、完整性、典型性的特点。2008 年被批准为国家 AAAA 级旅游景区。通公交车。

墨子纪念馆 370481-50-D-a03
[Mòzǐ Jìniànguǎn]

在府前中路北、塔寺路东交汇处的龙泉塔畔。因纪念墨子而得名。墨子纪念馆始建于 1993 年，景区面积 0.02 平方千米，是集学术研讨、图书资料收藏、科技教育、参观游览于一体的综合性庭院式建筑群体，是世界唯一一座专门研究墨子文化、收集墨子资料、展示墨子研究成果的场馆。2008 年被批准为国家 AAA 级旅游景区。通公交车。

刘村万亩梨园 370481-50-D-a04
[Liúcūn Wànmǔ Líyuán]

在滕州市柴胡店镇。因园内以梨树为主，兼植少量桃树，地域属刘村，面积近万亩，故称刘村万亩梨园。始建于明洪武三年（1370），素有"鲁南第一园"之称。园中酥梨堪称梨中上品，明清年间为滕县主要贡品之一。园中有明嘉靖年间的梨园古井及清乾隆年间所建的"园中园"遗址。景区内建有梨园广场、梨花仙子、梨王台等景点，梨树王、鸳鸯树、卧龙梨、四君子、醉八仙、金鹿回首、丹凤朝阳、大鹏展翅、护井龙王等像意树型举目皆是，集历史文化景观和自然景观于一体，是回归大自然的旅游休闲胜地。2009 年被批准为国家 AAA 级旅游景区。通公交车。

汉画像石馆 370481-50-D-a05
[Hànhuàxiàngshí Guǎn]

在滕州市荆河桥畔，龙泉塔下。因展馆展览内容而得名。展馆拱门叠架，飞檐凌空，白墙碧瓦，风格独具；与国际墨子研究中心主体轴线相贯，气势恢宏，巍峨壮观。汉画像石馆馆名由著名书法家王学仲先生手书，书体苍古厚重，典雅秀逸，与汉画石浑然一体。馆藏汉画石 400 余块，集收藏、保护、陈列于一体，是全国县级最大的汉画石像艺术陈列馆。2009 年被批准为国家 AAA 级旅游景区。通公交车。

王学仲艺术馆 370481-50-D-a06
[Wánxuézhòng Yìshùguǎn]

在府前中路北、塔寺路东交汇处的龙泉塔畔。因展示王学仲的艺术作品而得名。1988 年 3 月落成。占地 0.2 公顷，建筑面积 1 250 平方米，是一座粉墙黛瓦、清幽典雅的南方民居建筑。馆内西部为绿化地带，东部是展室、文物室、书画室、接待室、起居室、讲演厅，北面为二层主厅，整个艺术馆设计新颖，被誉为"古滕明珠，江北兰亭"。馆内收藏了王学仲先生各个时期创作的书画精品及诗词歌赋等著作。宗旨在于弘扬民族文化，交流中外艺术，收藏、展出、研究王学仲艺术思想。王学仲艺术馆为建立健全能够反映当代美术发展水准的公共教育、美术藏品、展览陈列、学术研究的审美教育体系和文化服务体系，做出了大胆尝试，成为一个既能传播书画艺术、弘扬传统文化，又能塑造人文精神、高洁情怀的重要场所。2006 年被批准为国家 AA 级旅游景区。通公交车。

六　农业和水利

市中区

水库

周村水库 370402-60-F01
[Zhōucūn Shuǐkù]

位于市中区孟庄镇周村南。因所在地得名。始建于 1959 年，1960 年建成。控制流域面积 105.6 平方千米，总库容 8 429.3 万立方米，兴利库容 4 442 万立方米，长 1 070 米，最大坝高 29 米，坝顶宽 6.5 米，坝顶高程 134.5 米。主要用于防洪、灌溉、供水等。247 国道过境，交通便利。

薛城区

水库、灌区

黑峪水库 370403-60-F01
[Hēiyù Shuǐkù]

位于薛城区兴城街道黑峪村西北部。因所在地得名。始建于 1967 年 1 月，1967 年 8 月建成。流域面积 5.4 平方千米，总库容 212 万立方米，兴利库容 114 万立方米，长 1 101 米，宽 450 米，面积 0.39 平方千米，最大水深 12 米，平均水深 8 米，主坝长 330 米。主要用于防洪、灌溉。有公路经此。

小营水库 370403-60-F02
[Xiǎoyíng Shuǐkù]

位于薛城区沙沟镇小营村北部。因所在地得名。始建于 1967 年 1 月，1967 年 12 月建成。流域面积 9.86 平方千米，总库容 104.3 万立方米，兴利库容 31.7 万立方米，长 680 米，宽 540 米，面积 0.23 平方千米，最大水深 7 米，平均水深 4 米，主坝长 188 米。主要用于防洪、灌溉、养殖。有公路经此。

后北常水库 370403-60-F03
[Hòuběicháng Shuǐkù]

位于沙沟镇后北常村西部。因所在地得名。始建于 1966 年 3 月，1967 年 9 月建成。流域面积 2.08 平方千米，总库容 45.6 万立方米，兴利库容 24.8 万立方米，长 390 米，宽 218 米，面积 0.068 9 平方千米，最大水深 10 米，平均水深 5 米，主坝长 400 米。主要用于防洪、灌溉、养殖。有公路经此。

蔡官庄水库 370403-60-F04
[Càiguānzhuāng Shuǐkù]

位于周营镇蔡官庄南部。因所在地得名。始建于 1997 年 10 月，1998 年 10 月建成。流域面积 1.8 平方千米，总库容 22.4 万立方米，兴利库容 18 万立方米，长 376 米，宽 55 米，面积 0.022 平方千米，最大水深 8 米，平均水深 6 米，主坝长 510 米。主要用于防洪、灌溉、养殖。有公路经此。

大孙庄水库 370403-60-F05
[Dàsūnzhuāng Shuǐkù]

位于周营镇大孙庄南部。因所在地得名。始建于 1997 年 12 月，1998 年 11 月建成。其流域面积 2.2 平方千米，总库容 21 万立方米，兴利库容 16.5 万立方米，长 250 米，宽 86 米，面积 0.02 平方千米，最大水深 10 米，平均水深 8 米，主坝长 220 米。主要用于防洪、灌溉、养殖。有公路经此。

梁山水库 370403-60-F06
[Liángshān Shuǐkù]

位于陶庄镇梁山阳。因所在自然地理实体得名。始建于 1964 年 11 月，1965 年 3 月建成。流域面积 1.1 平方千米，总库容 27.7 万立方米，兴利库容 22.4 万立方米，长 520 米，宽 200 米，面积 0.05 平方千米，最大水深 8 米，平均水深 5 米，主坝长 240 米。主要用于防洪、灌溉、养殖。有公路经此。

龙潭水库 370403-60-F07
[Lóngtán Shuǐkù]

位于兴仁街道东托村东部。原水潭俗称龙潭，故挖水库后称龙潭水库。始建于 1967 年 3 月，1968 年 4 月建成。流域面积 3.27 平方千米，总库容 16.5 万立方米，兴利库容 7.5 万立方米，长 645 米，宽 148 米，面积 0.094 平方千米，最大水深 10 米，平均水深 5 米，主坝长 352 米。主要用于防洪。有公路经此。

刘桥灌区 370403-60-F08
[Liúqiáo Guànqū]

位于薛城区周营镇刘桥村。因所在地得名。始建于 1968 年 8 月，1970 年 12 月建成；2002 年 3 月对泵站进行更新改造，完成机电设备检修更换。装机 6 台，容量 460 千瓦，设计灌溉面积 1.5 万亩。238 省道经此。

潘庄灌区 370403-60-F09
[Pānzhuāng Guànqū]

位于沙沟镇潘庄村。因所在地得名。1995 年建成。潘庄灌区一级泵站架设 35 千伏供电线路 1.5 千米，建变电所 1 处，泵站装机 4 台 1 920 千瓦，提水流量 10 立方米/秒，控制灌溉面积 3.07 万亩。潘庄二级泵站架设 35 千伏供电线路 1.3 千米，建变电所 1 处，高空 U 型渡槽 1.4 千米，开挖南北干渠 4.5 千米，泵站装机 3 台 1 440 千瓦，提水流量 7.5 立方米/秒。灌区控制灌溉面积 11.6 万亩。为中型灌区；主要管理以湖口至二级干渠渠尾段、渠道；管理一、二级泵站，临时站，变电所；提供工农业用水。有公路经此。

石坝灌区 370403-60-F10
[Shíbà Guànqū]

位于常庄镇石坝村。因所在地得名。始建于 2012 年 10 月，2013 年 3 月建成。石坝灌区装机 3 台 132 千瓦，设计总流量 0.13 立方米每秒，灌区控制面积 1.44 平方千米。小型灌区，提供农业灌溉。104 国道、318 省道经此。

渠道、堤防

郭洼灌溉渠 370403-60-G01
[Guōwā Guàngàiqú]

位于薛城区沙沟镇郭洼村西部。北起郭洼村西大桥，南至沙沟镇郭洼村南。1993 年 5 月开挖，1994 年 3 月竣工。长 1.8 千米，设计底宽 1.3 米，平均深度 1 米，设计总流量 0.2 立方米/秒，桥 5 座、倒虹吸 4 座、闸 2 座，灌溉面积 0.1 万亩。主要作用为灌溉郭洼村耕地。104 国道、京沪铁路经此。

龙潭灌溉渠 370403-60-G02
[Lóngtán Guàngàiqú]

位于薛城区邹坞镇周村西部。北起青年路，南至周村、野场村界。1989 年 12 月建成，2013 年修复。长 1.2 千米，砌石渠，渠底宽 1.2 米，渠高 1 米，倒虹吸 8 个，出水口 15 个，灌溉面积 650 亩。主要作用为灌溉周村耕地。238 省道经此。

金河回灌渠 370403-60-G03
[Jīnhéhuí Guànqú]

位于薛城区常庄镇吴庄村西部。北起临城街道张桥村，南至常庄镇吴村。1993 年 10 月开挖，1998 年 12 月竣工。长 15.96 千米，设计底宽 3 米，平均深度 2 米，设计总流量 1.8 立方米/秒，支渠 0.5 立方米/秒，砌石渠和土渠结合、倒虹吸 8 座、闸 6 座、桥涵 15 座。主要作用为灌溉金河耕地。318 省道、518 国道经此。

南常三村灌溉渠 370403-60-G04
[Nánchángsāncūn Guàngàiqú]

位于沙沟镇南常三村东南部。东起南常三村水库，西至沙沟镇南常三村耕地。1997 年 10 月开挖，1998 年 4 月竣工。设计底宽 1.5 米，平均深度 1 米，长 0.65 千米，设计总流量 0.2 立方米/秒，倒虹吸 2 座。主要作用为灌溉南常三村耕地。318 省道经此。

西杨庄灌溉渠 370403-60-G05
[Xīyángzhuāng Guàngàiqú]

位于薛城区沙沟镇西杨庄村西部。东起西杨庄村袁河泵站，西止沙沟镇乔庙村北。1994 年 11 月开挖，1995 年 4 月全部竣工。设计底宽 2 米，平均深度 1 米，长 2.1 千米，设计总流量 0.2 立方米/秒，桥 4 座，闸 2 座，灌溉面积 0.3 万亩。主要作用为灌溉西杨庄耕地。京沪铁路经此。

刘桥二级干渠 370403-60-G06
[Liúqiáo'èrjí Gànqú]

位于薛城区周营镇曹官庄南部。南起刘桥一级干渠，北至周营镇蔡官庄村。1968 年 8 月开挖，1970 年 12 月竣工。长 3.36 千米，设计总流量 3 立方米/秒。刘桥二级站南为土渠，底宽 5 米，上口宽 18 米；北为砌石渠，高 1.5 米，宽 5 米。闸 3 座、桥涵 6 座。作用为农田灌溉。238 省道经此。

潘庄二级干渠 370403-60-G07
[Pānzhuāng'èrjí Gànqú]

位于沙沟镇东杨庄。北起沙沟镇搬井村，南至沙沟镇东杨庄。1994 年 11 月开挖，1995 年 12 月竣工，2007 年进行了节水护砌。长 7.1 千米，设计底宽 3 米，平均深度 2.5 米，桥 5 座、倒虹吸 1 座、涵洞 2 座、闸 2 座，设计总流量 10 立方米/秒，灌溉面积 5 万亩。作用为利用潘庄二级站进行灌溉。104 国道、京沪铁路经此。

潘庄一级引渠 370403-60-G08
[Pānzhuāngyījí Yǐnqú]

位于薛城区沙沟镇潘庄村与郭洼村之间。南起微山湖，北至沙沟镇袁河村。于 1970 年 11 月开挖，1971 年 4 月竣工。长 4 365 米（其中湖内长度 1 665 米），设计底宽 20 米，平均深度 13.3 米，边坡系数 1∶1.5，设计总流量 40 立方米/秒，土渠，大桥两座、节制闸 1 座，沿途建提水站 7 座，设计灌溉面积 11.6 万亩。主要作用为潘庄灌区一级提水站利用微山湖水开挖引水渠。104 国道、京沪铁路经此。

潘庄二级引渠 370403-60-G09
[Pānzhuāng'èrjí Yǐnqú]

位于薛城区沙沟镇袁河村。南起沙沟镇袁河村，北至常庄镇西麦村。1994 年 11 月开挖，1995 年 12 月竣工，2013 年南水

北调续建配套工程进行了清淤护砌。长 1.3
千米，设计底宽 15 米，平均深度 8 米，边
坡系数 1∶1.5，桥 2 座、涵洞 1 座、闸 1 座，
设计总流量 20 立方米 / 秒，平板渠，灌溉
面积 7.5 万亩。主要作用为潘庄灌区二级提
水站利用微山湖水开挖引水渠。104 国道、
京沪铁路经此。

石庙二级干渠 370403-60-G10

[Shímiào'èrjí Gànqú]

位于薛城区周营镇石庙村至东五村。
南起周营镇石庙村南刘桥一级干渠，北至
周营镇五村。1966 年 11 月开挖，1968 年 8
月竣工。长 5.83 千米，设计底宽 5 米，平
均深度 5 米，上口宽 13 米，砌石渠和土渠
结合，闸 5 座、高架渡槽 1 座、桥涵 8 座，
灌溉面积 3.68 万亩，设计总流量 4 立方米 / 秒。
主要作用为利用石庙二级站进行灌溉。京
台高速、京沪高铁经此。

黑峪水库放水渠 370403-60-G11

[Hēiyùshuǐkù Fàngshuǐqú]

位于薛城区兴城街道黑峪村北部。西
起黑峪水库，东至黑峪村耕地。1975 年 10
月开挖，1976 年 6 月竣工。长 1.53 千米，
设计底宽 1.5 米，平均深度 1 米，砌石渠，
倒虹吸 3 座，设计总流量 0.2 立方米 / 秒，
灌溉面积 0.1 万亩。作用为利用黑峪水库放
水进行耕地灌溉。交通便利。

小营水库放水渠 370403-60-G12

[Xiǎoyíngshuǐkù Fàngshuǐqú]

位于薛城区沙沟镇小营村东南部。北
起小营水库，南至小营村南塘坝。于 1971
年 10 月开挖，1972 年 6 月竣工。长 1.26 千米，
设计底宽 1.5 米，平均深度 1 米，砌石渠，
倒虹吸 2 座，设计总流量 0.2 立方米 / 秒，
灌溉面积 0.2 万亩。作用为利用小营水库放
水进行耕地灌溉。238 省道经此。

蟠龙河右岸堤防 370403-60-G13

[Pánlónghé Yòu'àn Dīfáng]

在区境西部。北起邹坞镇，南至常庄
街道。始建于 1957 年，同年建成，并于
1997 年、2013 年、2014 年分段进行河底清淤、
河底开挖、复堤、护坡、封顶、挡土墙及
防浪墙建设。堤防长 28.75 千米，顶宽 2~6 米，
高 1.5~3.5 米，黏土质地。主要用于城区防
洪兼排涝、灌溉。交通便利。

蟠龙河左岸堤防 370403-60-G14

[Pánlónghé Zuǒ'àn Dīfáng]

在区境西部。北起邹坞镇，南至常庄
街道。始建于 1957 年，同年建成，并于
1997 年、2013 年、2014 年分段进行河底清
淤、河底开挖、复堤、护坡、封顶、挡土
墙及防浪墙建设。堤防长 25.95 千米，顶宽
4~10 米，高 2~4 米，黏土质地。主要用于
城区防洪兼排涝、灌溉。交通便利。

新薛河左岸堤防 370403-60-G15

[Xīnxuēhé Zuǒ'àn Dīfáng]

位于薛城区常庄镇西部。上段自凿新
渠时打坝截水南流后，流域面积减去四分
之三。原下游支流小苏河成为主要干流，
在夏镇纸坊汇入三八河，由石坝村入运河。
始建于 1957—1958 年，后于 1993—1994
年再次进行综合治理。堤防长 7.3 千米，顶
宽 4 米，高 1.5~3.5 米，黏土质地。主要用
于城区防洪兼排涝、灌溉。交通便利。

薛城小沙河右岸堤防 370403-60-G16

[Xuēchéngxiǎoshāhé Yòu'àn Dīfáng]

在区境中部。北起新城街道，南至常
庄街道境内。始建于 1958 年春，同年建成，
并于 1987 年、2002 年、2004 年分段进行
河底清淤、河底开挖、复堤、护坡、封顶、
挡土墙及防浪墙建设。堤防长 11.2 千米，

顶宽 1~6 米，高 0.5~3.2 米，黏土质地。主要用于城区防洪兼排涝、灌溉。交通便利。

薛城小沙河左岸堤防 370403-60-G17
[Xuēchéngxiǎoshāhé Zuǒ'àn Dīfáng]

在区境中部。北起新城街道，南至常庄街道境内。始建于 1958 年春，同年建成，并于 1987 年、2002 年、2004 年分段进行河底清淤、河底开挖、复堤、护坡、封顶、挡土墙及防浪墙建设。该堤防长 4.6 千米，顶宽 2~6 米，高 1~2.5 米，黏土质地。主要用于城区防洪兼排涝、灌溉。交通便利。

杨庄沙河右岸堤防 370403-60-G18
[Yángzhuāngshāhé Yòu'àn Dīfáng]

位于薛城区沙沟镇东部。北起楼沃水库，南至杨庄段。始建于 2003 年，同年建成，2008 年薛城区人民政府对河道进行了分段治理。长 5.6 千米，顶宽 2~4 米，高 1~3 米，黏土质地。主要用于灌溉。交通便利。

杨庄沙河左岸堤防 370403-60-G19
[Yángzhuāngshāhé Zuǒ'àn Dīfáng]

位于薛城区沙沟镇东部。北起楼沃水库，南至杨庄段。始建于 2003 年，同年建成，2008 年薛城区人民政府对河道进行了分段治理。长 4.7 千米，顶宽 1~4 米，高 0.5~1.5 米，黏土质地。主要用于灌溉。交通便利。

袁河右岸堤防 370403-60-G20
[Yuánhé Yòu'àn Dīfáng]

位于薛城区沙沟镇中部。始建于 2003 年，同年建成。长 1.2 千米，顶宽 1~2.5 米，高 0.5~1.5 米，黏土质地。主要用于排涝。交通便利。

袁河左岸堤防 370403-60-G21
[Yuánhé Zuǒ'àn Dīfáng]

位于薛城区沙沟镇中部。始建于 2003 年，同年建成。长 0.5 千米，顶宽 1~2.5 米，高 0.5~1.5 米，黏土质地。主要用于排涝。交通便利。

周营沙河右岸堤防 370403-60-G22
[Zhōuyíngshāhé Yòu'àn Dīfáng]

位于薛城区周营镇境内。北起沙沟镇，南至周营镇。始建于 1964 年，1965 年建成，1980 年及 2000、2001、2002 年对该河部分河段进行河道清淤、堤防加固。长 12.0 千米，顶宽 2~4 米，高 1~2.5 米，黏土质地。主要用于排涝、灌溉。交通便利。

周营沙河左岸堤防 370403-60-G23
[Zhōuyíngshāhé Zuǒ'àn Dīfáng]

位于薛城区周营镇境内。北起沙沟镇，南至周营镇。始建于 1964 年，1965 年建成，1980 年及 2000、2001、2002 年对该河部分河段进行河道清淤、堤防加固。长 10.6 千米，顶宽 1~4 米，高 0.5~2 米，黏土质地。主要用于排涝、灌溉。交通便利。

峄城区

水库、灌区

高皇庙水库 370404-60-F01
[Gāohuángmiào Shuǐkù]

位于峄城区阴平镇高皇庙村。因所在地得名。1965 年 11 月动工，1966 年 7 月建成，2009 年 4 月进行了水库除险加固。水库流域面积 0.68 平方千米，总库容 16.6 万立方米，长 173 米，宽 120 米，面积 20 750 平方米，平均水深 8 米。设计年供水量 11.9 万立方米，防洪能力达到 20 年一遇设计，100 年一遇校核标准。高皇庙水库是一座具有防洪、供水、灌溉等综合效益的小（二）型水库。设计灌溉面积 0.055 万亩。交通便利。

文峰山水库 370404-60-F02
[Wénfēngshān Shuǐkù]

位于峄城区阴平镇。因附近自然地理实体得名。1964 年动工，1965 年建成，2008 年进行了水库除险加固。流域面积 0.85 平方千米，总库容 20.4 万立方米，长 215 米，宽 120 米，面积 25 500 平方米，平均水深 8 米。设计灌溉面积 0.05 万亩。设计年供水量 11.85 万立方米，防洪能力达到 20 年一遇设计，100 年一遇校核标准。文峰山水库是一座具有防洪、供水、灌溉等综合效益的小（二）型水库。交通便利。

峨山前水库 370404-60-F03
[Éshānqián Shuǐkù]

位于山东省枣庄市峄城区底阁镇贾庄村。因附近自然地理实体得名。1966 年 11 月动工，1967 年 5 月建成，于 2008 年进行了水库除险加固。水库流域面积 1.16 平方千米，总库容 20 万立方米，长 167 米，宽 150 米，面积 25 000 平方米，平均水深 8 米。设计灌溉面积 0.09 万亩。设计年供水量 19 万立方米，防洪能力达到 20 年一遇设计，100 年一遇校核标准。峨山前水库是一座具有防洪、供水、灌溉等综合效益的小（二）型水库。交通便利。

大明官庄水库 370404-60-F04
[Dàmíngguānzhuāng Shuǐkù]

位于峄城区榴园镇西南部。因所在地得名。1969 年 10 月动工，1970 年 4 月建成，2008 年进行了水库除险加固。流域面积 1.02 平方千米，总库容 31.2 万立方米，长 210 米，宽 186 米，面积 40 000 平方米，平均水深 8 米。设计灌溉面积 0.04 万亩。设计年供水量 9.48 万立方米，防洪能力达到 20 年一遇设计，100 年一遇校核标准。大明官庄水库是一座具有防洪、供水、灌溉等综合效益的小（二）型水库。交通便利。

刘庄东水库 370404-60-F05
[Liúzhuāngdōng Shuǐkù]

位于枣庄市峄城区榴园镇东南部。因附近自然地理实体得名。1966 年动工，1967 年建成，2009 年进行水库除险加固。水库总库容 25 万立方米，流域面积 0.77 平方千米，长 210 米，宽 150 米，面积 31 500 平方米，平均水深 8 米。设计年供水量 19 万立方米，防洪能力达到 20 一遇设计，100 年一遇校核标准。刘庄东水库是一座具有防洪、供水、灌溉等综合效益的小（一）型水库。交通便利。

龙泉庄水库 370404-60-F06
[Lóngquánzhuāng Shuǐkù]

位于棠阴乡南部。因附近自然地理实体得名。1977 年动工，1978 年建成，2010 年进行了水库除险加固。水库总流域面积 6.25 平方千米，总库容 334.5 万立方米，长 600 千米，宽 400 米，面积 240 000 平方米，平均水深 14 米。设计灌溉面积 0.5 万亩。设计年供水量 1 118.5 万立方米，防洪能力达到 20 年一遇设计，100 年一遇校核标准。龙泉庄水库是一座具有防洪、供水、灌溉等综合效益的小（一）型水库。交通便利。

娘娘坟水库 370404-60-F07
[Niángniangfén Shuǐkù]

位于峄城区榴园镇西部。因所在地得名。1956 年动工，1957 年建成，1996 年动工扩建增大库容，2008 年进行水库除险加固治理。水库流域面积 2.25 平方千米，总库容 41.2 万立方米，长 260 米，宽 200 米，面积 51 500 平方米，平均水深 8 米。设计灌溉面积 0.075 万亩。设计年供水量 78 万立方米，防洪能力达到 20 年一遇设计，100 年一遇校核标准。娘娘坟水库是一座具有防洪、供水、灌溉等综合效益的小（二）型水库。交通便利。

大鲍庄水库 370404-60-F08
[Dàbàozhuāng Shuǐkù]

位于枣庄市峄城区东南部。因所在地得名。1973 年动工，1974 年建成。2008 年进行了水库除险加固。坝址以上控制流域面积 19.2 平方千米，总库容 100.67 万立方米，兴利库容 59.3 万立方米，长 320 米，宽 315 米，平均水深 10 米。设计灌溉面积 0.5 万亩。设计年供水量 59 万立方米，防洪能力达到 20 年一遇设计，100 年一遇校核标准。大鲍庄水库是一座具有防洪、供水、灌溉等综合效益的小（一）型水库。交通便利。

石龙口水库 370404-60-F09
[Shílóngkǒu Shuǐkù]

位于峄城区峨山镇。1962 年动工，1963 年建成，2008 年进行了水库除险加固。流域面积 0.74 平方千米，总库容 20.3 万立方米，长 210 米，宽 120 米，面积 25 400 平方米，平均水深 8 米。设计灌溉面积 0.035 万亩。设计年供水量 8.3 万立方米，防洪能力达到 20 年一遇设计，100 年一遇校核标准。石龙山水库是一座具有防洪、供水、灌溉等综合效益的小（二）型水库。交通便利。

贾庄节制闸灌区 370404-60-F10
[Jiǎzhuāng Jiézhìzhá Guànqū]

位于枣庄市峄城区吴林街道，北临薛郯线，西临峄金路。以贾庄节制闸蓄水，且主要功能为灌溉农田，故名贾庄节制闸灌区。1993 年 2 月动工，1995 年 10 月建成。

灌区灌溉着吴林街道境内 6.7 万亩农田，兼具航运、防洪排涝、养殖等综合利用功能，是峄城区内最大的引水灌溉工程。交通便利。

台儿庄区

林场

枣庄矿业有限责任公司矿柱林场
370405-60-C01
[Zǎozhuāngkuàngyèyǒuxiànzérèngōngsī Kuàngzhù Línchǎng]

属枣矿集团公司柴里煤矿管理。位于枣庄市台儿庄区马兰屯镇抗埠村。面积为 2.084 4 平方千米。矿柱林场前身为矿务局农场，场内栽种大量树木，采伐后作为采矿井下支护材料，故名"矿柱"，矿柱林场由此得名。1977 年成立枣庄矿务局农场，后更名枣庄矿业（集团）有限责任公司矿柱林场，2003 年 11 月划归枣矿集团公司付村煤矿管理，2008 年 5 月划归枣矿集团公司物流中心管理。目前主要以粮食、蔬菜种植与销售为主。交通便利。

水库

尤窝子水库 370405-60-F01
[Yóuwōzi Shuǐkù]

位于台儿庄区张山子镇东南部。因所在地得名。1965 年开工，1967 年建成。流域面积 1.8 平方千米，大坝系均质土坝，最大坝高 8.6 米，坝长 350 米，总库 51.6 万立方米（水位在 93 米），相应防洪水位在 92.7 米，正常蓄水位 90.8 米，调节库 25 万立方米，死库 2.48 万立方米，死水位 85.3 米，溢洪道为开放式，宽 20 米，高程 91 米。水库设计防洪标准为 50 年一遇，泄洪流量 63.5 立方米/秒。交通便利。

滕州市

林场

木石林场 370481-60-C01
[Mùshí Línchǎng]

属滕州市管辖。位于滕州市东南部木石镇。面积 12 198 亩。因所在地得名。1959 年 10 月开始筹建，1960 年 3 月批准成立。活立木蓄积 40 211 立方米，森林覆盖率 97%。该林场是生态公益林场，通过不断实施生态建设工程项目，森林覆盖率不断提高，生态功能得到改善，有效推进了林业生态建设。京沪高铁经此。

水库

马河水库 370481-60-F01
[Mǎhé Shuǐkù]

位于滕州市东郭镇马河村北 400 米。因其管理处驻地在马河村而得名。1959 年 11 月开工，1960 年 5 月建成。控制流域面积 240 平方千米，总库容 1.38 亿立方米，兴利水位 111 米，兴利库容 0.698 9 亿立方米，设计农业灌溉面积 14 万亩，向城区工业日供水 4 万吨，是一座具有防洪、灌溉、供水、养殖、发电等综合效益的大型水库，为滕州的经济社会发展和工农业生产提供了有效的防洪安全和水资源保障。通公交车。

户主水库 370481-60-F02
[Hùzhǔ Shuǐkù]

位于滕州市城区东北部，东郭镇境内。因所在地得名。1959 年 9 月开工，1960 年 7 月建成，2009 年 2 月至 2010 年 12 月进行了水库除险加固工程。水库的防洪标准为 2 000 年一遇。水库总库容 2 026 万立方米，平均水深 8.79 米，设计灌溉面积 2.5 万亩，实灌面积 1.2 万亩。主要功能为防洪、灌溉、供水、发电、养殖等。通公交车。

词目拼音音序索引